"十三五"国家重点图书出版规划项目
中国城市建设技术文库

A Study on the Theory and Practice of Coordinated Development between Urban and Rural Areas in China in the New Period

新时期我国城乡协调发展理论与实践研究

赵宪尧 编著

華中科技大學出版社
http://www.hustp.com
中国·武汉

图书在版编目(CIP)数据

新时期我国城乡协调发展理论与实践研究/赵宪尧编著.—武汉：华中科技大学出版社，2020.12

(中国城市建设技术文库)

ISBN 978-7-5680-6818-5

Ⅰ.①新… Ⅱ.①赵… Ⅲ.①城市发展-研究-武汉 Ⅳ.①F299.276.31

中国版本图书馆 CIP 数据核字(2020)第 264335 号

新时期我国城乡协调发展理论与实践研究

Xinshiqi Woguo Chengxiang Xietiao Fazhan Lilun yu Shijian Yanjiu　　赵宪尧　编著

策划编辑：金　紫
责任编辑：周怡露
封面设计：王　娜
责任校对：刘　竣
责任监印：朱　玢
出版发行：华中科技大学出版社(中国·武汉)　　电话：(027)81321913
　　　　　武汉市东湖新技术开发区华工科技园　　邮编：430223
录　　排：华中科技大学惠友文印中心
印　　刷：湖北新华印务有限公司
开　　本：710mm×1000mm　1/16
印　　张：11.75
字　　数：362 千字
印　　次：2020 年 12 月第 1 版第 1 次印刷
定　　价：98.00 元

华中出版

前　言

Preface

本书可以认为是2015年出版的《可持续发展城市(镇)化道路——美国佛罗里达州道路考略》的续篇。2014年前后，我国典型城市化率正好达到50%。我国城市化进程在经历了快速发展阶段后即将进入稳定发展阶段。在我国城市化进程快速发展的前半期，城市化率从20%左右快速提升到50%。这得益于我国政治经济发展的巨大推动力，我国取得了历史性的成绩和经验。同时我国城乡发展的不均衡、不充分、不完善也使我们付出了巨大的代价，得到了深刻的教训。

当前，我国正处于社会经济发展的新时期，也进入城市化进程快速发展的后半期。再经历二十余年，我国的城市化率将超过80%，进入成熟发展阶段。无疑，这个新时期在我国城市化进程中具有极其重要的地位。因此，本书从理论到实践，认真总结我国城市化进程快速发展阶段前半期的经验教训，这对于切实指导后半期我国城乡规划、设计、建设、管理工作是十分重要的。

非常荣幸，在过去的两年中，笔者主持完成了武汉市规划研究院、湖北省发改委、武汉市自然资源和规划局、北京德成经济研究院等政府部门和科学研究单位委托的一系列有关城乡规划设计与建设管理的研究项目。这些研究项目主要包括武汉长江新城发展需求、模式与规划设计研究，城市总体规划与交通规划同步编制关键技术研究，武汉城市圈生态环境与交通发展评价指标体系研究，基于管理的武汉市道路交通规划设计研究，武汉市建立健全城乡融合发展体制机制和政策体系研究等。同时结合我国村镇建设和乡村振兴课题，笔者主持、协助完成了湖北省、河南省若干村庄的规划设计项目。这些研究和规划成果比较完整地反映出作者近年来关于城市可持续发展和城乡融合发展的理念和规划思想。将它们结合出版，对我国新时期城市和乡村发展规划理论和实践发展是有意义的。结合出版篇幅太大，内容有上百万字，同时结构会显得松散、重复、不系统。笔者决定选取其中的八项研究成果，经过删减、压缩，形成本书内容。即便如此，全书仍然存在完整性、系统性不足的缺陷。

没有理论指导的实践可能是盲目的实践；不能指导实践的理论可能是空洞的理论。本书依据研究项目的结题报告所得出的理论，全部来源于梳理总结、分析研究城乡规划设计和建设管理实践经验。我们相信，这些理论能在我国新时期城乡规划设计和建设管理实践中发挥指导作用。本书的出版，以期满足各地城乡发展规划设计与建设管理部门、单位的领导和科技人员在工作中的需求。笔者和参与上述研究报告编写的主要单位和主要编写者也正在运用自己的研究理论指导工作实践。他们是华中科技大学的赵丽元教授、武汉理工大学的钟鸣教授、中南民族大学法学院的潘红祥教授、同济大学交通运输工程学院的江泽浩博士以及武汉市规划设计研究院的常四铁高级规划师、武汉市政工程设计研究院的黄俊高级工程师、武汉安畅合鸣交通工程咨询有限公司的刘少博、泛行科技发展(武汉)有限公司的赵欣等。本书是集体智慧的结晶。因笔者能力有限，本书难免有不足之处，请读者谅解，并希望能将意见、建议告知出版社和编著者。

天下难事，必作于易；天下大事，必作于细。为了验证、运用本书的理论，笔者正深入河南省泌阳县践行城乡融合发展理念，助力振兴乡村建设。经过若干时日，我们希望在城乡可持续发展、城乡融合发展的实践中不断修正、完善本书的理论，在实践—理论—实践的过程中，再版本书，弥补遗憾，答谢读者。

目　录

Contents

城乡融合发展体制机制与政策：人口、城镇化、土地与规划

城市化是人口从分散的农村居民点、畜牧居民点、林业居民点向城市居民点集中转移的过程。城市化的根本动因是科学技术的发展带动了生产力的发展，催生了从传统手工业到现代高科技产业的发展，同时也发展了第三产业。

城市居民点和农村居民点都是居民从事生产和生活相对集中的空间，应具备物质条件与非物质条件。促进城市化进程健康、可持续发展的管理体制机制、政策以及手段便属于这类非物质条件，而其主要涉及的流转要素便是人、土地、资金以及其他的资源。所以，从操作层面来说，研究可持续发展的城市化进程便是研究这些要素合情、合理、合法流动的体制机制与政策及其实施手段。

城市化进程的水平通常用城市化率来衡量。城市化率是指该地域范围内，在城市空间范围内居住和生活的人口数量与全域空间范围内总人口的比值，用百分比表示。城市化率大致可以反映出城市化水平，因此，学术研究中，也有人将城市化率等同于城市化水平。但在中国，不能仅仅靠城市化率这个指标来衡量城市化水平。据统计，武汉市的城市化率已经超过85%。欧洲发达国家瑞典的城市化率与武汉市大致相同，人口数量相近。但瑞典的典型城市化进程已经进入成熟发展阶段，城市化率已基本不再变化，城市和农村居民的生活和工作已经实现了现代化、稳定化、均衡化。而武汉市处于城市化快速发展阶段的中期，其中心城区与远城区和周边小城镇的居民工作和生活水平都有相当大的差别，更别说城市和农村的差别了。因此，从学术上说，笔者仍旧将武汉市近年来的城市化进程列入非典型城市化进程，不能简单地用城市化率来衡量武汉市城市化水平。最重要的原因就在于，在城市化进程中，人口、资金、资源流转的体制机制与政策不够科学，需要改革，需要发展。本文以武汉市为例，对我国城市化发展的理论与实践进行梳理、总结与提炼。

一、武汉市的城镇化

2019年4月15日发布的《中共中央国务院关于建立健全城乡融合发展体制机制和政策体系的意见》(以下简称《意见》)明确指出:“建立健全城乡融合发展体制机制和政策体系,是党的十九大做出的重大决策部署。改革开放特别是党的十八大以来,我国在统筹城乡发展、推进新型城镇化方面取得了显著进展,但城乡要素流动不顺畅、公共资源配置不合理等问题依然突出,影响城乡融合发展的体制机制障碍尚未根本消除。”《意见》提出“到2022年,城乡融合发展体制机制初步建立。城乡要素自由流动制度性通道基本打通,城市落户限制逐步消除,城乡统一建设用地市场基本建成,金融服务乡村振兴的能力明显提升,农村产权保护交易制度框架基本形成,基本公共服务均等化水平稳步提高,乡村治理体系不断健全”“到2035年,城乡融合发展体制机制更加完善。城镇化进入成熟期,城乡发展差距和居民生活水平差距显著缩小”。

20世纪初,世界各国在总结城市化发展道路的经验时,提出了“城市可持续发展”的理念,该理念指的是满足当前城市发展的需求,不对未来城市发展的需求带来危害。我国在城市化快速发展阶段初期,对环境保护、资源节约、发展均衡等可持续发展原则的重视严重不足,造成了我国城市化发展水平东南高、西北低,大城市高、小城市低,城市高、乡村低的不均衡发展状况。这种现象是由改革开放实施的经济特区、开发区的特殊发展与开发建设政策造成的。因此,在经济特区和开发区众多的城市,都不能再用城市化率来描述城市化水平,因为流转到这些城市的人力、财力早已不是本地域,甚至本市自身的剩余劳动力和资源。

回顾近300年现代化的历史,世界经历了三次城市化浪潮:第一次是大城市的兴起,这是工业化和分工深化的结果,我们没有赶上这次浪潮;第二次是小城市的扩散,这是治理大城市问题的自然要求,我们经历了这一次浪潮,但是对此有所误解;目前全球开始了第三轮城市化浪潮,主要特点是通过强化大城市与中小城市的交通和网络联系(city-region and net-working),全面提高大城市的国际竞争力。这个趋势在伦敦、巴黎、柏林、法兰克福、阿姆斯特丹、东京、大阪等城市起步,大城市获得了更加重要的地位。将城市化进程中的节点当作浪潮看待,未尝不可,但决不能忽视可持续发展城市化进程的客观阶段。世界上无论哪个国家,哪个具有一定规模和行政管辖的地域,可持续发展城市化进程必然包括起步、快速发展、稳定发展和成熟发展四个阶段。这四个阶段有各自的城市化率的范围和人均国民生产总值的分界点，可用城市和农村融合发展的水平，居民工作环境和生活环境水平，社会经济文化、政治文明化和现代化发展的水平等指标加以衡量。一般认为，我国城市化进程目前总体上处于快速发展阶段中期。

由于我国城市化快速发展阶段是利用政策优势、后发优势快速进入的，许多大型城市的城市化进程是非典型的，如深圳市、武汉市。武汉市的状况与深圳市并不相同，而与北京市、上海市、广州市、成都市大致相同，是较典型的大都市。因此符合《意见》中所说的"经济发达地区、都市圈和城市郊区在体制机制改革上率先取得突破"。北京市较早意识到城市化进程前半期中求快、求大所带来的问题，接连做出发展周边中小城市、迁移中心城区的市直机关到通州、迁移非首都功能人口到雄安新区的决定，"加快实现城镇基本公共服务常住人口全覆盖。以城市群为主体形态促进大中小城市和小城镇协调发展，增强中小城市人口承载力和吸引力"。武汉市也应该"坚持因地制宜、循序渐进。充分考虑不同地区城乡融合发展阶段和乡村差异性，稳妥把握改革时序、节奏和步骤，尊重基层首创精神，充分发挥地方积极性，分类施策、梯次推进，试点先行、久久为功，形成符合实际、各具特色的改革路径和城乡融合发展模式"。

据此，我们制定了武汉市城乡融合发展的城镇化策略：巩固发展武汉市主城区的大都市区中心城市地位，积极发展武汉经济技术开发区、东湖新技术开发区、临空港经济技术开发区三个国家级经济技术开发区，江岸、汉阳、武昌、洪山、江夏、阳逻等省级开发区和中法城等十六个经济开发区，大力发展东西湖、蔡甸、江夏、黄陂、新洲和汉南六个独立城区，协调发展三十六个乡镇城区，重点建设一二十个特色功能小镇，着力建设千余个美丽幸福新农村，初步建成大中小城市结构合理、城乡融合发展的可持续发展都市区。

二、武汉市的人口及其流转

适度的人口规模是保证城市可持续发展的重要前提。人口规模过大，会给城市造成一系列的问题；人口规模过小，则会使城市的基础设施和资源得不到有效利用，社会的经济发展也会受限。因此，保持适度的人口规模是推动城市可持续发展的基本保障。随着武汉市主城区、各独立中小城市和各乡镇的发展，应该科学确定各地域适度的人口规模及其分布，以便与经济发展水平、自然资源的数量、环境的综合承载力保持平衡，从而保证武汉市城镇化进程的可持续发展。

近30年来，武汉市主城区与远城区人口变化大致经历了三个阶段。以年平均增长率作为指标，远城区人口的平均增速从1990—2000年的0.73%提高到2010—2017年的1.96%。主城区人口平均增速则先上升后下降，从1990—2000年的2.40%提高到2000—2010年的2.44%，又在2010—2017年降到1.29%。远城区的疏散作用在2010年之后较为明显。在此之前，远城区多处于单一功能的发展模式，更像是单一功能的卫星城。后来随着远城区的发展，为了降低对主城区的依赖，开始完善几个独立城市的其他功能，如居住、商业、服务、游憩等功能。远城区功能的增加吸引了更多的居民。

研究表明，人口环境容量是确保人居环境质量和城乡可持续发展的重要指标。适宜的人口环境容量应该是建设用地人口容量的10%～20%[1]。研究进一步表明，像武汉市这样市域面积达8500 km^2 的城市，其环境质量可根据 h（生态保护空间面积加上生产空间中的第一产业空间面积，除以市域空间总面积的比值）分为以下等级：

当 h 大于0.92时，城市环境质量评为优；

当 h 为0.88～0.92时，城市环境质量评为良；

当 h 为0.82～0.88时，城市环境质量评为中；

当 h 为0.75～0.82时，城市环境质量评为及格；

当 h 为0.6～0.75时，城市环境质量评为不及格；

当 h 小于0.6时，则是环境质量可持续发展所不可接受的。

人口容量与规模问题的研究是城市发展战略规划中非常重要的基础工作。

武汉市的人口曾经有两个预测值：一个由北京某研究院预测，认为武汉市人口的极限值是1300万人；另一个由联合国预测，认为武汉市人口的极限值是1800万人。若按照城市环境质量等级评价公式计算，武汉市人口应保持在1000万左右。若要提高经济总量，增加国内生产总值（简写为GDP），应发展生产，实现工业转型，提高人均GDP。若降低标准，城市环境质量等级为中，那么，人口规模应控制在1360万。

在武汉市，除了主城区，其他独立城市的人口规模，也可以利用城市环境质量等级评价公式进行人口分布发展预测，由此可判断，未来武汉市人口增长应偏向远城区和开发区，尤其是独立中小城区，其次是乡镇城区。农业人口的流转和城市人

[1] 赵宪尧.可持续发展城市（镇）化道路——美国佛罗里达州道路考略[M].武汉：华中科技大学出版社，2015.

口的主要流向都应按此规律进行规划。而且，武汉市的常住人口增长应该越来越依靠自然增长而不是机械增长。

《意见》指出，“健全农业转移人口市民化机制。有力有序有效深化户籍制度改革，放开放宽除个别超大城市外的城市落户限制”“提升城市包容性，推动农民工特别是新生代农民工融入城市”。除了武汉市中心城区应对入户籍有所限制外，所有开发区、独立城区、乡镇城区都要放开户籍管理，鼓励市民自由、自愿选择常住地入户籍。同时，农村也要放开自愿自主落户制度，鼓励到农村创业、就业、居住的市民入户籍。正如《意见》所要求的，还要“制定财政、金融、社会保障等激励政策，吸引各类人才返乡入乡创业。鼓励原籍普通高校和职业院校毕业生、外出农民工及经商人员回乡创业兴业”。只有这样，才能保障人民自由自主选择居住地的权利，才能有利于城乡融合发展走上常态化、合理化、合法化、双向流动化的健康道路。只有如此，武汉市的城市化率指标才具有真实性、可行性。

本文提出：户籍为武汉市的居民，可以依据自己的需要，在主城区，六个独立城区，所有经济开发区，乡镇、街道城区和农村地区自由自主地选择工作地点、常居地点或临时居住地点。鼓励市民在临近居住地点工作，并支持居民在常居地落户籍。居民在户籍所在地应按规定享受当地居民的权利，履行当地居民的义务。

只有逐渐将常住人口和户籍人口统一，城市化率才有意义，才科学。所以，应该提倡：在武汉市居住一年以上的外市居民，都属于武汉市常住人口，需在居住地公安户籍管理机关登记；两年内在外市连续居住一年以上的武汉市户籍居民，不再列入武汉市常住人口，也应在户籍所在地公安户籍管理机关登记。武汉市的城市化率等于武汉市各城区的常住人口总和与全武汉市常住人口之比。武汉市各独立城市的城市化率的计算参照此标准执行。

为了达到上述目标，本文提倡适当控制武汉市主城区的人口规模，大力提高武汉市各开发区和独立城市的人口承载力和吸引力，尤其要提高农业大镇（乡、街道）的人口承载力和吸引力。建立健全由政府、企业、个人共同参与的农业转移人口市民化成本分担机制，全面落实支持农业转移人口市民化的财政政策，城镇建设用地增加规模与吸纳农业转移人口落户数量挂钩政策，以及中央预算内投资安排向吸纳农业转移人口落户数量较多的城镇倾斜政策。完善农村基础设施规划设计、建设、运行维护和管理体制机制和政策，提高、优化、美化农村环境，着力培育武汉市农村的人口吸引力，促进武汉市产业和人口在各城区和城乡间的合理流动，合理布局。加快完善武汉市城乡融合发展的步伐，加快武汉市可持续发展城镇化进程。

三、武汉市乡村土地资源和流转

《意见》要求:"改革完善农村承包地制度。保持农村土地承包关系稳定并长久不变,落实第二轮土地承包到期后再延长30年政策。加快完成农村承包地确权登记颁证。完善农村承包地'三权分置'制度,在依法保护集体所有权和农户承包权前提下,平等保护并进一步放活土地经营权。健全土地流转规范管理制度,强化规模经营管理服务,允许土地经营权入股从事农业产业化经营。"

"稳慎改革农村宅基地制度。加快完成房地一体的宅基地使用权确权登记颁证。探索宅基地所有权、资格权、使用权'三权分置',落实宅基地集体所有权,保障宅基地农户资格权和农民房屋财产权,适度放活宅基地和农民房屋使用权。鼓励农村集体经济组织及其成员盘活利用闲置宅基地和闲置房屋。在符合规划、用途管制和尊重农民意愿前提下,允许县级政府优化村庄用地布局,有效利用乡村零星分散存量建设用地。推动各地制定省内统一的宅基地面积标准,探索对增量宅基地实行集约有奖、对存量宅基地实行退出有偿。"

"建立集体经营性建设用地入市制度。加快完成农村集体建设用地使用权确权登记颁证。按照国家统一部署,在符合国土空间规划、用途管制和依法取得前提下,允许农村集体经营性建设用地入市,允许就地入市或异地调整入市;允许村集体在农民自愿前提下,依法把有偿收回的闲置宅基地、废弃的集体公益性建设用地转变为集体经营性建设用地入市;推动城中村、城边村、村级工业园等可连片开发区域土地依法合规整治入市;推进集体经营性建设用地使用权和地上建筑物所有权房地一体、分割转让。完善农村土地征收制度,缩小征地范围,规范征地程序,维护被征地农民和农民集体权益。"

这是促进农村发展,促进农业发展,保障农民和农业者经营权益,确保城乡融合发展,促进城镇化可持续发展的重要举措,武汉市应该积极探索,全面、稳妥地推进改革措施,持之以恒,久久为功。

农村农业、林业、牧业土地利用与流转,农民宅基地及住宅的利用与流转,农村集体经营性建设用地入市流转一直是制约农村发展、农业发展、农民富裕的三大问题。《意见》为我们指出了改革方向。

数以亿计的农业、林业剩余劳动力转向了城市,从事第二产业和第三产业的相关工作。在我国城市化进程前半期中,外出务工的农民虽然绝大多数时间都在城市中工作和生活,但在身份认证、享受城市居民待遇以及地位、收入等方面仍与城市居民有较大差距。这就使得他们希望为自己留一条后路，保持农村居民的身份，继续享受土地承包权和宅基地使用权。对于这种现象，国家尚未建立很好的体制机制和政策体系。

笔者从事了多年的农村发展规划咨询与设计工作，在家乡宜昌市远安县花林寺镇龙凤村被聘为村总规划师，遇到的问题几乎同上所述。笔者深深感到建立土地、农房流转体制机制和政策体系的重要性、紧迫性和可能性。《意见》为我们指出了方向，我们应大胆、谨慎地探索和实践。

华中科技大学发展经济学的泰斗级人物张培刚先生曾从理论上研究我国现阶段农村城市化运动的特点和动力。1949 年，他在美国哈佛大学出版的《农业与工业化》一书是研究农业国家城市化领域划时代的著作。因张培刚先生已去世多年，我们曾就相关问题采访过他的夫人谭慧教授。她说，张培刚先生在去世前，谈到我国城市化道路，谈到发展农业和发展工业之间的关系的时候，常常会提到土地私有的问题。《农业与工业化》的理论已经为包括我国在内的世界各个发展中国家和发达国家所证实，如今也已经成为城市化发展的基础理论。但是该书的研究对象所依据的政治经济基础是私有制，探究的是在私有制条件下城乡融合发展的道路，这显然不符合我国的实际情况。不过，张先生的理论应得到继承和发扬，使之服务于我国当代农村发展、农业发展、农民富裕以及城乡融合发展的现实问题。本文经历了实践—理论—再实践的探索过程，得到了研究成果。

在我国农村实行已久的土地联产承包责任制，实实在在促进了农业的发展、农村经济的复兴、农民财富的增加。然而，随着改革开放的继续深入，我国城市化进程快速发展，个体承包农村土地的制度已经渐渐显露出弊端。当我国城市化进程进入当前城乡融合发展的新时期时，土地所有制的使用价值和经济价格之间的矛盾日益突出。近几年，我国党和政府以及学术界，对这个问题进行了探索，即《意见》中所提到的关于农村土地和宅基地及其上的住宅实行“三权分置”的理念，即明确农村土地的所有权属于村集体。在武汉国营农场的土地所有权仍然属于国家所有。土地的承包权归村民享有，但土地的使用权可以自由流转；对于宅基地及宅基地上面的房屋，也规定了所有权属于村集体，但资格权属于农民，使用权则可以流转。这样的“三权分置”政策，在一定程度上提高了农村的生产资料和生活资料的利用价值。但是其中存在的许多不确定因素与弊端，使得土地和宅基地及其上的房屋并不具备财产的基本属性，严重扭曲了使用价值和经济价格之间的关系，不利于它们的合理、合法流动。

本文提出，农民可以根据情况，自主自愿将土地的承包权连同使用权一起流转，将宅基地的资格权和使用权及其上建筑物的使用权一起合法转让。这样的处理方法赋予了农村土地、宅基地和住房的财产属性，使其使用价值和经济价值得到了充分的、合理合法的体现。本文提出如下发展理念和政策措施应对农村土地资源和流转问题。

应为城市居民下乡者、能人回乡者和退休返乡者创业、发展生产和居住生活创造条件，使其自由自愿落户，购买转让土地经营权、承包权，购买农村住宅资格权、使用权，为他们提供在农村安居乐业的物质条件和环境。为企业因投资发展现代农业、乡镇工业、服务业和旅游业，而进行的土地经营权和承包权、农村住宅资格权和使用权的购买或转让，以及农村建设用地使用权的购买等制订合理政策。切实鼓励城市人才、资金和技术按市场规律自由向农村、农业流入，发展农村经济，建设社会主义新农村。同时，保持土地国家所有权和集体所有权不变，保持农村土地承包经营权长久不变，保持农村宅基地资格使用权长久不变，确保村民的土地承包经营权、宅基地资格使用权及其上建筑物的固定资产属性。切实完成农村承包地确权登记颁证工作，切实完成农村宅基地资格使用权登记颁证工作，完成宅基地及其上建筑物作为房地一体的不动产确权登记颁证工作。

获得国有或集体所有农村土地承包经营权者可以自行经营，也可以将土地经营权作价入股村集体企业（农业合作社、集体农庄等）统一组织经营，还可以将土地经营权或者连同土地承包权按市场价格合法转让给个人、集体或法人单位，由受让者按土地性质合法经营。拥有国有或集体所有农村土地承包经营权者无正当理由，连续两年不能经营所承包土地，土地所有者依法收回该土地承包经营权。获得农村宅基地资格使用权满两年而未按规划要求使用者，由拥有所有权的国家或集体收回该宅基地资格使用权。农村宅基地及其上不动产可以自行使用，也可以出租经营，或作价入股村集体企业（民俗村、度假村等）统一使用；还可以将该不动产依规按市场价格合法转让给个人、集体或法人单位，由受让者按建筑物性质合法使用或经营。

针对农村集体所有的建设用地进入市场的问题，在我国经济发达的经济特区已经取得了不少经验，可供借鉴。我们认为，《意见》中的要求是完全可行的。唯一需要注意的是：当农村集体所有的建设用地进入市场作为资产流转后，如何保证财产的拥有和增值为村集体所掌控。本文的建议是由村民按公司化管理规则组建村集体资产管理公司，政企分开，实行现代化管理。同时，遵守下列规定：城市和村镇国土空间规划中所有权属于村集体的经营性建设用地的使用权可以作价入股村集体企业，按照城市或村镇详细规划的要求开发建设和经营；也可以按照规划要求，整体或分地块合法进入房地产交易市场拍卖流转。受让村集体所有经营性建设用地的个人或法人单位在三年内还没有按规划要求使用、开发的，其对该土地的使用权由拥有土地所有权的国家或集体无偿收回。

四、乡村规划体制机制与政策体系

《意见》指出，健全城乡统筹规划制度。科学编制市县发展规划，强化城乡一体设计，统筹安排市县农田保护、生态涵养、城镇建设、村落分布等空间布局，统筹推进产业发展和基础设施、公共服务等建设，更好发挥规划对市县发展的指导约束作用。按照“多规合一”要求编制市县空间规划，实现土地利用规划、城乡规划等有机融合，确保“三区三线”在市县层面精准落地。加快培育乡村规划设计、项目建设运营等方面人才。综合考虑村庄演变规律、集聚特点和现状分布，鼓励有条件的地区因地制宜编制村庄规划。

乡镇规划，尤其是农村规划，不能套用城市规划的理论、方法、体制来规划设计。国家体制改革在规划领域的重大内容便是将规划职权从原建设部移交到新成立的自然资源部。虽然国务院和各地一般都是将原建设部原有的规划管理机构中的管理者，几乎全建制地转移到自然资源管理部门，但是，管理规划的体制机制政策已经发生了重大变化。其中特别值得指出的是，必须将土地规划、城乡总体规划、主体功能区规划等多个规划合并，也就是“多规合一”。特别重要的是，要在建设空间、生态环境空间和第一产业生产空间，进行科学、合理的划分，并做到统一、协调。

过去，在进行小城市规划，甚至是乡镇规划和农村规划的时候，管理体制和机制都强调规划设计单位和人员的资质，规划设计单位必须是拥有规划设计资质的规划设计研究院和没有规划设计资质但拥有规划设计技术力量的大学。现实是，这类小用地规模的规划设计内容比较单一，工作难度不大，不可能将大量资金投入前期规划。那些有相应规划设计资质的单位和人员对于乡镇规划，尤其是农村规划的特点，并没有切实的把握，他们编制的规划往往脱离实际。而社会上许多没有规划设计资质的单位和人员有在农村、乡镇从事规划工作的热情、经验和精力，这些单位和人员所提供的规划成果往往更符合实际。由此看来，改革完善小城市、乡镇和农村规划体制机制和政策的条件已经成熟，也必须完善和改变。现提出如下实施策略。

第一，要树立武汉市城乡融合发展的思想，建立统筹规划编制制度，科学编制各级多规合一的城乡融合发展规划。多规合一的规划内容既要求社会发展规划、经济发展规划、建设发展规划的一致与协调，也要求主体功能区规划、土地规划、城市总体规划的一致与协调；既要求土地利用规划、专业规划、专项规划的一致与协调，也要求国家级规划、省级规划、市级规划、县区级规划、乡镇（街道）级规划的一致与协调。同时，要求城乡建设用地空间规划、基本农田用地空间规划、生态环境保护空间规划的一致与协调。

第二，上一级或上位规划要以下一级或下位规划为基础，同时又要对下一级或下位规划起到指导和控制作用；下一级或下位规划要以上一级或上位规划为依据，同时又要发挥对上一级或上位规划深化细化和反馈作用。乡镇（街道）级别的规划对落实城乡融合发展规划具有最直接、关键的作用，需要得到足够的重视。武汉市各乡镇（街道）按照多规合一原则编制的新版发展规划要在 2021 年底前完成并通过区县规划管理部门组织的专家评审，由各乡镇（街道）人民政府发布执行。

第三，为贯彻城乡融合发展精神，武汉市各行政村（社区）发展与建设规划应遵照各所属乡镇（街道）发展与建设规划的要求，坚持农业为主、农民为主、生态为主、保护为主的原则，在 2021 年底前编制完成并通过区县规划管理部门组织的专家评审，报乡镇（街道）政府批准并指导各村委会落实执行。

第四，不应照搬大城市规划的编制方法和模式来编制乡镇发展规划和村庄发展规划。支持大专院校、科学研究单位、规划设计单位、工程咨询单位、建设施工单位在武汉市自然资源规划局的指导下参与研究和编制乡镇发展规划和村庄发展规划。鼓励、支持城乡规划、工程建设、风景园林、环境艺术、农业林业以及其他社会科学和自然科学领域的专家、工程师参与乡镇发展规划和村庄发展规划的研究、编制、咨询和落实的工作。各乡镇政府和各村委会可以聘请上述单位和科学技术人员担任乡镇、村庄总规划师协助政府和村委会执行规划。

第五，乡镇规划和村庄规划要坚持“一镇一规”“一村一规”，在科学实施、精准落地上下功夫。尤其对规划区的人口规模、构成、分布，对规划区的产业规模、结构、布局，对规划区的建设控制线、生态环境控制线、基本农田控制线要科学预测，科学布设，实事求是，留有弹性。

第六，城乡融合发展的村庄规划必须坚持第一产业，尤其是以农业发展规划为主。第二产业、第三产业应以布置在乡镇城区规划建设用地中为首选。村庄集体所有的规划建设用地不应占用农业生产空间和生态环境保护空间，而应开发荒地、坡地、贫瘠土地和村庄宅基地居住建设用地。村庄集体所有规划建设用地应以开发居住生活类、民宿养老类、旅游消费类等环境友好型项目为主。

第七，乡镇、乡村规划要贯彻以功能特色小镇为中心，融合发展生态生产、旅游民宿的美丽幸福村空间结构模式。配备完善的医疗、教育、文化娱乐、商业服务等公共福利设施和道路交通、给水排水、电力电信、环境卫生、消防安全等基础设施。加快实现城乡融合发展，加快缩小城乡工作环境、生活环境和生态环境方面的差距。2022年以前，各区县应基本完成六七个特色功能小镇和一二十个美丽幸福生态新农村的规划建设目标，争取到2035年武汉市全域实现城乡融合发展的基本目标。

第八，农村规划要大力支持、科学规划田园综合体、集体农庄、家庭农场等符合可持续发展理念的第一产业，以带动旅游、观光、民宿、养老等第三产业的发展。2022年以前，各区县要组建一大批规范化的田园综合体、集体农庄、家庭农场，其规划的经营性建筑物应充分利用现有的农村宅基地进行改造和建设；建设经营性永久建筑物占地达到总规划用地5%以上的田园综合体，集体农庄规划必须通过区县自然资源规划主管部门组织的专家评审会审批，并按国家基本建设程序立项、编制并通过可行性研究报告，取得规划许可证、施工许可证后方可进行建设，工程验收后要及时办理建筑物的产权证。

五、城乡融合发展体制机制与政策体系实施方案

建立健全城乡融合发展体制机制和政策体系，是党的十九大做出的重大决策部署。为贯彻落实《意见》，坚决破除制约城乡融合发展的体制机制弊端，促进城乡要素自由流动、平等交换和公共资源合理配置，加快形成工农互促、城乡互补、全面融合、共同繁荣的新型城乡工农关系，加快推进乡村振兴和农业农村现代化，结合武汉市实际，针对建立健全有利于城乡要素合理配置的体制机制，以坚决破除妨碍城乡要素自由流动和平等交换的体制机制壁垒为着力点，促进各类要素更多向乡村流动，在乡村形成人才、土地、资金、产业、信息汇聚的良性循环，为乡村振兴注入新动能。现提出以下实施方案。

（一）加快推进农业转移人口市民化

要破除妨碍城乡要素自由流动和平等交换的体制机制壁垒，深化户籍制度改革，全面放宽重点群体落户限制，完善技能落户制度，建立责任清单。要建立健全由政府、企业、个人共同参与的农业转移人口市民化成本分担机制，落实农业转移人口市民化财政支持政策及居住证服务管理办法，积极争取并安排奖励资金。要

加快实现城镇基本公共服务常住人口全覆盖。要以巩固发展武汉市主城区为主体，促进与经济技术开发区和远城区乡镇的协调发展。适当控制武汉市主城区的人口规模，增强武汉市各开发区和远城区及乡镇人口的承载力和吸引力。要提升城市包容性，推动农民工特别是新生代农民工融入城市。要进一步完善农村承包地确权登记颁证工作，落实好进城落户农民的土地承包经营权，开展农村土地承包经营权、集体资产股权有偿退出试点工作。本条实施责任单位包括：市公安局、市财政局、市农业农村局，各区人民政府。

（二）建立劳动力和人才返乡下乡激励机制

要制定和落实财政、金融、社会保障等激励政策，吸引各类人才返乡下乡创业。要为返乡下乡者创业、发展生产和居住生活创造自由自愿落户政策；为他们购买、受让土地经营权、使用权和农村住宅租用权等提供支持和帮助。要加大创业担保贷款支持力度，落实一次性创业补贴等扶持政策。继续实施返乡创业三年行动计划，组织开展现代创业创新青年培训工作。要建立健全事业单位专业技术岗位动态调整机制，继续试点推行新型职业农民职称评定制度。

（三）完善农村土地承包制度

保持农村土地承包关系稳定并长久不变，出台配套政策，明确第二轮土地承包到期后延续承包的具体办法。要继续做好农村承包地确权登记颁证收尾工作。要建立完善农村土地所有权、承包权、经营权“三权分置”政策体系，在依法保护集体所有权和农户承包权的前提下，平等保护并进一步放活土地经营权；要完善农村土地流转交易服务平台，加快涉农区农村综合产权交易市场全覆盖。

（四）稳慎改革农村宅基地制度

切实完成房地一体的宅基地使用权确权登记颁证工作。探索宅基地所有权、资格权、使用权“三权分置”政策，落实宅基地所有权，保障宅基地农户资格权和农民房屋及其他建筑物等财产所有权，放活宅基地和农民房屋使用权。鼓励农村集体经济组织及其成员、相关群体利用闲置资源、资产大力发展合规新产业。允许区级政府优化村庄用地布局，有效利用乡村分散的存量建设用地。按照省内统一的宅基地面积标准，对增量宅基地实行集约有奖、对存量宅基地实行退出有偿措施，推进闲置宅基地复垦试点工作。

（五）积极探索集体经营性建设用地入市制度

要加快完成农村集体建设用地使用权确权登记颁证工作，完善集体经营性建设用地流转制度。认真梳理集体经营性建设用地入市改革试点成效，在符合国土空间规划、用途管制和依法取得前提下，允许农村集体经营性建设用地入市，允许就地入市或异地调整入市；允许村集体在农民自愿的前提下，依法把有偿收回的闲置宅基地、废弃的集体公益性建设用地转变为集体经营性建设用地入市。要推动城中村、城边村、村级工业园等可连片开发区域土地依法合规整治入市；推进集体经营性建设用地使用权和地上建筑物等所有权房地一体、分割转让。要完善农村土地征收制度，缩小征地范围，规范征地程序，维护被征地农民和农民集体权益。加快推进新一轮征地补偿标准调整工作，加强和改进征地服务与管理，完善农村土地征收制度。

（六）健全城乡公共文化服务体系

一是完善乡村公共文化服务体系。进一步完善全域覆盖、街村对接、村村互通的公共文化服务体系，实施农村公共文化场馆设施提档升级工程。推进基层“四馆三场”建设工程：通过新建、改扩建等方式，实现区级公共图书馆、文化馆、博物馆、非遗馆和剧场建设全覆盖，重点支持蔡甸区建设文博收藏展示馆，东湖新技术开发区建设龙泉山明代历史文化博物馆，支持有条件的区建设非遗馆，大力支持区级专业院团建设综合排练场，大力支持行政村（社区）建设文体广场。落实基层综合文化服务中心建设工程：加大资源整合力度，在街道（乡镇）和行政村（社区）建设集文化宣传、党员教育、科技普及、普法教育、体育健身等功能于一体的基层综合性文化服务中心，并与村级文体广场建设相配套，配备简易舞台戏台、阅报栏（屏）、灯光音响设备、广播器材和体育健身设备等。到 2020 年，实现村级综合性文化服务中心全覆盖。开展各级文化馆馆长、文化站站长轮训，以及群众文艺创作、表演骨干培训，支持街道（乡镇）和行政村（社区）文化站开展乡村文化人才的挖掘与培育工作，研究制定农村公共文化志愿服务政策，探索公共文化志愿服务管理模式。

二是加强乡村公共文化服务精准供给。建立城乡共享、互联互通的农村公共文化服务信息平台，探索“菜单式”“订单式”公共文化服务精准供给模式，加快农村公共文化服务数字云平台建设，加强街道（乡镇）、行政村（社区）综合性文化服务中心的数字化建设，推进数字图书馆、数字文化馆、数字博物馆、数字文化地图、数字出版等数字化文化服务项目一体化建设。开展“千场戏万场电影下乡”工程，开展“文惠通”活动，加快文化“进村入户”。健全政府购买公共文化服务示范机制，组织市直、区属文艺院团送文艺演出，国有院团通过政府购买服务（或演出补贴）方式进农村，增加农村公共文化服务总量，市区共同承担经费。市群众艺术馆组织群众文艺团队下农村，中心城区文化局组织演出送农村，新城区文化局购买演出进农村。

打造特色乡村文化活动品牌。鼓励组建乡村合唱团、广场舞队、篮球队、田径队、书画摄影协会、读书会等民间文体组织，依托重大节庆日，组织开展乡村文体竞赛活动，并逐步打造各具特色的乡村文化活动品牌。鼓励开展各类文体活动交流、竞赛，扩大特色乡村文化活动品牌传播力和影响力。本条实施责任单位：市文化和旅游局，各区人民政府。

三是弘扬武汉特色乡村文化。深入挖掘新城区文化资源，不断完善“非遗”四级名录体系建设，对新城区传统工艺类农村项目加大支持力度，重点做好对濒危项目及年老体弱传承人的抢救性保护工作，推进黄陂区文化生态保护实验区建设。充分利用传统节日，大力开展“非遗”展览、展示、展演活动。结合特色小镇、美丽乡村及都市田园综合体建设，深入开发具有武汉特色的优秀乡村文化符号，保护各具特色的传统建筑。做好所有历史文化名镇名村、文物古迹、传统村落，传统建筑、农业遗迹，水利工程遗产的挖掘和保护，完成文物保护单位集中成片、传统村落整体保护利用项目，建立传统村落保护利用项目库。吸引社会力量，实施“拯救老屋”行动，开展乡村遗产客栈示范项目，探索古村落、古民居利用新途径，促进古村落的保护和振兴。支持黄陂区创建国家级木兰文化生态区，实施营泉村、张家寨村、大余湾、罗家岗村、陈田村（新洲区）、石骨山村、汪西湾（黄陂区）、邱皮村、文兹湾、张家港、谢家院子、翁杨冲等一批历史文化名村改造升级工程。打造以传统村落文化、民俗文化、遗迹文化、红色文化、非物质文化遗产为主题，具有武汉特色的名镇、名村、民居、民宿。破除大拆大建思维，坚持随形就势、保存原貌、山水人居相宜的整治与修复理念，重塑诗意闲适的田园风光、人文环境、乡情乡愁。

（七）落实把公共基础设施建设重点放在乡村的要求，坚持先建机制、后建工程，加快推动乡村基础设施提档升级，实现城乡基础设施统一规划、统一建设、统一管护

第一是建立城乡基础设施一体化规划机制，做好重要市政基础设施布局。要把公共基础设施建设重点放在三十六个乡镇城区和东西湖、蔡甸、江夏、黄陂、新洲

和汉南六个独立城区。以市区域为整体，统筹规划城乡基础设施，统筹规划重要市政公共设施，推动向城市郊区乡村和规模较大中心乡镇延伸。统筹布局道路、供水、供电、信息、广播电视、防洪和垃圾污水处理等设施。特别是要科学规划市、区、镇、村全覆盖的生活垃圾无害化处理和生活污水处理体系，强化区域统筹，合理安排转运、处理等设施布局，严防城市污染"上山下乡"。

第二是推动建立城乡基础设施一体化建设机制。明确城乡基础设施的公共产品定位，构建事权清晰、权责一致的城乡基础设施一体化建设机制。健全分级分类投入机制。加快基础设施现状排查，推进基础设施补短板工作，充分利用现有设施。积极推广应用 PPP 模式，引入社会资本参与建设。支持有条件的地方将城乡基础设施整体打包，实行一体化开发建设。

第三是建立城乡基础设施一体化管护机制。将城乡公益性基础设施的管护和运行投入纳入财政预算。细化国道、省道和农村公路管养事权，明确责任主体和管养资金来源，明确管护模式和标准。建立管护制度，落实管护责任。加强管护监管与协调工作。提高管护市场化程度，推行以政府购买服务方式引入专业化企业，建立考核付费机制。推进城市基础设施运营事业单位改革，建立企业化管理模式。

（八）健全城乡统筹规划制度

加强城乡一体化设计，统筹推进我市各级各类国土空间规划编制，整体谋划全市国土空间开发保护格局。科学布局生产、生态、生活空间，统筹划定生态保护红线、永久基本农田和城镇开发边界等空间管控边界。构建自下而上的"多规合一"城乡融合规划体系，实现土地利用规划、城乡规划等有机融合，确保"三区三线"精准落地。乡镇、乡村规划要贯彻以功能特色小镇为中心，融合发展生态生产、旅游民宿的美丽幸福村空间结构模式。大力支持农村田园综合体、集体农庄、家庭农场等集约化项目。支持绿色能源示范村镇建设，以美丽乡村示范村为试点，因地制宜，"一镇一规""一村一规"，实事求是，落实实用性村庄规划编制。支持大专院校、规划部门、工程咨询单位以及相关专家和技术人员参与编制乡镇、村庄的发展规划。

（九）开启"三乡"工程新进程

探索多种模式发展，大力引导"市民下乡"，发展养老康养型、民宿文化型、农事体验型、创意创业型、网红直播型模式，促进乡村功能再开发；鼓励推进"能人回乡"，发展回归创业型、带领致富型、乡贤治理型、公益捐助型、电商引领型模式，促进乡村价值新发现；积极促进“企业兴乡”，发展扩大投资型、龙头带动型、村企共建型、对口扶贫型、服务带动型、全产业链型模式，促进农村第一、二、三产业融合发展。

推进“三乡”工程与发展现代都市农业相结合，加强农业科技成果转化和推广应用。推进“三乡”工程与“四三行动”计划相结合，大力改善农村人居环境。推进“三乡”工程与乡村治理相结合，树立乡贤典型，促进文明风尚。推进“三乡”工程与精准扶贫相结合，促进农民增收致富。推进“三乡”工程与农村养老产业相结合，鼓励企业到农村创办养老机构。推进“三乡”工程与全域旅游相结合，高质量建设共享农庄、都市田园综合体、郊野公园。

（十）坚持绿色发展，进一步改善共享农庄人居环境

一是创新建设共享农庄。立足推进农村生产、生活、生态同步，第一、二、三产业融合，农业文化旅游一体化发展，统筹产业基地、美丽乡村、特色（生态）小镇建设，积极引进大企业，鼓励农村集体组织和农民以出租、合作、入股等形式盘活空闲农房和宅基地，采取村集体经济组织与社会资本合作成立平台公司的方式进行整村综合开发或者对现有农房进行改造升级，利用村庄整治、迁村腾地、宅基地整理等节约腾退的农村集体建设用地改造或者新建租赁住房（共享农庄），实行统一规划、统一建设、统一生产经营，建设休闲旅游、居家养老、文化创意、扶贫济困等各具特色的村落风景区、特色小镇，发展旅游民宿、创意文化、农业科技、农村电商、农家乐等第三产业，打造美丽小镇、美丽村庄、美丽庭院。

二是打造都市田园综合体共享农庄集聚区。结合武汉市都市田园综合体建设，在农业主导产业发展基础好、聚集度高、特色突出、规模经营优势明显，具备第一、二、三产业联动发展条件和配套设施的区域，以农民合作社和企业为主要载体，大力发展以现代农业和民宿共享为主的共享农庄集聚区，提供土地认养、特色农产品众筹、直供等定制服务和“民宿＋农地”休闲养生产品，着力构建企业、合作社和农民利益联结机制，带动农户参与建设经营，获得地租、劳务、入股分红、品牌溢价等多种形式的收入。

三是改善共享农庄人居环境。坚持绿色发展，开展农村人居环境综合整治，加强农村能源设施建设，村庄安全建设，广播电视电话网络建设，教育、文化、卫生、体育设施建设，大力推进乡村生态振兴。改造和完善共享农庄周边道路、停车场、公共厕所、标志标牌等基础配套设施，实现共享农庄景区化发展。大力提升共享农庄公共服务水平，充分利用农村各类社会服务网点，推进农村流通服务网络体系建

设，提升村级网点配送服务能力，基本实现购物、销售、生活、金融、创业不出村。

四是建设共享农庄监管服务平台。利用物联网、云计算、大数据、移动互联网等技术，建设互联、互通、互享的农庄监管服务平台。全面完成新一轮农村宅基地确权登记颁证，探索完善农民宅基地使用权有偿使用、有偿退出的流转交易机制，引导农民依法自愿出租宅基地使用权，推动农村宅基地"三权分置"制度落地。

城市圈的生态环境与规划

一、国家关于都市圈发展的政策

2019 年 2 月 19 日，国家发展和改革委员会发布《关于培育发展现代化都市圈的指导意见》(以下简称《意见》)。《意见》指出，以习近平新时代中国特色社会主义思想为指导，全面贯彻党的十九大和十九届二中、三中全会精神，坚持和加强党的全面领导，坚持以人民为中心的发展思想，坚持稳中求进工作总基调，坚持新发展理念，坚持推动高质量发展，坚持以供给侧结构性改革为主线，坚持市场化改革、扩大高水平开放，以促进中心城市与周边城市(镇)同城化发展为方向，以创新体制机制为抓手，以推动统一市场建设、基础设施一体高效、公共服务共建共享、产业专业化分工协作、生态环境共保共治、城乡融合发展为重点，培育发展一批现代化都市圈，形成区域竞争新优势，为城市群高质量发展、经济转型升级提供重要支撑。

《意见》要求到 2022 年，都市圈同城化取得明显进展。基础设施一体化程度大幅提高，阻碍生产要素自由流动的行政壁垒和体制机制障碍基本消除，成本分担和利益共享机制更加完善，梯次形成若干空间结构清晰、城市功能互补、要素流动有序、产业分工协调、交通往来顺畅、公共服务均衡、环境和谐宜居的现代化都市圈。到 2035 年，现代化都市圈格局更加成熟，形成若干具有全球影响力的都市圈。

2007 年 12 月 14 日，经国务院同意，国家发展和改革委员会正式下文《关于批准武汉城市圈和长株潭城市群为全国资源节约型和环境友好型社会建设综合配套改革试验区的通知》，将武汉城市圈和长株潭城市群确定为中部重点发展区域。武汉城市圈(又称“武汉‘1+8’城市圈”)指以武汉为中心，以 100 km 为半径的城市群落，包括武汉、黄石、鄂州、孝感、黄冈、咸宁、仙桃、潜江、天门 9 个城市，面积 5.8 万平方千米，人口约 3200 万，GDP(国内生产总值)占湖北省的 53%以上，是湖北省产业和经济实力的核心区域。

近年来，武汉城市圈建设呈现较快的发展态势，武汉市发展尤其迅速，远超周边城市。武汉城市圈内部资源分配不够均衡，协同发展体制机制不健全，城市功能结构不协调，城市与城市之间差异性较大，各城市目前还处于各自发展阶段，与统一、协调发展模式的城市圈相比还有很大差距(图 1)。

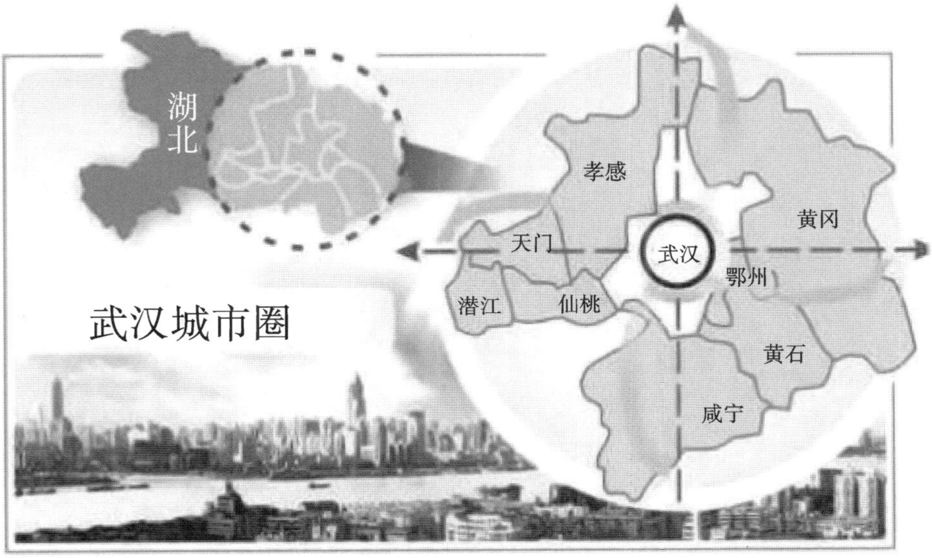

图 1　武汉城市圈

武汉城市圈发展对于中部崛起具有战略性意义，因此，有必要优化、升级武汉城市圈的空间布局和职能结构，合理确定各城市的发展定位，重视区域性基础设施建设，提升城市间发展的联动性，从而提高武汉城市圈的整体竞争力。自 2007 年武汉城市圈建立以来，核心城市武汉与周边 8 个中小城市逐渐在经济、产业方面形成一体化格局，建立了快速轨道交通网，“一小时经济圈”日臻完善(图 2)。在快速发展过程中，武汉城市圈的生态环境状况却不容乐观。在武汉城市圈建设发展的过程中，交通发展对武汉城市圈生态环境的影响容易被忽略。

《“十三五”现代综合交通运输体系发展规划》中明确提到：“将生态环保理念贯穿交通基础设施规划、建设、运营和养护全过程。积极倡导生态选线、环保设计，利用生态工程技术减少交通对自然保护区、风景名胜区、珍稀濒危野生动植物天然集中分布区等生态敏感区域的影响。严格落实生态保护和水土保持措施，鼓励开展生态修复。严格大城市机动车尾气排放限值标准，实施汽车检测与维护制度，探索建立重点区域交通运输温室气体与大气污染物排放协同联控机制。”

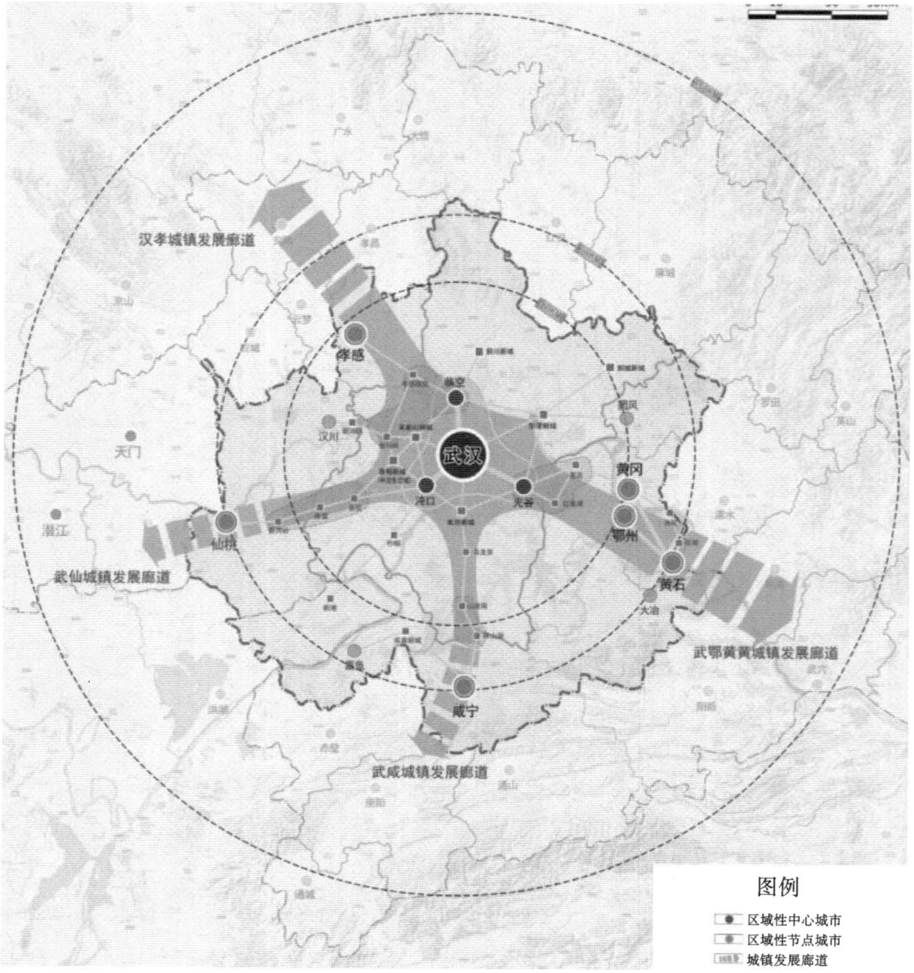

图 2 武汉城市圈发展趋势图

为了实现武汉城市圈又好又快发展，协调交通设施与生态环境保护的关系将是一项重要工作。这就要求相关部门以“生态交通”理念为指导，坚持城市发展、城市建设与交通设施建设和环境保护和谐发展。对城市圈内各城市的环境质量，交通基础设施设计、建设和运营等全周期进行评价，有助于保证城市发展和交通项目建设与生态环境保护有机融合，指导城市建设和环境保护等相关规划，强化环境管理，为城市圈区域的社会经济发展提供导向。在这样的理念下，对交通设施和生态环境进行一体化监测与评价就具有重要意义，也就能起到统筹规划的作用。

二、武汉城市圈发展现状与生态环境监测大数据

1. 发展现状

(1) 城市面积。

武汉城市圈同期各城市面积如图3所示：黄冈面积最大，咸宁、孝感、武汉分列其后，黄石、天门、仙桃、潜江、鄂州面积比较小。

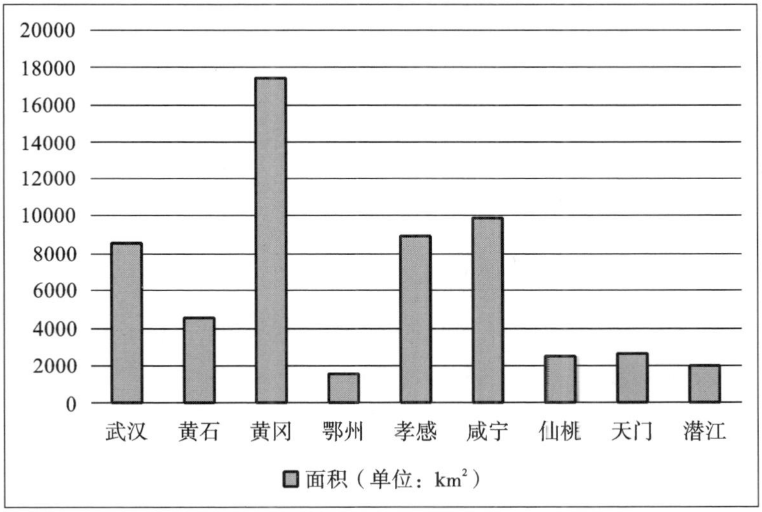

图3　武汉城市圈同期各城市面积

(2) 城市人口。

武汉城市圈同期各城市人口数量如图4所示：武汉人口最多，且远远大于其他城市。这反映出城市圈内人口流动主要从武汉周边流向武汉。黄冈、孝感次之，其他城市人口流入都不多。

(3) 城市经济发展。

武汉城市圈同期各城市GDP如图5所示：武汉GDP远远大于其他城市，甚至大于其他城市GDP的总和。其他城市GDP差距不大，与面积、人口相匹配，这反映出武汉城市圈各地区发展极其不均衡。

2. 生态环境监测大数据

(1) 生态环境状况指数。

根据《生态环境状况评价技术规范》(HJ/T 192—2015)，2017年湖北省全省的

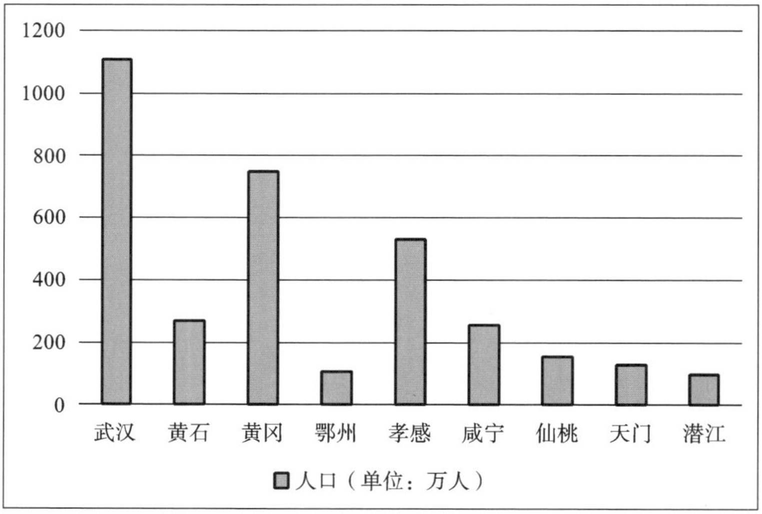

图 4　武汉城市圈同期各城市人口

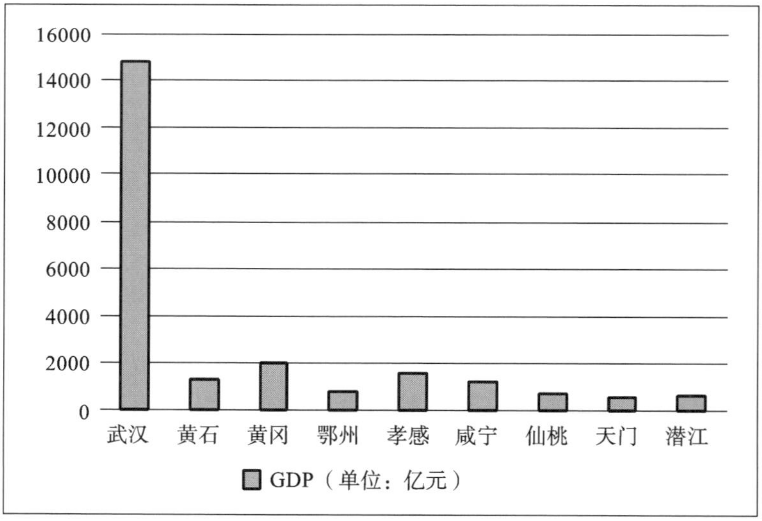

图 5　武汉城市圈同期各城市 GDP

生态环境状况指数(EI)为 71.48，生态环境状况为良好(EI≥75 为优，55 ≤EI<75 为良)。

从各地区来看，神农架林区的生态环境状况最好，其指数为 81.17，然后依次为恩施(79.14)、宜昌(78.91)、十堰(76.69) 和咸宁(75.09)。这 5 个地区的生态环境状况指数均高于湖北省全省的生态环境状况指数，且生态环境状况均为优，占全省总面积的 44.07%；其余地区生态环境状况均为良，占全省总面积的 55.93%。

如图 6 和图 7 所示，在武汉城市圈中，生态环境状况指数从低到高的地区依次为天门（56.43）、潜江（57.32）、仙桃（57.70）、孝感（60.30）、武汉（60.43）、鄂州（63.10）、黄冈（69.64）、黄石（70.63）、咸宁（75.09）。如图 8 所示，武汉城市圈人口毛密度从低到高的顺序为咸宁（0.03）、天门（0.04）、黄冈（0.04）、潜江（0.05）、仙桃（0.06）、黄石（0.06）、孝感（0.07）、鄂州（0.07）、武汉（0.11）。对比图 7 和图 8 可以看出城市生态环境状况指数与其人口毛密度密切相关：人口毛密度越小的城市，其生态环境状况指数可能越高，环境质量越好；人口毛密度越大的城市，其生态环境状况指数可能越低，环境质量越差。在武汉城市圈中，咸宁和黄冈的环境质量最好，人口毛密度最小。但是，各城市对环境保护与治理的重视程度和投资力度加大，也可以提高城市环境质量。对比图 7 和图 8 还可看出，武汉市由于经济实力强，对环境保护与治理的重视程度高，投资力度大，虽然人口毛密度最大，但环境质量并非最差。

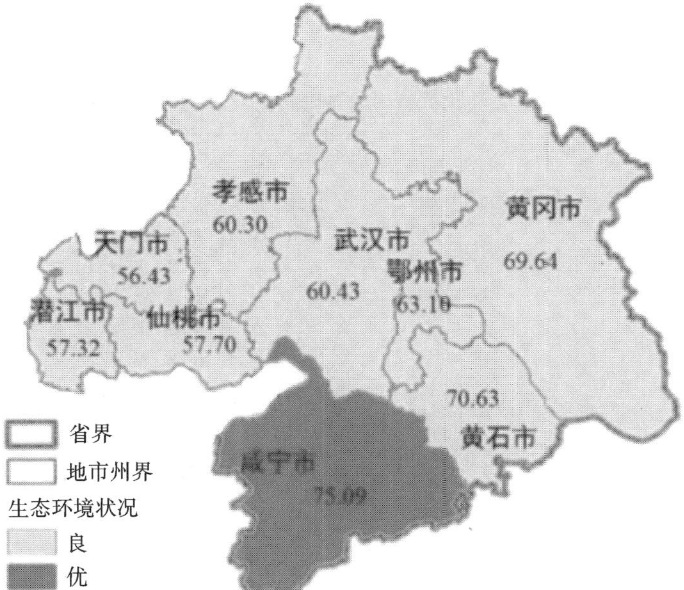

图 6　武汉城市圈同期各城市生态环境状况指数（2017 年）

（2）空气大数据。

如表 1 所示：2018 年，武汉城市圈 9 个城市 6 项主要污染物年均浓度按照国家空气质量二级标准评价，可吸入颗粒物（PM_{10}）咸宁和黄石达标，其余城市均超标；细颗粒物（$PM_{2.5}$）所有城市均超标；臭氧（O_3）潜江达标，其余城市均超标；二氧

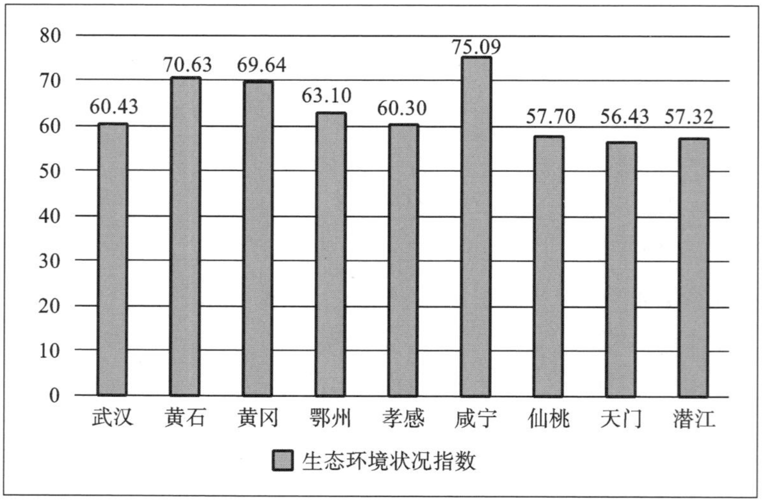

图 7　武汉城市圈同期各城市生态环境状况指数比较(2017 年)

化氮(NO_2)除武汉外,其余城市均达标;二氧化硫(SO_2)和一氧化碳(CO)所有城市均达标。

表 1　武汉城市圈同期各城市空气污染物情况

城市	SO_2 24 小时平均 /(μg/m³)	NO_2 24 小时平均 /(μg/m³)	PM_{10} 24 小时平均 /(μg/m³)	CO 24 小时平均 /(mg/m³)	O_3 8 小时滑动平均 /(μg/m³)	$PM_{2.5}$ 24 小时平均 /(μg/m³)
武汉	9	47	73	1.6	164	49
黄石	14	36	70	1.7	164	43
鄂州	11	34	73	1.7	165	46
咸宁	5	23	56	1.5	163	37
黄冈	9	24	74	1.4	175	42
孝感	10	22	72	1.7	172	44
仙桃	11	25	86	1.7	165	42
潜江	13	21	71	1.5	156	40
天门	11	21	77	1.6	168	42

2018 年武汉城市圈 9 个城市的空气环境指标按照下列方法计算,可以得到各个城市空气环境质量综合指标。空气环境质量指标数值越大,表示空气环境质量越差。

单项指数根据式 1 计算:

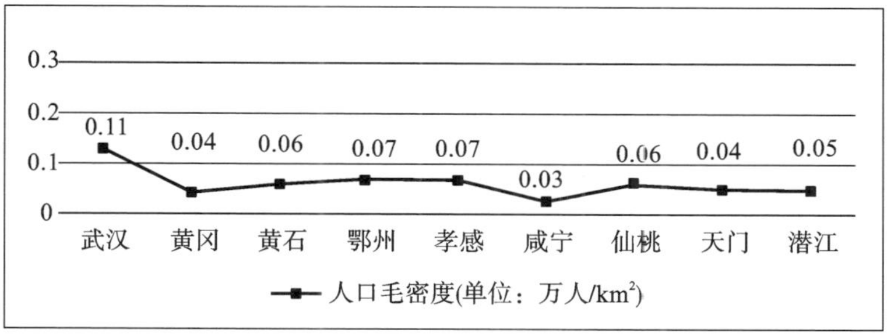

图 8　武汉城市圈同期各城市人口毛密度

$$I_i = \frac{C_i}{S_i} \qquad \text{（式 1）}$$

式中：I_i ——指标 i 的单项指数；

C_i ——指标 i 的评价浓度值；

S_i ——指标 i 的标准值。当 i 为 SO_2、NO_2、PM_{10} 及 $PM_{2.5}$ 时，S_i 为污染物 i 的年均浓度二级标准限值；当 i 为 O_3 时，S_i 为日最大 8 小时平均二级标准限值；当 i 为 CO 时，S_i 为日均浓度二级标准限值。

综合指数根据式 2 计算：

$$I_{sum} = \sum_{i=1}^{6} I_i \qquad \text{（式 2）}$$

式中：I_{sum}——综合指数；

I_i ——指标 i 的单项指数，i 包括全部六项指标，即 SO_2、NO_2、PM_{10}、CO、O_3、$PM_{2.5}$。

按照指数公式和相关资料，可以得出武汉城市圈 9 座城市的空气环境指数（包括综合指数、最大指数和主要污染物）优劣排序，见表 2。

表 2　武汉城市圈同期各城市空气环境质量

排序	城市	综合指数	最大指数	主要污染物
1	武汉	5.19	1.40	$PM_{2.5}$
2	鄂州	4.83	1.31	$PM_{2.5}$
3	黄石	4.80	1.23	$PM_{2.5}$
4	仙桃	4.68	1.23	PM_{10}
5	孝感	4.51	1.26	$PM_{2.5}$
6	黄冈	4.45	1.20	$PM_{2.5}$
7	天门	4.45	1.20	$PM_{2.5}$

续表

排序	城市	综合指数	最大指数	主要污染物
8	潜江	4.25	1.14	$PM_{2.5}$
9	咸宁	3.92	1.06	$PM_{2.5}$

另一个需要指出的是湖泊水体水质监测反映出的问题：湖泊水质明显比同地区河流水质差，而且湖泊水体污染情况相当严重。这与各城市对湖泊水体保护和治理的重视程度、保护治理力度密切相关。尤其当同一湖泊属于不同城市分片管理时，矛盾相当突出。

三、城市圈生态环境与交通设施一体化研究

城市圈生态环境与交通设施一体化发展存在的主要问题是中心城市与周边城市发展不均衡。

在经济方面，2007 年，武汉 GDP 为 3960 亿元，高居城市圈第一。黄冈、孝感和黄石 3 个城市的 GDP 在 550 亿～600 亿元，相差不大。其中，黄冈和孝感仅有 7 亿元的差距。咸宁仅 359 亿元，与黄石有约 200 亿元的差距。鄂州、仙桃、潜江 3 个城市的 GDP 都在 200 亿～300 亿元，差距也不是很大。9 个城市中 GDP 最少的是天门，仅 187 亿元。2017 年，武汉 GDP 达到了 1.34 万亿元，黄冈和孝感在 1500 亿元以上，黄石、鄂州在 1000 亿元以上。武汉、黄冈、咸宁、鄂州、仙桃和潜江的 GDP 均增长了 2 倍以上，增速最快的是咸宁，达到 343.73%；黄石、天门和孝感增速均不到 300%，黄石增速最低，仅 266%，如图 9 所示。

在人口方面，2007 年，武汉常住人口最多，约 900 万。黄冈居第二，常住人口 667.50 万。孝感为 503 万。黄石、咸宁常住人口均在 250 万左右。鄂州、仙桃、潜江、天门常住人口都在 150 万以下，其中潜江不足 100 万。到了 2017 年，武汉已经突破了千万人口，常住人口达到了 1089 万，若包括非常住人口，可能超过 1400 万。黄冈常住人口却减少到 634 万，孝感常住人口已经降到 500 万以下；黄石、咸宁常住人口依旧大致为 250 万，其他城市常住人口则依旧维持在 150 万或 100 万以下。这 10 年期间，武汉常住人口增长近 200 万，其次是黄石、咸宁、鄂州、潜江，常住人口也有一定增长。而黄冈、孝感、仙桃和天门的常住人口则出现了负增长，其中黄冈常住人口减少了 33.5 万，负增长率约为 5.0%；而负增长率最高的是仙桃，达到了 8.0%，如图 10 所示。

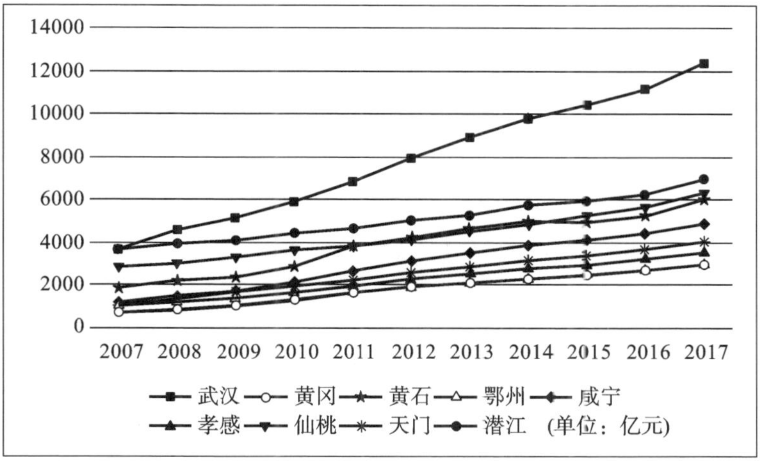

图 9 武汉城市圈 10 年各城市 GDP 变化

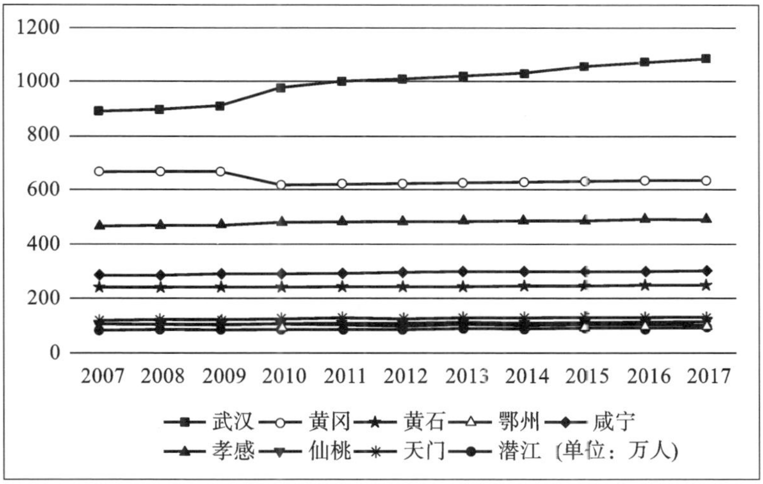

图 10 武汉城市圈 10 年各城市人口变化

综合武汉城市圈中的 9 个城市来看，武汉作为武汉城市圈的中心城市，人口规模和经济实力继续保持高速增长，与其他城市的差距进一步扩大。而地级市咸宁和鄂州则开始快速增长，地区生产总值、人口都保持了快速增长，经济发展形势良好，可以说是武汉城市圈发展的受益者。反之，老工业城市黄石开始走下坡路，常住人口、地区生产总值和一般公共预算收入都增长乏力，下行压力非常明显。另一个开始衰落的城市是天门市，经济增速明显放缓，人口开始外流，与前面两个省直城市形成鲜明对比。2007—2017 年，是我国中西部地区的黄金发展期，许多地区的经济社会面貌发生了翻天覆地的变化，武汉城市圈在这 10 年间 GDP 由 6972 亿元增长到22608亿元，在湖北省的占比由61.51%提升至61.90%，可见其发展速度高于全省发展水平。而常住人口也由3019万人增加到3162万人，常住人口增加了100多万人。其中人口增长最快的是武汉，中心城市的“虹吸效应”在这里清晰显现出来。总的来看，武汉城市圈近10年来虽然经济依旧保持增长势头，但是优势并不明显，中心城市的带动作用也没有充分体现出来。

从图11、图12可以看出，武汉在经济发展中遥遥领先，集中了城市圈大部分资

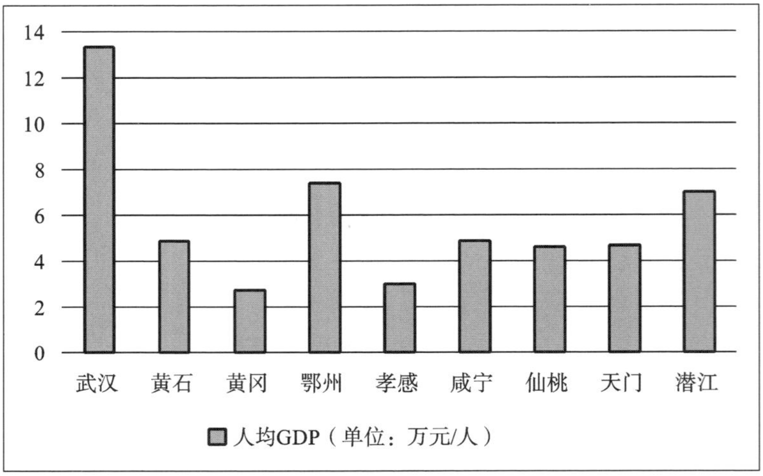

图11　武汉城市圈各城市人均GDP

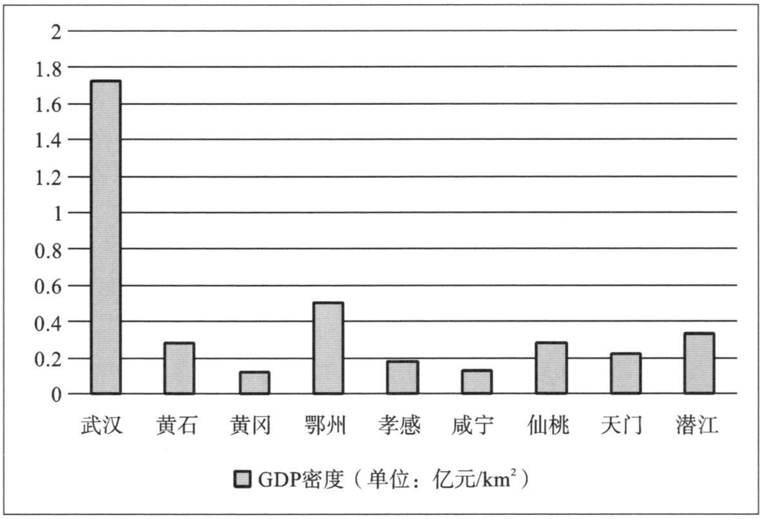

图12　武汉城市圈各城市GDP密度

源，导致武汉的人均GDP、GDP密度巨大，充分体现了城市经济发展不均衡，对城市圈其他城市的发展相当不利。

四、基于城市化与生态环境大数据的武汉城市圈发展研究

本节研究成果依据的所有大数据，几乎全部来源于本项目研究阶段，针对武汉城市圈中9个城市的调查研究。研究成果适用于武汉城市圈，对指导武汉城市圈中各城市的发展规划具有相当大的实用性和科学性。虽然样本数量较少，但对湖北省各城市的发展规划仍具有指导意义，同时，对全国乃至世界发展中国家城市规划与建设都具有一定的参考价值。这些具有普适性的理念来源于多年的持续研究和本项目研究阶段的系统调查，以下分城市化问题与生态环境问题两个方面进行阐述。

1. 武汉城市圈城市化进程

国家、区域和城市的城市化水平反映现代化发展水平，包括社会发展水平和经济发展水平。因此，城市化水平也可称为城市化进程，可以用城市化率定量描述。城市化率是在地区内生活的城市人口与总人口的比例，用百分比表示。因此，提高地区的城市化水平一直是政府和人民关注的要点。在世界范围内，城市化进程的研究成果十分丰富，对城市化进程发展规律与发展阶段也达成诸多共识，可用于指导我国城市发展规划。例如，提高城市化率一直是武汉城市圈中各市政府的发展目标。但是，实践证明，产生于欧美发达国家的城市化进程理论在我国的应用必须进行修正。

当前城市发展规划理论界已认识到西方城市化进程理论在我国的不适应性，所以才出现了城市发展进入下半场的发展阶段论。该观点认为：我国城市化进程在我国城市化率增长到50%时，就已经从城市化进程上半场进入下半场，城市发展规划的理论和实践应有新特点。也有学者认为，河北省雄安新区发展规划便是对我国城市化进程进入下半场的理论探索和实践探索。从雄安新区规划信息可以明显看到，城市发展规模、城市空间规划理论及城市建设管理经营模式都与上半场迥然不同。其中尤为突出的是对生态环境的保护和修复、人居环境的创新、居民的幸福生活以及美丽家园可持续发展方面的探索与创新。本文是基于生态环境和交通设施一体化方面的数据对武汉城市圈进行的研究，可以丰富我国在城市化发展规划领域的理论成果，可以为我国，尤其是湖北省武汉城市圈的城市发展规划提供

理论支撑。

关于城市化进程的阶段划分，我们的研究表明，仍旧可以与世界公认的四阶段理论接轨，但是必须针对我国城市化进程中的特殊性做适当修正。

传统的城市化进程可以按照人均国民生产总值(GNP)划分为四个阶段。按20世纪中后期的美元价值标准，当一个国家人均国民生产总值(GNP)在500美元以下时，城市化率为3%～30%，其城市化进程为起步阶段，历时较长；人均国民生产总值(GNP)在500～2500美元之间，城市化率为30%～70%，其城市化进程为快速发展阶段，历时较短；人均国民生产总值(GNP)在2500～5000美元之间时，城市化率为70%～80%，其城市化进程为稳定发展阶段；人均国民生产总值(GNP)大于5000美元时，其城市化率超过80%，该国家或地区便进入成熟发展阶段。当时世界上少数几个发达国家的人均国民生产总值已经超过了20000美元，城市化率在90%左右时，城市化进程便会基本趋于稳定，如图13所示。

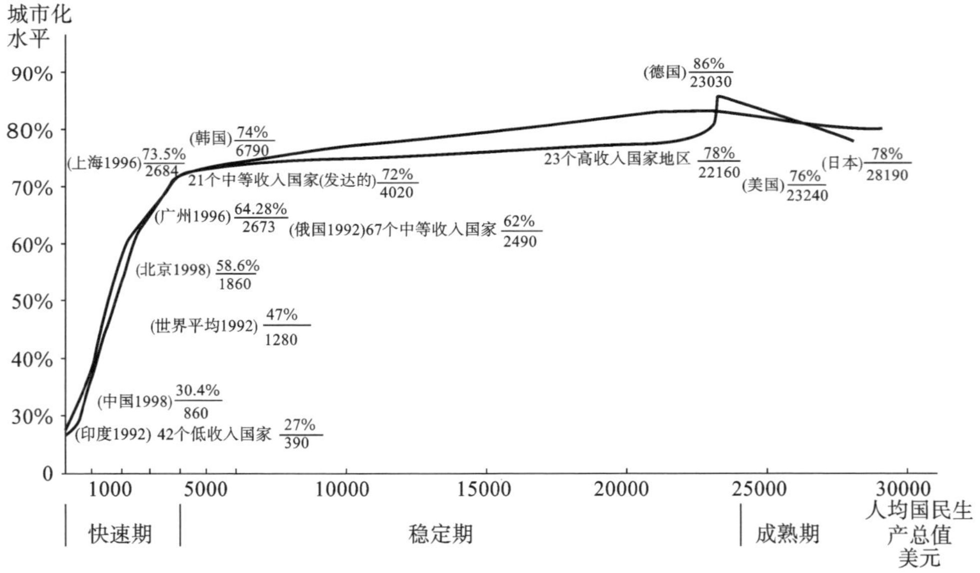

图13　城市化进程图(作者自绘)

表3列出了武汉城市圈的城市化发展指标，表中的数据样本量虽然不大，但据此分析得到的结论依然具有相当可靠的代表性。由表3中各城市的人均GDP和城市化率相关数据可绘出武汉城市圈城市化率统计回归模型图如图14所示。由表3和图14可以看出，武汉城市圈中的9个城市的城市化率除武汉市处于高位85%之外，其余均为40%～70%，处于快速发展阶段。人均国民生产总值除武汉

外大多为 3 万～7 万元，这与世界城市化进程规律大致相当。武汉人均 GDP 和城市化率指标特别高，人均 GDP 接近 19 万元，城市化率达到 85%，单从数据来看，武汉城市化进程已进入成熟发展阶段，城市经济社会发展已达到发达国家水平。实际评估发现，武汉市的社会发展、经济发展、生态环境、生活水平、现代化程度并不比城市圈中其他城市高很多，而与典型发达国家，比如与城市化率基本相同的欧洲许多国家和地区相去甚远。原因如下。

表 3　武汉城市圈城市化发展指标

	总计	武汉	黄冈	黄石	咸宁	天门	仙桃	潜江	鄂州	孝感
面积/km^2	58293	8569	17453	4583	10020	2622	2538	2004	1594	8910
人口/万	3246	908	750	269	254	127	154	96	108	580
万人拥有土地面积/(km^2/万人)	18.0	9.4	23.3	17.0	39.4	20.6	16.5	20.9	14.8	15.4
城市化率/(%)		85	48	66	55	46	60	57	70	60
GDP/万亿		1.71	0.21	0.16	0.13	0.06	0.08	0.07	0.08	0.18
人均 GDP/(万元/人)		18.8326	2.8	5.947955	5.11811	4.724409	5.194805	7.291667	7.407407	3.103448
人均 GDP 排名		1	9	4	6	7	5	3	2	8
生态指数		60.43	69.64	70.23	75.09	56.43	57.7	57.32	63.1	60.3

表 3 计算得到的武汉市人均国民生产总值接近 19 万元(约 2.9 万美元)的结果是非典型的。统计中的武汉市国内生产总值(GDP)作为分子大致可行，但作为分母的常住户籍人口数量取值 906 万人(截至 2019 年末)是有问题的。据不完全统计，参与创造武汉市 GDP 的人数还有 500 多万非常住户籍人口，其中主要是属于农民工的第二、第三产业大军，也有众多青壮年知识分子。数据忽视非常住人口对武汉市 GDP 总量的贡献，统计结果的准确性仍存疑。如果科学地计算武汉市人均国内生产总值，结果可能只有 12 万元(约 1.8 万美元)。对于武汉市这样科技发达的城市，还有来自市内外的净要素收入。如果减去 500 万非常住户籍人口来自市内外的净要素收入，计入他们户籍所在地的国民生产总值(GNP)，这样回归计算的结果，才可能接近典型的城市化进程评价标准。这种现象在我国城市，尤其是在

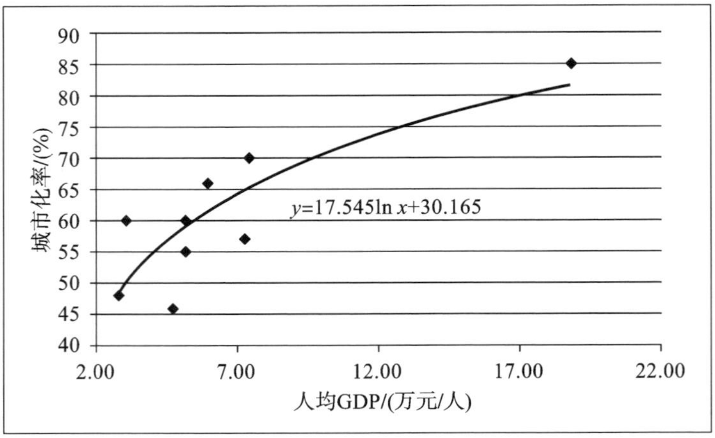

图 14　武汉城市圈城市化率统计回归模型图

第二、第三产业发达的城市和地区普遍存在，尤为明显。

根据武汉城市圈城市化率与人均国内生产总值模拟得到的回归模型虽然样本量较少，但基本趋势是可信的。可见，武汉城市圈中的城市多处于城市化进程的快速发展阶段。只有当典型统计的城市人均 GDP 提升到 10 万元以上时，才可能进入稳定发展阶段。为进一步细化，可将城市化进程快速发展阶段划分为初期、中期和后期：城市化率在 50％以下时，为快速发展阶段初期，相对应的人均国内生产总值在 4 万元以下，黄冈、孝感和天门的城市化进程可能处于这个阶段；城市化率为 50％～60％时，为快速发展阶段中期，相对应的人均国内生产总值为 4 万～6 万元，咸宁、仙桃和黄石的城市化进程可能处于这个阶段；城市化率在 70％以上时，为快速发展阶段后期，相对应的人均国内生产总值在 6 万元以上，武汉、鄂州和潜江的城市化进程可能处于这个阶段（表 4）。

表 4　城市化进程表

人均 GDP/（万元/人）	城市化率/（％）
2.00	42.33
4.00	54.49
6.00	61.60
8.00	66.65
10.00	70.56
12.00	73.76
14.00	76.47

续表

人均 GDP/(万元/人)	城市化率/(%)
16.00	78.81
18.00	80.88
20.00	82.73
22.00	84.40
24.00	85.92
26.00	87.33
28.00	88.63
30.00	89.84

为了统计出典型的城市化进程指标，准确评价武汉城市圈城市化进程，笔者对比考察了湖北省全省各市中心城区以及与湖北省规模相近的美国佛罗里达州全州各县的中心城区。总体而言，美国佛罗里达州的城市化进程可以作为湖北省的发展目标。

评价湖北省或者武汉城市圈这样地域范围的城市化进程，可以利用地域范围内的城市首位度指标和首位城市与第二位城市人口之比对照研究。

美国佛罗里达州地域面积 17 万平方千米，湖北省地域面积 18.6 万平方千米；佛罗里达州总人口 2000 余万，湖北省总人口约 6000 万；佛罗里达州的 GDP 总值不到 10000 亿美元，人均 5 万美元，同期湖北省的 GDP 总量约 45000 亿人民币，折合约为 5700 亿美元，人均不到 1 万美元；佛罗里达州的计算城市化率 20 世纪中期以后一直稳定在 90%，湖北省的计算城市化率直到 2019 年才达到 60%。（佛罗里达州数据和湖北省数据以 2019 年为准。）

佛罗里达州的市级行政单位有 67 个，平均每个市的市域面积约为 2500 km^2；湖北省的县级行政单位有 85 个，平均每个县的县域面积不到 2200 km^2。美国实行县管辖市的体制，一个县管理若干个市，其中人口最多的一个大城市就是县的中心城区；中国实行市管辖县的体制，一个市管理若干个县，市的中心城区就是市人口最多的大城市。对比评价美国佛罗里达州和中国湖北省城市化水平和可持续发展水平，研究得到下列四组对比数据。

第一，首位度指标。佛罗里达州的最大中心城区杰克斯维尔市人口规模 75 万，占全州人口总数不到 4%，可以认为佛罗里达州的城市首位度指标为 4；湖北省最大中心城区武汉市人口规模 800 万人，占全省总人口的 13%，可以认为湖北省的首位度指标为13，是佛罗里达州的3倍多。

第二，佛罗里达州人口最多的中心城区与人口第二的中心城区人口数量之比为2∶1；湖北省人口最多的中心城区与人口第二的中心城区人口数量之比为4.5∶1。

第三，佛罗里达州中心城区人口数量排在前5位的人口数量之和与全州人口总数之比为1∶10；湖北省中心城区人口数量排在前5位的城市人口数量之和与全省人口总数之比为1∶5。

第四，武汉城市圈地域最大中心城区人口占全地域总人口数之比为28%，可以认为武汉城市圈的首位度指标为28；地域人口最多的中心城区与人口第二的中心城区人口数量之比为7.5∶1。

通过上述对比研究可以发现，我国城市化进程的基本理念"严格限制大城市发展，大力发展中小城市，促进产业和人口的合理布局"是正确的。这个可持续发展理念近年来从理论到实践受到了严重的挑战。以GDP发展为导向的城市化进程理论与实践，虽然在我国城市化发展的特殊时期起到了特殊效果，但终究不能持久，且教训很多。当前，我国促进城市化进程可持续健康发展从理论到实践的回归正当其时。当务之急是在武汉城市圈、湖北省、全国各地重视降低地域最大中心城区人口占全地域总人口的比值，降低地域人口最多的中心城区与人口第二的中心城区人口数量的比值，降低地域中心城区人口数量排在前5位的城市人口数量总和与全地域人口总数的比值。

2. 基于生态环境品质的城市发展

本文分析了武汉城市圈9个城市的生态环境品质，建议将城市生态环境品质按人口毛密度（人/km^2）划分出优、良、中、劣四级。当人口毛密度小于500人/km^2时，城市生态环境品质为优级。当前，咸宁、黄冈、天门、潜江可列入优级。当人口毛密度为500～1000人/km^2时，城市生态环境品质为良级。当前，孝感、仙桃、黄石、鄂州可列入良级。当人口毛密度为1000～2000人/km^2时，城市生态环境品质为中级。按上述标准，武汉应为中级。当人口毛密度大于2000人/km^2时，城市生态环境品质为劣级。当前，武汉城市圈中的城市尚没有一个城市的生态环境品质为劣级。但对于像武汉这样经济活动规模大、非常住户籍人口和暂住人口数量大的城市，应该警惕，人口毛密度统计数据可能与实际数据有差距。若加入武汉的非常住户籍人口与暂住人口的500万人，人口毛密度的实际数据将达到1600人/km^2。

如图 15 所示，武汉城市圈生态环境品质可划分为四级：一级生态环境品质的生态综合指数小于 4.0，咸宁市符合一级；二级生态环境品质的生态综合指数为 4.0～4.5，黄冈、天门、潜江符合二级；三级生态环境品质的生态综合指数 4.5～5.0，孝感、仙桃、黄石、鄂州符合三级；四级生态环境品质的生态综合指数大于5.0，武汉符合四级。

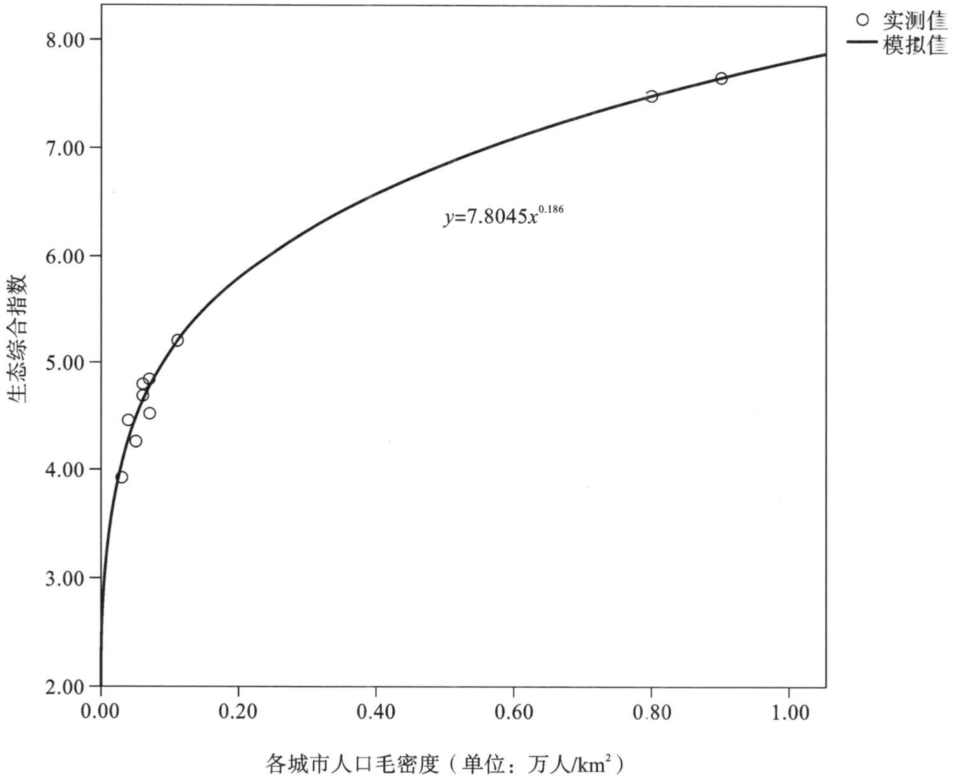

图 15　武汉城市圈城市生态综合指数与人口毛密度图

运用本研究成果，充分考虑生态环境品质、抵御灾害能力，拟定武汉城市圈各城市人口毛密度指标，预估城市发展规模，对武汉城市圈地域范围内城市化进程的持续发展十分必要。对现状生态环境良好、城市化发展压力不大的城市，如咸宁、黄冈可拟定为优级水平，人口毛密度小于 500 人/km²，咸宁城市人口发展规模可控制在 500 万人，黄冈城市人口发展规模可控制在 870 万人；对现状生态环境较好、城市化发展压力不大的城市，如天门、仙桃、孝感、潜江可拟定为良级水平，人口毛密度可控制为 500～1000 人/km²，天门城市人口发展规模可控制在 260 万人以下，仙桃城市人口发展规模可控制在 250 万人以下，孝感城市人口发展规模可控制在890万人以下，潜江城市人口发展规模可控制在200万人以下；对现状生态环境较差、城市化发展压力大的城市，如鄂州、黄石、武汉可拟定为中等水平，人口毛密度为1000～2000人/km^2，鄂州城市人口发展规模可控制在200万～400万人，黄石城市人口发展规模可控制在450万～900万人，武汉城市人口发展规模可控制在900万～1700万人。

城市总体规划——武汉长江新城发展模式与规划

研究武汉长江新城区域的总体规划应先从研究该区域可持续发展需求与模式开始。武汉市规划、建设长江新城是为了抓住时机，争取国家批准武汉长江新城为国家级经济开发区，因此研究经济开发区的发展与规划势在必行。

经济开发区大多是城市主要的经济增长点，对城市的经济发展有举足轻重的作用：促进产学研合作，推动城市经济发展，催生新兴服务行业，并带来城市空间布局的变化，使城市中心与中心工商业区分离，促进经济开发区和城市空间重组，并促使经济空间结构变化以带来城市空间效益的提高，成为打造城市圈和经济带强有力的支撑点。

我国开发区的兴起以深圳、珠海、汕头、厦门经济特区为标志，经历了由单一化的发展模式向多元化的发展模式转变，一些沿海发达城市的经济开发区已经成为城市的新市区。经过几十年的发展，开发区成为推动我国工业化、城镇化快速发展和对外开放的重要平台，但开发区在城市化进程中所凸显出来的问题也应得到关注。如盲目增加开发区的数量，扩大开发区的规模，缺乏明确的发展战略，同城开发区产业结构趋同，同质化竞争严重。按照开发区生命周期规律，我国多数开发区正在面临转型升级。在新时期，必须要转变以往的发展模式，适应新时期的发展需要。

武汉市第十三次党代会提出要加快建设现代化、国际化、生态化大武汉，启动规划建设长江新城，以超前理念、世界眼光，打造代表城市发展最高成就的展示区、全球未来城市的样板区，提出长江新城将分三期建设推进，最终全面建成具有国际影响力和中国特色的现代化城市。

本文将对未来城市的含义和概念进行阐述，倡导“田园城市”理念和“小国寡民”理念，提出新城建设旨在解决人口增长给地区带来的居住、就业等压力；在宏观方面，提出要与中心城市、既有开发区和周边城市形成互补，从而促进自身的发展；在道路交通方面，提出简约交通理念，推荐连续交通、和谐交通理念；在开发强度方面，建议采取低强度的开发模式，形成较为开敞的绿化环境与景观空间，同时通过环境绿化将城市形成统一整体，提出两个城市中心组团、十几个特色小镇、几十个田园综合体、百余个家庭农场的规划布局策略。

本文还通过将长江新城与雄安新区进行对比分析，确定城市定位、形成与发展机制，得出其最终规模应由环境与市场决定的结论。本文建议长江新城在发展过程中要将产业发展与城市建设充分融合起来，把握自身的经济发展规律。

本文对长江新城发展规划人口规模、空间布局等方面进行了深入研究，认为长江新城发展规划在以下几个层面仍待完善：一是过于注重创新经济，应强调生态保护、绿色发展模式；二是定位目标有所拔高，应秉持因地制宜的发展理念；三是空间布局密集单一，应打通绿楔，强调疏密有致的布局模式；四是交通体系侧重效率，应突出绿色出行、人文关怀模式。

武汉的定位是：长江经济带的脊梁，中部崛起的战略支点，国家中心城市，世界城市发展中的亮点城市。“两江交汇、三镇鼎立”是武汉特有的城市布局，有专家认为这种布局缺少具有国际影响力的城市新区，缺乏代表城市形象的规模化亮点区块。为此，武汉市政府决定规划建设一个新的国家级经济开发区——长江新城，其意义在于集聚国家战略，传承长江文明，承载武汉使命，为武汉未来发展预留空间。

一、经济开发区与城市的发展

经济开发区是一个泛指的说法，是经济技术开发区、高科技工业园、高新技术开发区、各类产业工业园（如农业开发区、化学工业园、汽车工业园等）的一种通称，也简称开发区。在我国城市化进程前半期中，经济开发区是所在地主要的经济增长点，主要经济指标在所在城市占有举足轻重的份额，已经成为国家西部大开发、中部崛起、东部率先发展、东北老工业基地振兴等一系列区域发展规划和战略布局的重要平台和载体，成为打造城市圈和经济带强有力的支撑点。

（一）经济开发区与城市经济活动的关系

经济开发区的经济活动的主要作用包括促进产学研合作、推动城市经济发展和催生新兴服务行业。

1. 促进产学研合作

产学研合作是指企业、科研院所和高等学校之间的合作，通常指以企业为技术需求方与以科研院所或高等学校为技术供给方之间的合作，其实质是促进技术创新所需各种生产要素的有效组合。城市地域内的研究院所（包括一些企业内部的研发机构）和高等学校，通过教育、培训及其与产业界的联合开发、成果转让、创办企业等，推动知识、技术、信息的传播，并实现市场价值，成为所在城市经济开发区发展的智力源泉和创新基地。不论在发展初期还是成熟期，经济开发区的发展都离不开地域内科研院所和高等学校提供的技术和知识支撑，经济开发区快速发展需要园区内的科技企业与当地的科研院所和高等学校建立紧密的产学研合作关系。

2. 推动城市经济发展

经济开发区内企业通过技术转让、技术出售、技术入股等方式向区外企业进行技术辐射；利用兼并、重组、收购等方式，进行经营机制和管理文化辐射；采用贴牌生产、委托加工、收购产品等形式进行品牌等无形资产和销售网络的辐射。企业发展壮大后，进行产业再投资，参与城市建设，推动第三产业和社会福利事业的发展。

3. 催生新兴服务行业

服务活动是研发和生产制造不可或缺的重要辅助。服务活动伴随研发与生产制造活动而生，又逐步从企业中独立出来，形成了一些区别于城市传统服务业的新兴专业化的服务行业，如行政服务、中介服务和金融服务。随着整个社会系统中物流、资金流和信息流不断加速运行，新兴服务机构的涌现成为经济开发区发展的一个重要特征。

（二）经济开发区与城市空间布局的关系

在优惠政策及良好服务环境的引导下，外来投资企业和本地创业型科技企业在经济开发区大量集聚，使经济开发区成为经济增长速度较快的地区，并带来城市空间布局的变化。

1. 城市中心商务区与中心商业区分离

中心商务区（Central Business District，CBD）和中心商业区（Central Recreational District，CRD）一般混合构成综合城市中心区。20 世纪 80 年代以来，国外许多 CBD 表现出突破原有结构、脱离城市中心区的趋势。很多大城市为了优化城市空间结构，在城市原有中心区以外布局 CBD 形成新的城市空间极核以构筑双核心或多核心城市。我国经济开发区在建设初期主要以发展产业为主，各种商务活动并不频繁，并未对商务等办公用地专门进行安排。但随着产业的壮大，特别是创业型科技企业的增多，中介机构、生产性服务机构以及各类办事机构不断增多，需要较为方便的对外沟通渠道、良好的配套服务设施和发展环境，这就在客观上对城市办公专门用地有较大的需求。因此，国内一些城市在规划中有意靠近经济开发区布局CBD，或在经济开发区集中兴建CBD。

2. 城市经济开发区和城市区县园区功能整合

在城市经济开发区的示范带动下，一些区县纷纷兴建科技园区。这些科技园区大多由各主管部门和各区县独立负责建设与管理，各园区功能定位不清，经常无序竞争，造成了城市资源的极大浪费。与此同时，城市批准的经济开发区集中兴建区面积有限，很快趋于饱和，而经济开发区受开发模式的影响，自身具有用地扩张的刚性。由于城市经济开发区和城市区县园区对各自利益的追求以及区县在管理权限上的主导地位，双方很难进行有效合作。北京、深圳等地政府为防止各园区混乱竞争，纷纷以经济开发区为基础整合全市相关资源，统一规划，统一制定政策，统一管理。

3. 经济开发区和城市经济空间重组

经济开发区技术产业快速发展，产业规模和竞争力日益增强，推动城市产业结构的转变，进而推动产业功能布局的调整。通过对第一、第二产业的技术改造和结构升级，实现经济从二元结构到多元结构、从劳动密集型向知识密集型的转变。相关生产性服务业快速发展，传统的劳动密集型服务业比重相对下降，资金密集型和知识技术密集型服务业比重相对提高；城市经济结构的变化促使城市的经济空间结构发生转变，区位条件优越的中心地区用于发展高层次的产业，并根据功能划分成两个或多个城市核心，原来功能混合在一起的城市第二产业逐步疏散至周边区域及城镇，形成专门化的工业园地、新城和卫星城。

（三）经济空间结构变化带来城市空间效益提高

1. 有机疏散带来城市空间效益提高

在经济开发区建设及产业发展的带动下，城市原有各种功能以及新生的城市功能不断进行空间的替换与迁移，对原来高度密集、混合布局的单中心城市形态进行疏散，逐步向多中心城市形态转变，原来相互矛盾或相互冲突的经济功能从混合的空间地域中分离出来，而相互具有关联性的经济功能则趋于聚集在一起。随着经济开发技术产业以及成品制造业在城市区域的布局，企业向各类园区集中，带动了居住、生活服务设施在园区内部及周边的就近建设，而社区商业和服务业的发展使城市中心高度聚集的商业呈现出离心化和郊区化的趋势。

随着经济开发区的建设发展，各类生产服务性部门不断增加，对商务服务专门化功能空间产生需求，推动了城市商务活动从城市传统中心商业区中分离出来，建立专门的中央商务区，分担不同的经济职能，CBD 和 CRD 往往使城市发展的两个核心走向多极化。城市功能的有机疏散避免城市空间“摊大饼式”地蔓延扩展，而城市人口及经济功能的疏散使城市中心区的人口密度与经济活动密度大大降低，缓解了城市中心交通、用地、环境等方面的压力。同时，随着城市功能向外围的有机疏散，城市绿化用地与交通用地面积增加，城市绿化用地成为不同地块之间的分离地带，而交通使城市各个地块之间建立更便捷的联系。

2. 集约发展带来城市空间效益提高

城市经济功能的有机疏散，使相关经济活动在一定的城市空间集聚，从而导致特定地域内或功能区域内产业集聚、人口集聚和各种基础设施与服务设施集聚。在土地利用形态上则直接表现为一定区域内城市空间的凝结资本、物质、人力和技术等投入要素和水平不断提高，同时还表现为空间利用密度增加和土地收入的增加，这些特征即城市土地集约利用的明显特征，并表现出土地集约利用的效益：土地投入的最佳化和土地效益的最佳化。资源不应粗放、高消耗地使用，而应节约、低消耗地使用。不同产业空间边际效益不同，产出水平相差也很大，因此在土地竞标地租的影响下，不同的产业对空间的选择自由度就不同。产业集聚在城市不同的空间地段发生，追求不同的空间集聚效应。因此，在城市经济开发技术产业快速发展的影响下，不同产业在城市不同空间的集聚，使城市总体上表现出集约化发展的特点，而这种集聚越明显，表明城市空间利用的效率也就越高，城市整体的经济实力也就越强。

二、我国经济开发区的发展与转型

我国的工业化、城镇化和城市化正在不断深化，开发区已成为我国工业化、城市化的重要载体。国家推出的吸引外商直接投资、推动科学研究、开发高科技产业的重要举措，在我国经济发展中做出了重大的贡献。

（一）我国经济开发区的发展

随着改革开放政策的推行，我国于 1979 年建立第一个经济特区，随后其他各类开发区如高新技术产业开发区、保税区、边境经济合作区、旅游度假区等也于20世纪80年代中后期在全国范围内兴起。

随着我国改革开放进程的不断推进，经济开发区已成为我国社会经济发展的一个重要领域，各地的开发区大都成为当地经济发展的新增长点，成为对外开放的重要基地和窗口，并成为探索社会主义市场经济体制的试验田和先导区。

（二）我国经济开发区的演变

实践证明，建立经济开发区是一项影响深远的战略决策，也是在探索中国特色社会主义道路上进行的伟大实践，还是推进国家现代化建设的一大创举，同时更是世界工业化、城镇化发展史上的一大奇迹。

1. 经济开发区的代际演变

我国经济开发区的发展演变沿着两条轴线进行：一条轴线是企业性质，企业逐渐从低技术含量的轻工业向高技术含量的企业演变；另一条轴线是形态和结构，开发区从小规模单一的生产型基地向集生产、生活和娱乐于一体的大型综合体演变。中国大致经历了四代开发区：第一代开发区即工业园，生产与居住分离，以单纯的加工业为主；第二代开发区是企业加社区的形式，生产与生活逐步融合；第三代开发区呈现区域发展态势，开发区发展需要更大的空间和扩展余地，并为企业、公众和社会创造良好的生活和娱乐条件；第四代开发区为高科技城，可以实现自给自足，满足生产、生活和娱乐的需要，是一个集生态、科研、商贸、居住、教育、休闲、娱乐等功能于一体的城市综合体。

2. 经济开发区的模式演变

从目前来看，单一性开发区面临着严峻挑战。单一化的发展模式使开发区无法逃离“经济孤岛”的宿命，城市化瓶颈凸显。我国开发区经历了两个阶段：“孤岛”阶段和开发区对城市空间影响效应增强阶段。在开发区发展过程中，开发区与城市的关系可进一步分为依赖阶段、互动阶段、功能与空间整合阶段，因此，多元化发展是开发区的必然选择。工业发展离不开城市功能的依托，随着经济社会的发展，开发区作为现代化高效率的工业基地，必然吸引众多的企业和机构及社会经济各部门在相对狭小的空间内集聚，从而产生对生活、生产服务行业的需求。将开发区作为以工业为主的综合新城区来发展，适当发展房地产、休闲娱乐等第三产业，与城市协调进行基础设施和服务设施建设，不但可以创造吸引力，聚集人气，营造出良好的城市环境，减少老城区的交通负荷，而且会产生更大的经济效益，使开发区保持快速持续发展。一些沿海发达城市的经济开发区已成为城市的新市区，如天津滨海新区、上海浦东新区等。

（三）经济开发区的发展趋势

从城市社会、经济的和谐发展来看，开发区将面临几个转变：从单一功能区向复合功能区转变；从同质竞争向差异化竞争转变；从区域加工中心向世界加工中心转变；从带头发展向带动发展转变；从着力引进外资向着力引进先进技术和管理经验转变；从注重引进向注重消化吸收创新转变；从依靠政策优势向依靠综合环境优势转变；从注重规模效益向注重质量效益转变。这些转变将主要表现在：开发区将由单一功能向复合功能发展，工业开发区将向城市经济功能区拓展，人居环境得到较大改善，同时，开发区将从空间上与城市逐步融为一体，一些开发区将城市化和小城镇建设相结合，产生更多经济模式。

（四）经济开发区的转型与持续发展

虽然开发区得到快速发展，但与此同时，开发区发展的问题也值得关注，如盲目扩大开发区的数量，没有正确的发展战略，缺乏产业聚集的必要条件，开发区产业结构趋同，同质化竞争严重。按照生命周期规律，多数开发区面临转型升级，应转变发展模式，适应新时期的发展需要。

1. 控制数量增长，明确发展方向

我国开发区数量过多，开发区布局不合理、低水平重复建设、恶性竞争等问题较为突出。开发区产业定位趋同，主导产业不突出。依据对长三角地区高新技术产业园区发展规划的统计，排在前四位的支柱产业是电子信息、汽车、新材料、生物医药工程，趋同率达到 70%。《中共中央　国务院关于构建开放型经济新体制的若干意见》明确提出，要加强各类开发区规划指导、创新发展，发挥开发区引领和带动作用，推动产业升级。

（1）国家级开发区要建设成具有国际竞争力的高水平园区。

经济技术开发区、高新技术产业开发区、海关特殊监管区域等国家级开发区要发挥示范引领作用，突出先进制造业、战略性新兴产业等产业特色，主动对接国际通行规则，建设具有国际竞争力的高水平园区，打造具有国际影响力的园区品牌。

（2）省级开发区要打造成区域经济增长极。

省级开发区数量多，它的质量决定了我国开发区整体发展水平。省级开发区应依托区域资源优势，推动产业要素集聚，提升环境水平，向主导产业明确、产业链条延伸、综合配套完备的方向发展，成为区域经济增长极，带动区域经济结构优化升级。

2. 盘活现有存量，实现可持续发展

可持续发展涉及经济、社会、文化、技术及自然环境等因素，它是一种立足于环境和自然资源角度提出的关于人类长期发展的战略。这并不是一般意义上所指的在时间和空间上的连续，而是特别强调环境承载能力和资源的永续利用对发展进程的重要性和必要性。开发区作为多功能的社会生态系统，不能单方面追求经济效益，必须走可持续发展之路，使经济社会发展与环境保护相统一。

（1）坚持以人为本。

科学技术是第一生产力，人才是开发区发展的重要因素。开发区在制定战略发展规划时必须以人为本，充分关注开发区发展中人的生存状态和发展要求，不断提高人的生存状态，改善人的发展条件，使开发区持续地成为适宜人们生存和发展的文明载体，使开发区在环境、经济、技术、社会、文化与人的互动过程中发展，使人才成为开发区持续发展的核心竞争力。

（2）形成文化内核。

一个开发区是否具有持续不断的生机活力、凝聚力和竞争力，最关键的是能否形成具有特色的文化内核，是否具有学习创新型的文化机制，是否设立有利于人们发挥聪明才智的制度，是否有人口素质不断提高的内在要求。没有文化的开发区就没有灵魂，没有持续竞争力。营造具有文化内核的环境，是现代开发区战略发展规划的重心之一。

（3）系统协同发展。

开发区是一个企业生态系统，它作为企业的一种空间积聚形式，不是简单地把若干企业集中在某一特定空间就行了。在开发区的规划建设和招商引资过程中，一定要重视企业之间的互补和内在联系。从产业联系上看，开发区必须是相关或相似的企业积聚；从生产工艺上看，开发区必须以专业分工协作为基础；从知识交流的角度看，开发区必须以互补性为前提。因此在制定招商引资战略规划时，要特别注意不能简单地以企业规模或性质来设置门槛，而是要充分重视企业生态系统形成过程中的自发性与深化性，重视系统整合的意义。

综上所述，可以得出如下结论。

（1）在我国城市化进程前半期中，经济开发区利用其政策优势调动了经济发展的潜力，吸引了人才、资金和项目，带动了城市经济的发展，促进了城市化水平的快速提高。

（2）经济开发区的发展也产生了一系列问题，主要是政策优势渐渐消失，开发区非协调性竞争日益凸显其不公平性、非理性及地方主义。同时，各地开发区过多、过大、过乱，恶性竞争严重，存量过大，特色不鲜明。

（3）在城市化进程后半期中应该协调各地区经济开发区的发展，不再开辟新的经济开发区，应盘活既有开发区土地存量，完善开发区功能，促进开发区内企业产业转型升级。

（4）摆正经济开发区与主城区的协调关系，使开发区融入主城区规划，支持主城区完善城市功能，提高主城区品质。

（5）基于环境保护、空间分布与规划布局新理念，进一步审视既有开发区和规划新城区的规模、开发强度、空间布局。必要时统一协调修整，以促使城市化进程走上可持续发展道路。

三、长江新城的提出与规划

长江新城是武汉市政府规划的一个新区，位于武汉中北部的长江边上，规划定位是武汉的“未来之城”，是武汉建设美好未来的基础。

（一）长江新城概念的提出

中央要求：在长江流域，武汉要成为长江经济带的脊梁，发挥核心引领作用；在中部地区，武汉要成为中部崛起的战略支点；在全国，武汉要成为国家中心城市；在全球，武汉要成为世界城市发展的亮点城市。为此，武汉市第十三次党代会提出启动规划建设“长江新城”，以超前理念、世界眼光，打造代表城市发展最高成就的展示区、全球未来城市的样板区。

长江新城选址在武汉中北部，设计从区位、交通、生态环境、地质状况等方面考虑，长江新城所选区域有机连接主城，连贯长江主轴，处于航运、空运、铁路运输的立体交通网络中心，亦符合中国古代造城“居水之阳，背山向川，坐北面南”的文化传统和城市布局，并且与东湖新技术开发区、武汉经济技术开发区呈依托之势，具有良好的区位优势（图1）。

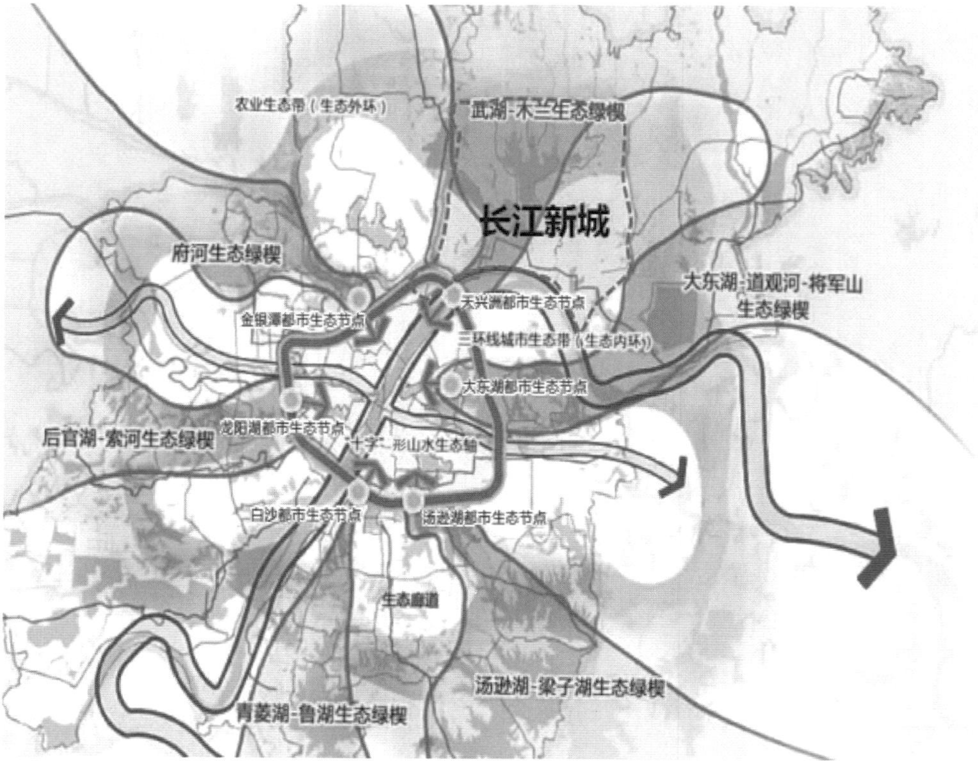

图1　长江新城的地理位置

(二) 长江新城的规划

根据长江新城总体规划方案，长江新城将分三期推进，“2025 年沿江、2035 年环湖北拓、2050 年点睛”。2025 年将建成由轨道交通、高快速路、城市主干道构成的沿江交通廊道；2035 年，进一步拓展城市合作区、国际总部区、科学研发区、共享创新区、文化体验区的建设；2050 年，向东、向北全面建成具有国际影响力和中国特色的现代化城市。

1. 规划目标

规划提出要坚持世界眼光、国际标准、高点定位、中国特色，将长江新城建设成具有国际影响力和中国特色的现代化城市，形成“1＋5＋1”的发展目标体系。“1”指未来之城，将长江新城建成武汉的未来之城；“5”指创新名城、生态绿城、现代智城、国际友城和创富民城；“1”指典范新城，将长江新城建设成践行新发展理念的典范新城。

2. 规划范围

长江新城位于湖北省武汉市长江北岸，包括黄陂、新洲两区南部地区和江岸区部分区域，选址于武汉东北方向的谌家矶—武湖—阳逻区块。东至倒水河，南至长江北岸，西至滠水河、府河、张公堤路，北至318国道，面积约554.6 km^2。

3. 规划规模

规划要求，至2025年，长江新城常住人口达到110万，其中城镇人口约100万，城市化水平达到90%，以实有人口150万预留公共服务设施和基础设施的保障能力。城乡建设用地达到133 km^2，非建设用地422 km^2。城镇建设用地110 km^2，人均110 m^2。经济规模达到2000亿，地均GDP达到3.6亿元/km^2。

至2035年，长江新城常住人口达到205万，其中城镇人口约200万，城镇化水平达到98%；以实有人口300万预留公共服务设施和基础设施的保障能力。城乡建设用地达到218.7 km^2，非建设用地335.9 km^2。城镇建设用地200 km^2，人均100 m^2。经济规模达到4500亿元，地均GDP达到8.1亿元/km^2。

这样规划的人口规模呈跳跃式发展，依靠人口自然增长远远达不到，必须依托快速的机械增长。

4. 规划结构

该规划尊重自然环境基底，秉承传统营城智慧，应对未来弹性发展，由内而外形成梯次布局，总体形成“一湖八湾、内岛外城、一轴三带、一心十区”的空间结构。显然，这是城市化进程前半期中开发区高强度开发规划模式的延续。

5. 规划用地

按照规划，远期建设用地规模为225 km^2，其中城乡居民点建设用地204 km^2（含城镇建设用地200 km^2，村庄建设用地4 km^2），区域交通设施用地21 km^2；非建设用地规模为329.6 km^2，其中水域130 km^2，农林用地199.6 km^2（图2）。这个规模和用地划分与既有的武汉东湖新技术开发区基本一样。然而，如今武汉东湖新技术开发区约500 km^2规划用地上规划的建设用地也同样只有约200 km^2，而真正开发建设的用地约100 km^2，企业到位的生产用地大约只有60%。预测长江新城规划目标将与东湖新技术开发区形成同城竞争的局面。

6. 规划产业

规划要求长江新城加快集聚高端资源，契合未来城市产业导向，满足未来市民需求和超前布局4.0城市产业设施，通过“有中生新”和“无中生有”两大路径，长江

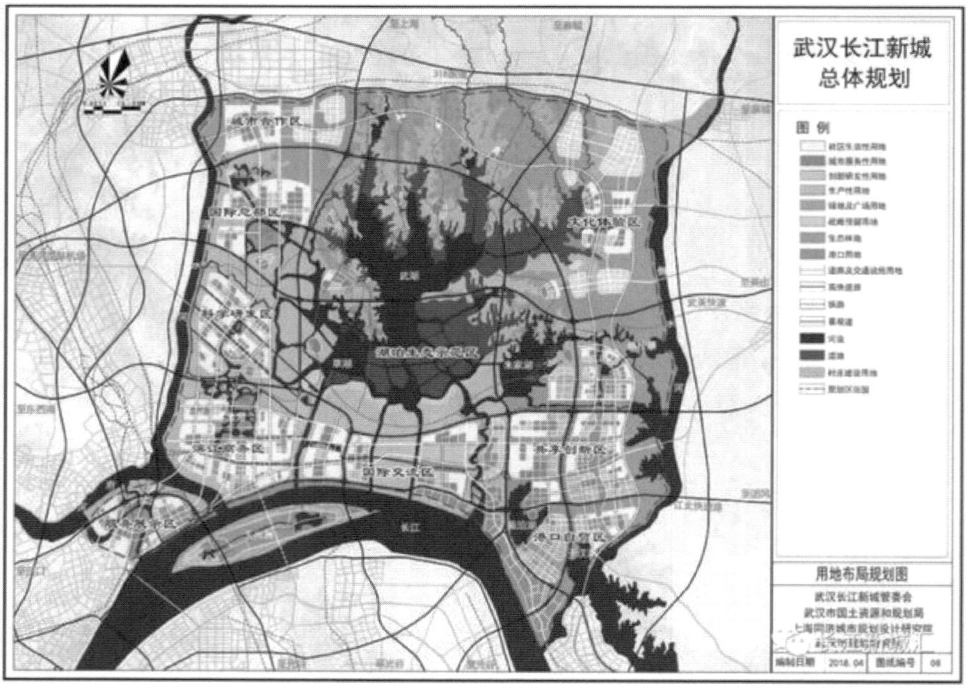

图 2　长江新城总体规划

新城重点构建“3＋2＋N”的未来产业体系，搭建“生态＋”产业、“智慧＋”产业、“效能＋”产业蓝图。这几乎是全国所有经济开发区产业发展的老套路。

四、长江新城规划建设的研究

根据长江新城总体规划，长江新城将建设成未来之城、创新名城、生态绿城、现代智城、国际友城、创富民城和典范新城。

未来城市到底是什么样子？未来城市的形象指标是什么？一般认为未来城市是“生态＋智慧”的结合体，未来城市的形象包括生态城市、绿色城市、花园城市、宜居城市、智慧城市、可持续城市、创新城市、开放城市、和谐城市等。

从城市发展进程看，城市经历了农业社会、工业社会、后工业社会、信息社会等阶段；人类文明也经历了原始文明、农耕文明、工业文明、生态文明的阶段。在从低到高的人类社会进化过程中，随着城市的拓展和经济的迅速增长，许多城市出现了城市拥挤、交通堵塞、停车混乱、环境污染、生态环境质量下降等一系列问题。与此同时，人们对生活环境、生活质量、生存状态的要求也在不断发生变化，总体上呈现需求越来越复杂、要求越来越高的趋势。这个必然的进化趋势导致人们越来越关心人居环境及生存状态。

宜居城市建设与人居环境建设是互融互补的关系。人居环境问题是由城市问题发展而来的。起初人们对人居环境的认识还是比较具体而微观的，如特别关注居住区、邻里环境、居住建设项目等，随着宜居城市概念不断发展完善，人居环境的概念才具有了更为广泛而宏观的内容，甚至产生了一系列评判标准。

创新城市是指主要依靠科技、知识、人力、文化、体制等创新要素驱动发展的城市，它对其他区域具有高度的辐射与引领作用。创新城市的内涵一般体现在思想观念、发展模式、机制体制、对外开放、企业管理和城市管理等方面。创新城市一般可分为以下四大类型。

（1）文化创新型城市。

文化创新型城市，如法国巴黎，其城市创新发展的战略与内容偏重文化产业，即依托繁荣的经济和较强的人力、物力、财力支撑，大力推进文化创新，通过文化艺术领域创新，打造全新的城市发展形态。文化创新型城市通常为国家的首都或重要城市及其辐射区。

（2）工业创新型城市。

工业创新型城市，如美国堪萨斯、英国哈德斯菲尔德、韩国大田和中国武汉经济开发区等，其城市创新发展的重点是以工业创新作为突破口，即凭借地处大都市周边的区位优势，扎实的工业基础，优势突出的工业领域的人才、技术等，大力推进工业技术创新，形成以工业产业创新带动城市发展创新的格局。

（3）服务创新型城市。

服务创新型城市，如美国纽约、德国柏林、日本东京和中国上海等，其城市创新发展的战略是把现代服务业作为主攻方向，通过不断创新城市服务，增强城市服务功能，着力发展服务型经济，不断满足本地城市居民各种需要，也不断为全球经济发展提供跨国服务，同时推动城市经济社会发展与世界经济发展的融合。服务创新型城市第三产业发达，社会综合服务能力较强，政府服务水平和社会福利水平较高。

（4）科技创新型城市。

科技创新型城市，如印度班加罗尔、美国硅谷、加拿大渥太华、中国深圳等，主要出现在 20 世纪末 21 世纪初，其城市创新发展的战略是凸显科技集成和科技创新。科技创新型城市一般依托国际一流大学和研究机构，形成雄厚的科技实力、较强的创新能力与明显的科技产业优势。其通过大力发展科技生产力，在协调推进城市经济、社会、文化、生态发展的同时，为世界各国经济社会发展提供大量的高新技术和高科技产品，成为推动全球科技进步的动力。

运用创新城市的规划建设理念，雄安新区规划做出了探索。雄安新区的总体规划中设置了16个特色小镇与城市核心区，共同组成城市的都市圈。雄安新区的特色小镇规划以创新产业为先导，与中期建设的200 km^2的高新科技产业相辅相成，是对雄安新区城市核心区产业的延伸与补充，如容城北的数字科技小镇、人工智能小镇和光电信息小镇，雄县北的空间技术小镇、智慧物流小镇，安新西部的科技金融小镇、文化创意游戏动漫小镇、园艺花卉小镇、数字文化小镇，雄县东部的卫星应用小镇，雄县西部的生物育种小镇，安新中部的康养小镇，安新南部和高阳的绿色金融小镇，龙化乡的生物科技小镇以及任丘的绿色生态小镇和节能环保小镇。

和谐城市是指建成人与人、人与社会、人与自然和谐共处，协调发展，市民安居乐业、幸福生活的城市。

构建和谐城市要重点在于三个关键领域：空间和谐、社会经济和谐和环境和谐。从空间和谐入手，探讨了城市的增长和衰退规律。从社会经济学角度对城市发展进行定位，从地理空间角度总结城市发展规模和模式，指出城市发展方向，并研究其空间发展机理。从社会经济和谐入手，研究城市发展的不均衡性，内部的不公正性、不平等性，解决收入、就业、教育不平等问题，研究低收入人群在区域和城市范围的不平等状况及其解决途径。从环境和谐入手，找出城市面临的环境危机：研究城市发展与自然环境的协调，研究城市发展与气候变化的关系，研究城市能源消耗、家庭能源消耗、机动车给城市交通带来的环境问题等及相应解决方法。

创造和谐城市的措施，包括和谐的城市发展规划，保护并经营好城市的无形资产——城市的历史文化，建造社会资源与城市和谐之间的桥梁，给出城市应对气候变化的措施以及大都市地区的管理措施，解决区域发展中的城乡分化等问题。

五、长江新城发展规划评价与建议

（一）长江新城发展规划评价

武汉长江新城是武汉市政府规划的一个新区，位于武汉中北部的长江边上，涵盖谌家矶、武湖和阳逻地区，是武汉在三镇之外建设的最亮丽的“第四镇”，也是武汉重点打造的具有国际影响力的城市新区和代表城市形象的规模化亮点区块。

研究表明，长江新城区域河湖纵横相连，处于武汉市长江、府河生态环境敏感、复杂、脆弱地区，亟须水体与生态修复，不宜大规模开发建设。而且长江新城规划方案指导思想、用地规模、人口规模、产业布局、土地利用等方面与客观实际和已经得到批准的《武汉市城市总体规划(2019—2035)》相冲突。

武汉市有3个国家级经济开发区：武汉经济技术开发区、东湖新技术开发区、武汉临空港经济技术开发区。此外还有中法生态新城、金口、东西湖、后湖等诸多开发区。武汉城市圈内的经济开发区有数十个。

按照武汉市目前的规划，武汉市及其周边各处都是开发区，长江新城开发区与已有的开发区竞争项目和投资，互相干扰。

在现有开发区大片土地尚未充分利用的情况下，长江新城的规划理念与河北雄安新区疏散北京非首都功能的理念并不一致，武汉市完全没有必要再设长江新城开发区。

整体而言，当前长江新城总体规划将长江新城定位为侧重创新技术经济发展、兼顾生态保护和生态特性的武汉市新兴增长极；规划在未来通过中高级开发强度以及高新技术制造业和高端服务业的布局来吸引170万～250万国内外人才，使长江新城成为承接武汉市未来人口增长的主要基地；并预期武汉市能在未来发展中实现经济高度开放、创新实力支撑、生态协同发展、人居环境优化的“开放、未来、人民之城”三大目标。

长江新城总体规划侧重强调经济发展的方式方法和重要性，但对生态和人文关怀的考虑有所欠缺。以科学技术、创新思想为方法促进新城的经济前期起步和后期飞跃十分关键，而人才作为技术创新的实施者也必不可少。但若过度强调新城的经济建设、科技创新发展、投资与人才的引进，未免会弱化新城生态绿色经济发展、和谐人本环境构建等重要内容。具体而言，长江新城总体规划在以下几个层面仍待完善。

1. 过于注重创新经济，应强调生态保护、绿色发展模式

长江新城总体规划在新城总体定位、规模、目标上侧重经济发展、科技创新。而长江新城在武汉市预留的六大绿楔正中位置，其应更侧重对生态保护、可持续发展、人居环境营造、健康城市设计的考虑。在进一步的规划设计中，应首先强调长江新城本底环境的保护，再思考如何高效发展绿色经济，如何引入绿色创新科技和人才。

2. 定位目标有所拔高,应秉持因地制宜的发展理念

长江新城总体规划将长江新城定位为带动武汉市周边区域发展的核心增长极、未来承接增长人口的主要空间,并以高新技术制造业和高端服务业为主要支撑产业。就当前长江新城的发展条件而言,如此定位有拔高之嫌。此外,一个城市的定位应体现城市特征和发展优势,当前定位是普适性的,也适用于其他城市或新城,并非紧扣长江新城的背景条件、诉求和发展优势。在规划方案的深化过程中,应因地制宜,制定符合长江新城地域特征和条件、突出长江新城生态优势的目标。

3. 空间布局密集单一,应打通绿楔,强调疏密有致布局模式

从长江新城总体规划的概念性总体布局图中可以看到,除北面部分绿地没有被划作开发区域以外,整个武湖沿岸基本都划进了开发范围内。排除湖面面积,其陆地开发强度相当大。当前长江新城总体规划提出以组团沿轴线发展、由景观廊道分隔的布局方式。但组团之间仅留下以交通道路、河道为本底的廊道,占用大量生态空间,阻塞武汉市原有的六大绿楔之一,破坏沿湖的生态环境,增加渍水风险。目前陆面高密度的开发模式需要得到调整,应向保护绿楔,开发活动远离河湖沿岸,疏密有致地布局各开发组团,充分保护组团外围的生态用地方向发展。

4. 交通体系侧重效率,应突出绿色出行、人文关怀模式

长江新城总体规划强调了加强区域之间交通网络联系的理念,将长江新城向外与武汉城市圈联动,向内与长江主轴、汉口、光谷经济中心相联系,同时还提出要增加路网密度,体现了重视路网连通性、可达性的思想。除此以外,该规划方案还提出了利用高新技术设计立体交通体系的概念,思想较为超前,其创新性和对路网效率的注重值得肯定。但是当前长江新城的交通发展模式应基于疏密有致、生态保护组团布局模式,将路网的网络格局相对缩小。在保障组团间的连通性的同时,减少交通出行距离,提高组团内的通达性,建成小街区、密路网的开放街区形式。同时,还要考虑交通出行的人文关怀,增加慢行系统和其他交通基础设施的建设,在保障基本需求的同时适当发展智慧交通和高技术交通。

(二) 长江新城发展规划建议

1. 定位

长江新城定位为武汉市中心城区东北绿楔内一座生态的、智慧的、可持续发展的、为居民提供永久幸福生活、工作和学习的美丽家园。

2. 规模

人口环境容量是确保人居环境质量和城乡可持续发展的重要指标。依据《可持续发展城市化道路》，适宜的人口环境容量应该是建设用地人口容量的10%～20%。

武汉市环境质量可根据 h（生态保护空间面积加上生产空间中的第三产业空间面积除以市域空间总面积的比值）分为以下等级：

当 h 大于0.92时，城市环境质量评为优；

当 h 为0.88～0.92时，城市环境质量评为良；

当 h 为0.82～0.88时，城市环境质量评为中等；

当 h 为0.75～0.82时，城市环境质量评为及格；

当 h 为0.65～0.75时，城市环境质量评为不及格；

当 h 小于0.65时，则是环境质量可持续发展所不可接受的。

如长江新城所在区域的环境质量等级为良，人口规模应取50万～70万人；如为中等，人口规模应取70万～100万人；如为及格，人口规模可取100万～140万人；当人口规模超过200万时，则是环境质量可持续发展不可接受的。

3. 布局

长江新城总体规划布局建设用地面积过大，成团布局过密，开发强度过大。沿江环湖布置开发建设用地有违环境保护、环境修复和绝不搞大开发的原则。建议降低大而空的定位，缩小人口规模，减少建设用地空间，降低开发强度，构成有机分散布局。在长江新城规划滨江中心组团和阳逻港中心组团两个中心，十几个特色小镇，几十个田园综合体，百余个家庭农场。每个中心组团15万～20万人，每个特色小镇1万～2万人，每个田园综合体2000人左右，每个家庭农场100人以下。总人口数量控制在100万左右，如图3所示。

4. 交通

武汉长江新城路网交通量预测在适宜的范围内，可以利用交通工程学的工程措施和智能化交通措施，实现全城连续交通运行，交通事故率，尤其是交通死亡事故率下降50%以上。该交通系统的特点是交通量均衡，交通方式和谐。不求道路宽直，但求车辆行驶匀速、中速、连续、安全。全区采用连续、无红绿灯的环形交叉口。交叉口共分五个等级：一级为三层环形立体交叉口，适用于快速路（包括高速公路）与快速路相交或快速路与主干道相交的道路交叉口；二级为两层环形立体交叉口，适用于快速路（包括高速公路）与主干道相交、快速路与次干道相交、主干道

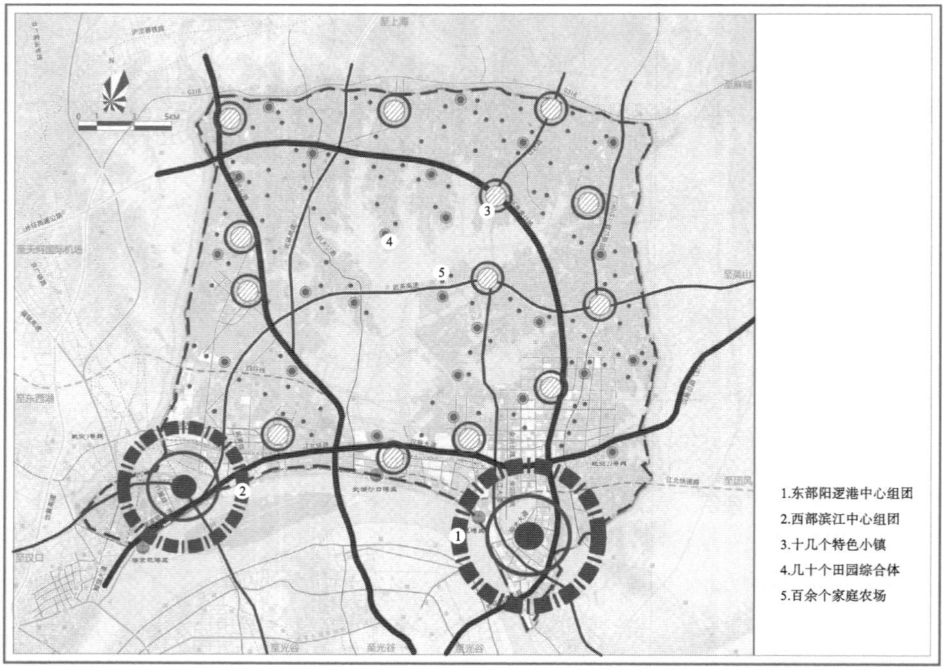

图 3　长江新城规划布局建议

与次干道相交的道路交叉口；三级为自行通行的大环平面交叉口，适用于次干道与主干道、次干道与次干道相交的道路交叉口；四级为远引平面交叉口，适用于主干道与次干道或主干道与支路相交叉的平面交叉口；五级为让行小环平面交叉口，适用于次干道与次干道和支路与支路相交的道路交叉口。

城市规划建设法规理论

武汉市城市建设成就有目共睹，但城市化进程中带来的资源浪费、资金损失、历史文化破坏、生活环境影响等，一直受到社会各界诟病。

本文通过对武汉市城市建设中发生的一系列现象的分析，揭示了武汉城市规划管理存在的问题。武汉的城市规划本身科学性不足，变动多，是反复拆建的主要原因；而规划在执行中又不够严格，从而使武汉市的城市建设显得没有条理。规划执行不当给武汉市的发展带来了一系列问题，如财力、物力方面的浪费，对环境造成不利影响，城市道路拥堵不堪，市民出行不便。这些问题让市民对政府的工作产生了不信任，影响了政府的公信力。这一系列问题暴露出武汉城市规划建设法规的不完善。

本文试图从法治的角度研究武汉市城市建设中反复拆建的原因及危害，借鉴先进国家城市道路交通规划管理经验，提出根治的对策建议。本研究对全国其他城市规划建设也具有一定的参考价值。

一、武汉市城市规划发展及其特点

（一）武汉市城市规划发展历程

武汉是全国大城市中为数不多的现代城市规划活动持续发展的典型。

现代城市规划涵盖了工程技术、社会活动和政府行为等多元特征。从机构与活动、技术与理论、政治与经济等角度，武汉现代城市规划呈现出过渡性与嫁接性、突变性与继承性等特征。整个体系经历了历史重组、快速架构、波折停滞、自主发展、全面转型的漫长过程，可谓中国现代城市规划的缩影，对中国现代城市规划理论体系的研究及国内大中城市的建设具有借鉴意义。

从其发展历程总结，武汉现代城市规划主要体现在城市规划活动紧跟城市体制创建。这一过程包含了对近代城市规划的传承，既有城市建设形态和工程要素方面的自然延续，也有规划理论和发展思想的暗合。中华人民共和国成立之初，武汉实现了在同城内组合中国古代和近代两大城市格局，即封建古城和近代工商业、港口城市，因此，武汉兼具政治中心和经济中心两大职能。按照当时的国家工业计划，武汉处于内陆发展的前沿，得益于国家投资的倾斜，重工业化成为现代城市的主要目标。另一方面，传统的交通优势因京广铁路开通进一步加强。但铁路对城市布局的生硬分割，也使得城市扩张成本提高。在“一边倒”的“学苏风潮”下，武汉城市规划从规划实践、机构组建等多方面借鉴了苏联经验。这一过程经历了最初的完全依赖和后来的逐步反思，城市空间形态也从以内城为核心向外延续式发展到分散组团模式。尽管城市功能较为单一，但武昌、汉口、汉阳三镇已从近代的独立三镇走向现代的完整城市。城市规划在计划经济体制下凸显了空间布局的工程性，而忽略了规划本身对社会的综合前瞻性，但充分体现了国家体制的建构意图。这一时期武汉城市规模快速扩张，城市布局呈现出以旧城为核心、工业组团相对独立分散的格局。

1978 年，在经历了十余年的非正常城市建设后，城市规划又重新得到重视。规划由建设的从属地位上升为龙头地位。管理成为城市政府的首要职能。社会重点转向经济建设，将生产生活的思想观点理顺的同时，城市自然环境、历史人文特征也随之受到重视，改变了对商业、港口等城市性质予以否定的观念，历史文化名城、山水生态城市等理念也逐步成型。一度停滞的国内外交流活动开始复苏，开始引入西方当代新城建设、综合开发等多种理论。城市发展的重点又回归到以内城为核心，无论是空间形态还是城市规模都呈现内聚特征。一方面，城市形态在分散组团的格局下，重点发展交通干线，江河沿线也成为展示城市形态的主要地带。另一方面，城市规划活动为适应经济体制改革后的高效性和公平性，开始探索规划制度性。但由于商品经济以计划体制为主导，制度建设上依旧以政府为本位。

当时，武汉的城市经济体制改革走在全国前列，因此武汉形成内地发展模式早于其他内陆城市。武汉的发展主要体现在城乡打破二元分离的藩篱，在以城带乡的发展理念指导下，以“交通、流通”为核心发展理念，新区建设起步，增强交通设施建设，体现区域整体发展观。规划实践在社会革新的背景下同步演进，武汉城市规划从理论、活动到制度都较前些年取得巨大发展。

20 世纪 90 年代，伴随全国性市场经济体制建设推进，社会发展理念和制度都经历了历史性转型。城市发展失去了计划经济的优势后，武汉没能再度跨入发展前沿城市，而开始呈现出地区性的“欠发展”。西方城市理论如潮水般涌入，并被直接运用到城市规划实践中。城市规划活动的对外交流日益频繁，同样经历了从盲目运用到逐步吸收的过程。如城市规划套用西方环线和新城等理论，以长江为轴向心化发展，分散组团空间的轴向密实化扩张。这一时期的城市发展趋势呈现出"摊大饼式"向外扩张，与原有的自然环境形成了空间争夺性矛盾。尽管这是当前中国城市的普遍问题，但武汉的空间格局却得益于广泛分布的山体湖泊，自我选择性地朝作为自然资源间隙的空地延展。进入21世纪后，国家政策对农村的倾斜和市场对城市用地的需求，城乡一体化发展成为必然趋势。武汉城市规划实践重点转向城乡规划、区域统筹。

（二）武汉市城市规划发展特点

1. 超地域文化与制度的复合特征

武汉作为我国内陆重要的商业城市和交通枢纽，城市规划蓝图一直甚为宏伟，但与北京、南京等政治中心城市相比，近代武汉城市规划及其制度的建设更多地参入了地方特色，灵活多变。

"这种过渡性的中间地理位置，使武汉在文化上呈现东西南北杂糅共陈的多元格局，开放先进的东南文化和较为荒疏封闭的西北、西南文化在此汇合、互相碰撞，使该城市文化出现新旧交替、进退繁复的特点。"[1]文化上的开放、复合与多元，造就了近代武汉城市规划制度的复合性地域特征。通过分析近代武汉城市规划制度的源流，我们了解到，武汉向来广纳众家形态，吸收国内外四方之长。外来的制度形态在引入后，被复杂的城市文化同化，或者部分被改造吸收，逐渐演化为一种新的趋地域文化形式。正是在这种文化背景下，源自海外又极具汉派特征的规划建设形态在此成形。

2. 敢于开新的社会风气与制度的先进性

近代武汉对西方文化的适应时间之短暂，接受态度之开放甚为鲜见。其原因可以追溯至汉口形成之初。汉口最早是因商而兴的市集，商品的随行就市、变化不定形成了灵活多变、不断开新的城市文化。武汉人对新事物的敏感、对外来文化较为开放的心态，使武汉的城市文化中经常有新旧之间的变通。也正是武汉开放包容的城市环境，促使张之洞择其作为洋务运动制器创新的试验基地，自此迈开了武汉作为中部中心城市的建设步伐。文化上的开放创新也促使近代武汉城市规划制度不断出新、不断变奇。清末张之洞督鄂时期，许多新的管理机构、职能部门得以设立。

[1] 皮明庥.近代武汉城市史[M].北京：中国社会科学出版社，1993。

辛亥革命后，更是在孙中山“首义之市”的号召下，武汉引入尚不成熟的城市分区制度。民国中后期，武汉敢为人先、勇于尝试，一直积极跟随上海、南京、广州等核心城市设立市制、创办工务局，先后多次制定了大规模的城市规划，颁布了相当数量的建设法规，还成立了国内首个区域规划委员会。

3. 武汉城市道路规划建设的复杂性

武汉是一个多水的城市。长江、汉水将武汉分割为汉口、汉阳、武昌三个大的区块。武汉市的面积在国内省会城市中名列前茅，而且城内多湖泊，地下水位较浅。这些自然地质条件给武汉城市规划建设，特别是城市道路交通规划造成了极大的困难，使武汉市的城市规划建设表现出以下特点。

(1) 开放性。武汉城市道路的二环线和三环线具有集散客、货流的性质，沿线的人车流也汇于道路中，因此不能严格控制出入，连接二环线和三环线的支线也是不能完全封闭的。

(2) 集散性。大量客流、货流从各处汇集到城市，通过与城市的交流，又由城市向四周扩散出去。这一集散过程产生的交通流主要由出城道路承担，因此出入口道路交通流具有明显的集散性。

(3) 混杂性。每个城市的发展有自身的特点，出城道路的交通特性也不尽相同。武汉城市道路复杂，交通管制难度大，原因主要表现在两方面。一方面，因为非机动车和行人横穿道路现象突出，容易发生交通事故。另一方面，由于二环线和三环线道路上的交叉口汇合区域一般没有信号控制，交叉口处车辆相互抢道，当交通量较大时，极易出现堵车现象。尤其是三环线上有很多进出城车辆和城市内部行驶的车辆，车辆种类繁多，车辆的动力效果差异较大，超车现象普遍。非机动车和行人对机动车形成纵向影响，非机动车和行人常在机动车道外，且路线变化大，受交通标志约束小，对机动车辆形成侧向的挤压与摩擦，影响了机动车的行驶速度。

基于以上特性，武汉市城市道路建设需要进行系统科学的规划管理，但武汉现在面临的问题是，如何实现区域性共同发展。城市规划在这一过程中或被动或主动地提供解决途径和发展方式，因而近年来城市规划发展也呈现出许多相似的历史场景和发展需求，并体现出连续性与非连续性的统一。只有通过比较，才能更全面地把握其规划发展的源与流，并使武汉城市规划成为中国城市规划历史的重要部分。

二、武汉城市道路规划建设管理法治化的几点建议

（一）变革行政观念

行政观念的变革是“依法行政、依法治城”的前提条件。我国公民的观念状态是法外行政最主要的原因，要克服观念障碍，必须从规划部门和公众两方面着手。从规划部门的角度来看，基础工作是提高公务员素质，除此之外还应该做到以下两点。第一，转变行政方式和行政观念，即摒弃行政人治的观念，树立“依法行政、依法治城”的观念。我国正在致力于发展市场经济，规划管理的改革方向就是将城市的开发建设纳入市场经济的轨道。因此，对城市建设和发展具有重大干预能力的政府机关应严格树立“依法行政、依法治城”的理念。第二，转变行政价值观念。传统的行政价值观念强调行政命令，从而使规划部门与公众之间只有命令和服从的单一关系。市场经济要求用小政府、大社会的局面来支撑其发展，为此，规划部门应该树立服务社会、服务公众、服务市场的观念。行政机关的权力来自人民，来自社会，因此，权力的运行价值必须有利于人民和社会。

从公众的角度来看，一方面要普及文化教育，提高国民素质，树立现代法律观念，推广法治意识，同时应特别强调监督意识的确立。随着体制改革的推进，特别是货币分房政策的实施，许多公民都拥有了自己的房产，规划建设中对于那些涉及自身经济利益的政府行政行为，公众有了自我保护意识和监督意识。实际上，在国家行政权力的监督体系中，最有效、最深远的是来自公众和社会的监督，尤其是与公众和社会日常生活关系甚大的行政权力的实施，如果没有公众和社会的监督，而仅靠国家监督机关，往往很难实现监督目的。只有公众在自身经济利益的基础上具有了强烈的自主意识，才能真正获得监督行政的能力。

（二）强化规划法规体系

城市规划管理是一个复杂的系统工程，绝不是一两部规划法规所能涵盖的。因此，必须强化规划法规体系的建设。规划法规体系应包括垂直体系和平行体系。垂直体系就是指以城市规划法为主体的，从国家到各地区、各城市的层层相关的法规体系。这其中包括与各级规划法规相配套的解释性、实时性的细则。平行体系是指城市规划法隶属于行政法律体系，要与其他行政法律法规如行政诉讼法、行政复议法等相协调，并在实施细则中明确反映相互之间的协调关系。

由规划管理部门组织编制的各层次城市规划是规划管理的重要依据。目前，我国虽已建立起较完善的城市总体规划和详细规划的编制体系，但规划编制的内容和方法仍存在一系列问题，如规划编制落后于城市建设，与社会、经济发展结合不紧密；操作性差，不能适应规划管理的要求；规划成果法律地位不高，在实施中经常被随意改动等。因此，现阶段亟须对我国城市规划编制体系进行改革。一是对现行规划编制内容进行改革。总体规划阶段要加强对城市社会、经济状况及发展战略的研究，详细规划，特别是控制性详细规划的编制应在全面、综合地分析地区社会、经济发展等的基础上提出切实可行的量化指标。二是要建立灵活的规划控制体系。对市政设施、公共服务设施、绿化用地等进行刚性的控制，而对商业、房地产业等明显具有市场特征的行为进行弹性的引导。三是要加强规划成果的法制化。城市规划管理从城市的整体利益和长远利益出发，因此常常会与区县的地方利益发生冲突。它不但要承受来自规划管理对象的压力，还会受到区县政府的影响。要保证规划在实施过程中不变形，抵制住各方面因素的冲击，就必须制定相应的法规文件，健全的法律体系是保障规划实施的法律保障。加强现行法律体系的“立、改、废、释”，加快制定空间规划法。在借鉴德国等发达国家空间规划法基本经验的基础上，在立法理念、规划目标、组织实施等方面目标一致，解决因法律不衔接、不协调而造成的规划矛盾和冲突。明确各类空间规划的法律位次关系，建立完善的空间规划编制的法律程序及其实施的法律制度体系，从法律条款上确立国土规划的基础性地位，突出对其他空间规划的层级管控和统筹协调作用，解决规划的部门化、利益化和短期化等空间规划相互“打架”的问题，充分发挥空间规划在空间治理体系中的作用。将空间规划的编制和落实情况纳入各级规划领导干部离任审计范畴，建立以市县级行政区为单元，由空间规划、用途管制等构成的空间治理体系。

（三）明确划分管理权限

明确划分管理权限，既要明确规划管理权力与其他诸多权力的分工制约关系，也要明确规划管理权力与社会权利的明确区分。也就是说，城市规划法中要明确规划管理权限、行政授权的范围、适当的自由裁量权，加强与其他行政法律的协调，强调对自由裁量权的监督和约束程序。在我国，存在公众的权利意识淡薄现象，而权力尤其是行政权力似乎是无限的。这种淡化权利意识和强化权力的观念，很难引导人们自觉制约权力。因此在继续强化公众社会权利的同时，应强调行政权力有限的观念。

我国向法治国家迈进，必须使权力界定在法律授权范围之内。由此，规划管理权力不得推定，即规划管理权限只能由城市规划法及相关的行政法律明确规定，规划部门除了法定的管理权之外，不得自行为自己推定管理权。这是法治条件下所有权力界定的普遍性原则。

（四）程序严谨透明保规划稳定

1. 规划与政策之兼容与协调

城市规划的法规、政策及规划层面存在矛盾，影响空间规划的统筹协调。目前，武汉遵循的城市规划和相关法律法规主要有《中华人民共和国城市规划法》《中华人民共和国城乡规划法》《武汉市城市规划条例》和《城市快速路设计规程》等。由于立法背景、立法条件和规范对象不同，在立法过程中囿于当时的历史条件，对相关关系兼顾不够，相互衔接不充分，致使各类空间规划之间的法律关系模糊，法理地位不清晰。在法律条款的制定上，除《中华人民共和国城市规划法》外，有关国土、环境、资源规划的内容按照部门和资源、环境要素分别在各项环境保护和资源利用的法律中加以规定；土地利用总体规划和城市总体规划等诸多规划多规共存，各自表述不一，不利于发挥规划的约束和整体管控作用。加之覆盖全域的国土空间利用基本法和国土空间保护开发利用规划缺失，相关政策和技术标准不统一，各部门编制规划衔接不够，导致同一空间在不同规划中用途差异较大、面积重叠，一个地块出现多个身份等问题突出，制约了国土空间的合理布局和优化利用。

统一的城市道路规划体系具有基础性、战略性、综合性、前瞻性和指导性。建立统一的空间规划体系要贯彻落实党的十八大和十九大精神，立足于生态文明建设全局，坚持科学决策和民主决策，牢固树立尊重自然、顺应自然和保护自然的生态文明理念，牢固树立创新、协调、绿色、开放、共享的发展理念，明确建设空间、保护空间和整治空间，促进生产空间、生活空间、生态空间的协调和国土空间开发格局的优化，实现生态空间山清水秀、生产空间集约高效、生活空间宜居适度。建立统一的城市道路规划体系，要以国土规划为基础，充分发挥空间规划在用途管制中的作用。在国民经济和社会发展规划、土地利用总体规划和城乡建设规划合一的基础上，促进相关空间规划的融合，形成全域覆盖、定位清晰、功能互补、衔接协调、管控有序的城市道路规划体系。

2. 公众充分参与及知情的权利

公众参与是国家治理民主化和建设社会主义法治国家的主要内容。城市规划的主要任务是以城市国有土地为载体，在空间上合理配置各种资源。一方面，土地的公共物品属性及土地资源的利用涉及许多物化的公共物品环境，决定了城市规划对其资源的宏观调控功能；另一方面，城市规划在资源配置和空间规划的背后是各种利益的博弈。城市规划是调控城市土地及其资源的最基本方式，是公众参与最具有代表性的领域。学者考察认为，我国城市规划法的制度建设尚处在西方发达国家 20 世纪中前期水平。域外城市规划中的公众参与权制度已相当完备。依据“市民参与的阶梯理论”分析，我国城市规划公众参与的程度实际上处在象征性参与或无参与的状态，公众只有参与的机会，不享有参与权。公众参与主体、公众参与的程序、公众参与的渠道、公众参与权制度体系等一系列问题尚待解决。具体而言，现行城乡规划法律制度、土地管理法律制度等相关规划参与权制度，存在公众参与权主体的不明确、公众参与权主体的非组织化形式、公众参与权行使程序的缺失、公众参与权法律效力的弱化、公众参与权法律救济不完备等问题。

在公众参与城市规划过程中，城市规划作为分配城市资源利益和权利的行政行为，调整的利益主体之间的社会关系，本质上是利益分配关系。城市规划公众参与权正是这一利益分配过程在法律上的体现。从本质上来看，城市规划中的公众参与权就是在城市规划过程中承认各主体的利益诉求，通过法律上的权利设置，使城市规划中的各利益主体在程序上和实体上实现其各自的正当利益诉求。

从法学的角度考察，城市规划是对土地权设置的公法限制，形成公法与私法、公权与私权的冲突。如果缺少公众参与，强大的公权力必然决定和影响私权的合法利益，行政权力的腐败和利益集团借“公益之名剥夺、侵吞居民利益”，风险在所难免。公众参与权可预防和控制这些制度风险。西方国家城市规划参与权制度模式证明了这一点。

武汉的不少道路规划虽说不至于侵吞居民利益，但是很多道路改建决策由国土资源和规划局请专家按照符合当前发展利益来修改道路规划。但城市发展迅速，当前利益很容易因城市发展速度快而导致道路不能满足城市的需求。

目前，在我国城市规划中，公众参与制度建设与实践主要表现为行政主导式的参与模式。现行法律制度虽然有一些意见表达空间，但缺乏听取意见和对意见的回应机制，特别是缺乏对未予采纳意见的说明理由、参与权效力的保障机制。通过理论分析和实证研究发现，城市规划中行政决策主体的“傲慢与偏见”是影响公众参与法律制度构建和实践效果的关键因素。一方面，行政权力表现为对外部社会的不重视，一些地方政府机关法治行政理念的淡薄；另一方面，行政权力对公众意见存在偏见。

关于城市规划公众参与权的主体，建议确立社区组织的公众参与主体地位；关于参与程序，建议借鉴国外经验，建立事前城市规划公众参与权行使程序；关于参与权的实现方式，建议按照不同规划层级、不同规划阶段来选择公众参与权行使方式，并改进地方立法经验中的城市规划委员会制度；城市规划制定过程中，建议规划决策主体有义务回应公众参与的意见，强化城市规划公众参与权的法律效力；关于参与权的救济，对于未经法定公众参与程序制定的城市规划，建议允许公众向制定机关的上级机关提出行政复议和向人民法院提起行政诉讼。另外，公众参与权的实现依赖相关配套措施的协调。笔者建议，进一步完善政府信息公开制度、完善个体利益组织化制度、建立公众参与的知识与技能的培训制度以及强化网络技术对公众参与行为的支持功能。

3. 规划的稳定性及庄严性

武汉市三环快速路可分为东三环、南三环、西三环和北三环四段，处于武汉市中心位置，交通功能大致相同，远景交通量和交通需求相近。西三环和北三环改造工程几乎同时设计，同时施工，同时完工通车，这两段道路的交通功能与交通需求大致相同，甚至北三环的通行能力还要高于西三环。但是西三环和北三环设计的横断面形式却完全不同，北三环设计通行能力远小于西三环，这是不合理的。

西三环改造路段全长 14.6 km，新建高架段长约 8.56 km，主线宽 26 m，双向六车道，地面设有辅道，宽度至少保持双向四车道。必须指出，西三环双向六车道快速车道在通常情况下只能供双向四车道通行，因为按规定，每个方向必须留有一条应急车道。但若上下匝道出入口距离能够达到规定的要求，双向六车道通行也是可能的。而北三环采取的是“六改八”的横断面形式，最多能提供八条机动车道。西三环与北三环至少其中有一条路段的设计未严格按法规制定，或者是因为法定规定不够严谨。

事实上，花费巨资将北三环“六改八”后，道路上仍旧只能通行双向六车道，与改造前一样。这是因为法定规范的条文解释的不确定性，或者说法定规范条文本身表达不严谨、不完整性。三环线原来的设计遵循原建设部颁布的《城市道路设计规范》(CJJ 37—1990)，但改造北三环遵循的国家技术规范是中华人民共和国住房和城乡建设部颁布的《城市快速路设计规程》(CJJ 129—2009)。两个规范在中央分隔带和应急车道的设置方面是不一样的。

正是因为国家法定技术规程条文含糊不确定，造成武汉北三环“六改八”通行能力完全没有提高。《城市快速路设计规程》中关于紧急停车带的规定只涉及高架快速路，完全忽略了地面快速路、路堤快速路、隧道快速路，这显然是规定完整性的缺失。《城市快速路设计规程》规定了应急停车带设置在单向两车道的快速路上，但对在单向三车道、单向四车道及更多车道的快速路上设置应急停车带没有明确的规定。这显然是规定完整性的缺失。其实在《城市快速路设计规程》中，关于紧急停车带的条文说明可能给人双向四车道以上的快速路可以不设应急停车带的误解，但仔细分析可以发现，实际上，为了快速路交通的畅通与安全，必须设置应急停车带。显而易见，关于应急停车带设置技术标准的条文是不完整、不确定的，这是不应该的。因此，制定权威、严谨、科学的城市规划法规和政策，才能给有关建设部门明确的指导。

武汉道路出现这样的问题是由于城市规划制度建设有待完善。考虑到城市规划涉及广大人民切身利益，亦关乎人民对政府与社会的信赖，是严肃的政府行为。武汉城市规划应当构建一套稳定的规划制度，从草案编制至核准实施须经一系列严谨法定程序的约束，让社会有效参与及监督，提高政策的稳定性，排除不稳定因素对市场的负面影响，有利于社会和谐及城市健康发展。为避免规划在社会不知情的情况下被修改，法律规定只有符合特定情况才可修改规划，并由行政官员按讨论结果决定是否修改。对规划的修改程序亦有严格规定，须比照规划编制的流程，包括公众咨询及听取城市规划委员会意见等环节。最后，规划的讨论结果亦须向市民公开，接受社会监督。

(五) 确保政府依法执行规划

1. 约束行政裁量权，保障规划相容协调

法律是强调法定程序的，但有何机制确保政府依法而为？就此问题，法律引入公共行政程序上的“无效制度”，明确规范政府规划行为的合法性及违法的后果。根据住房和城乡建设部发布的部门规章《城乡规划编制单位资质管理规定》第四章第二十九条规定：“编制城乡规划以及所提交的规划编制成果，应当符合国家有关城市规划的法律、法规和规章，符合与城市规划编制有关的标准、规范。”也就是说，若政府不遵守法律规定的程序进行规划，规划的成果将被视为无效。城市规划（总体规划或详细规划）被政府或法院宣告无效，意味该规划极可能面临“从头再来”的命运。

为了让总体规划的政策方针得以贯彻落实，法律规定详细规划的内容不得与总体规划相抵触，否则违反的内容属无效，确保规划之间协调一致。事实上，“无

效”在行政法律制度上属严重的法律后果，引入上述规定，旨在压缩公权力的裁量空间，约束政府依法规划，体现程序正义。

2. 确保规划公布后严格遵守

在引入了“无效制度”的基础上，应该规定城市规划分两个层次：总体规划及详细规划。规划一经核准公布，有赖整个社会共同遵守才能有效落实，违反城市规划即属违法，并有相关罚则。政府如不遵守规划会产生什么后果？例如，政府对国有土地的批租、对建设项目发出的工程准照如与城市规划的内容抵触，该批复或准照属无效。这样就能在制度上规范行政行为，使建设活动符合城市规划要求。针对无效之后产生的后果，应该建立追责制度。因此，法规条文修改的追诉期就变得很关键了。

武汉大学工学部第一教学楼（图 1），又称“主教楼”，位于东湖南路武汉大学工学部大门内侧，是武汉大学乃至整个东湖沿线最高的建筑，地面 20 层，楼高 88.3 m，面积 3.85 万平方米，于 2000 年投入使用，曾获得中国建设工程鲁班奖，却因东湖南路环境整治工程的开展被炸毁。

图 1　武汉大学工学部第一教学楼

"建了拆、拆了建"这种现象在国内相当普遍。这种行为造成的资源浪费、资金浪费、对环境和社会的负面影响都是巨大的，应当避免。而对城市建设中"建了拆、拆了建"的痼疾首先要分析研究其形成原因。

仅从技术上、管理上来研究拆除完好的建筑物显然是不够的，而应站在法制法规高度上来研究问题的产生原因和防治措施。法定的规划建设文件随着时间的流逝和形势的发展可能有所调整，甚至出台新的内容。符合法定程序建成的建筑物应该受到法律的保护，不能随意拆掉和炸毁，甚至建筑物的所有者也不能自作主张随意改建、扩建、拆除、炸毁。武汉大学被炸毁的这座教学楼是一座优秀的公共建筑，武汉大学官方给出的理由是建筑体量和建设高度不符合 2011 年经国务院批准的《武汉东湖风景名胜区总体规划(2011—2025 年)》的要求，这在法制原则的运用上是值得商榷的。

按法定程序先建造的大楼，与后出台的规划条文有冲突，拆除是合法合理的吗？从法制原则出发，合法建成的老建筑和新规划不符，并非意味着老建筑违法。我国的建设活动，在发放两证一书(或三证一书)后具有法定效力。如果没有发放建设用地规划许可证和建设工程许可证，建房才是违法的。但已经合法建设的建筑和新编的规划条文之间有不符的地方，则建筑并不违法，而应受到法律的保护，这是法律不溯及既往原则的体现。2011 年编制和获得批准的《武汉东湖风景名胜区总体规划(2011—2025 年)》规定：对现有高出树冠的大体量建筑，可通过加强垂直绿化等各种绿化手段来弥补，建筑色彩注意避免使用大面积实墙面和反光墙面；远期拆除不合规划的建筑。

武汉大学这座由国家建筑大师何镜堂院士亲自操刀设计的教学楼，在立项、审批建设、招标投标等建设程序上完全合法，也未违反有关规划，在竣工后还多次获得建筑领域大奖。武汉大学官网发布的《东湖南路沿线(武汉大学段)环境整治工程发出动员令》称："武汉大学是东湖风景区的重要组成部分，建设国家 5A 级东湖生态风景区，需要开展环风景区的东湖绿道建设，实施东湖南路沿线(武汉大学段)环境整治工程。这一工程已纳入市政重点工程。主要包括工学部第一教学楼拆除还建、沿湖老旧建筑改造、沿湖校园环境整治等。"据此拆除武汉大学工学部第一教学楼是缺乏法律效力的，它只是为随意炸毁这座大楼找借口。

毕竟武汉的"建了拆、拆了建"带给国家、社会和人民的损失有目共睹，其在法律层面存在的问题也很明显。无论是前文提到的武汉三环线扩容改造工程，还是全国许多类似工程，几乎都没有法制层面的追责程序。这从另一个角度说明建也合法，拆也合法，再建同样合法。这几乎是惯例，从中也可看得出"人治"现象的影子和严重性。武汉投资上百亿元的升级改造工程，理应进行效果评价工作；武汉大学工学部第一教学楼的拆除也应有一个问责程序。缺失法制层面的追责，“建了拆、拆了建”的现象就难以根除。因此，建立官员的责任追究制度及责任倒查机制是武汉城市建设发展的有力保障，这样，武汉建设才能更好、更高效地发展。

基于管理体制机制的武汉市道路交通规划设计研究

一、基于管理体制机制研究武汉市道路交通规划设计的重要性

自 1989 年至 2018 年，武汉市人民在历届市委、市政府的领导下，抓住党中央、国务院推进改革开放的历史新机遇，贯彻“发展是硬道理”的方针，大力发展经济建设，促使武汉市城市化进程迈进非常规、快速发展的轨道，城乡建设得到快速发展，人民生活水平得到很大提升。武汉市域常住人口已经从 600 多万，增加到了 1100 多万，几乎增加了一倍。据统计，城市化率已经从不到 50%增长到了 80%，表象数值已经达到了发达国家的标准城市化水平。截至 2018 年末，武汉市全市地区生产总值已经接近 1.5 万亿元，全市人均地区生产总值接近 14 万元，与北京、上海基本持平。

与此同时，武汉市约 8600 km^2 的土地上，实际完成的城乡建成区已经超过 1000 km^2，城市建成区面积实际上也从不到 300 km^2 增加到 800 km^2，接近市域面积 10%的优良建设空间限定值。武汉市农村建设同时得到了极大发展，乡镇结合生态宜居村庄的规划建设已经取得显著成效。

城乡基础设施建设日趋完善，道路交通，尤其是武汉主城区的道路交通建设突飞猛进。同时，全市机动车拥有量也已突破 300 万辆。特别是近 15 年来，武汉市的城市轨道交通从无到有，截至目前，通车里程已经超过 300 km，轨道交通客运量也已经超过公共交通总客运量的 40%，位居全国先进水平。

二、基于管理体制机制研究武汉市道路交通规划设计的内容

基于管理体制机制研究武汉市道路交通规划设计的主要内容如下。

（一）基于管理体制机制的武汉市道路交通规划设计研究

武汉市道路交通基本建设项目包含在规划、立项与可行性研究、设计、建设、管理的系统全生命过程中，但在管理体制机制上却分属不同部门。多年来，道路交通规划设计与管理工作的配合协调存在短板和一定的不适应性。许多城市采取了一些改革举措。武汉市对于重大项目也有自己的协调机制和办法，但还有诸多不足之处。进行基于管理体制机制的武汉市道路交通规划设计研究是希望能结合武汉市的实际情况，吸取其他城市的经验，在统筹协调武汉市道路交通工程项目规划、设计、建设、管理方面，站在体制机制改革的高度上有所创新。

（二）基于交通预测和影响分析与评价管理的武汉市道路交通规划设计研究

改革开放前，我国的道路交通规划科技也有交通预测，但理论与方法不一样。其实，也并不是说改革开放前的交通预测理论与方法不如目前的四阶段法科学。任何理论与方法都有产生和运用的客观实际，20 世纪 60 年代到 80 年代我们所用的“两步”交通预测理论和方法适用于计划经济条件下的经济和城市化发展规律。那时，预测交通需求只需两步：第一步，现状调查与统计；第二步，代入计划发展目标与数据，准确的预测结果就出来了。但改革开放后，经济发展主要遵循市场经济规律，原来行之有效的理论与方法也就随之失效了。原封不动照搬四阶段法无法完美解决问题。我国城市化进程前半期具有非典型性的特性，以 GDP（国内生产总值）为指标，以政策驱动为方法，带来了城市化进程非常规的快速发展。而这种大规模的发展模式不同于西欧与北美的城市化进程与经济发展模式，在世界范围内难找到先例。四阶段法不尽如人意，当然是可以理解的。

近 10 年来，为了应对城市交通拥堵日益严重的问题，我国积极引进交通影响分析与评价理念，也制定了一些技术规定与指导文件。一般认为，交通影响分析与评价所倚重的交通需求预测方法仍旧离不开四阶段法。

无论是四阶段法，还是交通影响分析与评价，在武汉市都得到了足够的重视，并得到运用。但与全国其他城市一样，这些方法也出现了诸多不适应性，使得规划、评价、预测效果、可信度和声誉大打折扣。武汉市道路交通规划设计管理科学技术界有必要改进交通预测、规划、项目评价的理论与方法，为改进武汉市道路交通规划设计提供理论支撑。

本项目针对武汉市交通预测模型建设、交通规划编制和交通影响分析与评价技术都做了一定深度的论述，可为武汉市政府相关部门制定政策提供参考。本项目采用的交通预测模型运用以下四项原则。

(1) 模型先进原则。符合交通、环境、用地一体化预测的要求，力求准确实用。

(2) 一城一模原则。本次为武汉市编制、建立的交通预测模型投入巨大，较权威、科学，最适合武汉市客观实际。今后，在武汉市进行交通预测、交通规划、交通管理都可以运用这一新版交通模型。

(3) 模型公开原则。武汉市的交通模型是用公共资源投入建设的，属于公共财产，任何单位和个人不得独占，而应在相关平台上完整公开，公开享用，公开检验，公开修改。

(4) 实时维护原则。建议武汉市政府将经过专家评审验收的"武汉市交通预测模型"委托给专业研究院所、交通咨询公司负责日常维护和管理，以期得到专业的管理，发挥最大的效益。

(三) 基于交通规划管理的武汉市道路交通规划研究

城市的道路交通系统规划是道路交通基础设施建设的依据。武汉市道路交通系统规划是武汉市城市空间规划的重要部分。这个系统由城市快速路和各级主干道、次干道、支路构成标准的环形放射式道路网络。无论在道路交通总体规划阶段、分区规划阶段和详细规划阶段，都有详细的法规条文。本项目的目的就是帮助道路交通规划管理部门和工作者熟悉在各个阶段规划中，道路交通应包括哪些内容，达到什么深度，具有何种约束。

规划中的道路或交通工程项目在进入工程设计和建设前，必须要通过立项和建设项目可行性研究两个阶段。这两个阶段的技术报告需要项目建设单位委托发改委管理，由具备资质的科技单位编写，经过工程咨询单位组织专家评审并得到投资部门审批。武汉市道路交通基础设施项目，尤其是重大项目，无不遵循这个规则。其中，建设项目可行性研究报告的编制、评审和审批程序尤其受重视。但在本课题调研中发现，正是在这个程序中出现了不规范的现象，造成可行性研究报告不完善、不规范。

我们在对选择的道路交通工程项目的可行性研究报告进行研究时发现，针对道路(包括排水、交通)工程，武汉市在规划阶段还设置了一个"修建性详细规划"(也称为"修建规划")。这项工作由投资建设方委托武汉市规划设计研究院完成。而项目可行性研究报告需要遵循"修建性详细规划"。但项目的可行性研究报告按规定可以由全国各规划、设计、咨询等单位独立编制完成。因此，武汉市独有的道路交通工程“修建性详细规划”包括的内容深度和法定地位必须科学、合理、公开、规范。“修建性详细规划”的具体工作任务如下。

(1) 在现状及上位规划分析的基础上,进行道路交通组织分析,重点分析沿线用地、区域交通、公共交通和慢行交通等的需求,确定各类交通的组织方式及交通设施的布局。

(2) 研究确定道路的任务、功能定位、建设规模与设计标准。

(3) 明确道路平面布局、竖向控制、横断面、交叉口、公交站点、行人过街等详细规划。

(4) 明确道路及两侧绿化用地。

(5) 根据片区各专业市政管线规划,明确道路下各种市政管线的规模、敷设方式、管位布置,在此基础上进行管线综合规划的前期协调。

(6) 进行道路下排水管线平面和纵断面规划。

武汉市道路交通工程在总体规划阶段、分区规划阶段和详细规划阶段所列的内容和深度是规范的、明确的,也是国内各规划设计咨询单位所熟悉的。依据2005年颁布的《城市规划编制办法》,控制性详细规划中涉及道路交通的主要内容如下。

(a)确定各地块建筑高度、建筑密度、容积率、绿地率等控制指标;确定公共设施配套要求、交通出入口方位、停车泊位、建筑后退红线距离等要求。

(b)根据交通需求分析,确定地块出入口位置、停车泊位、公共交通场站用地范围和站点位置、步行交通以及其他交通设施。规定各级道路的红线、断面、交叉口形式及渠化措施、控制点坐标和标高。

《城市规划编制办法》规定,修建性详细规划中涉及道路交通的内容主要包括:建筑、道路和绿地等的空间布局和景观规划设计,布置总平面图;根据交通影响分析,提出交通组织方案和设计。

对比武汉市道路交通工程在详细规划阶段的地位、作用和内容深度可知:武汉市在道路交通工程项目的可行性研究中需要依据的修建性详细规划阶段道路交通规划(即道路交通工程项目修建性详细规划)的内容深度比国家在详细规划阶段(包括控制性详细规划和修建性详细规划)规定的内容深度更详细。可见,武汉市执行的这项措施可以大大减轻项目可行性研究报告编制的难度和工作量,也更能强化规划阶段决策者、编制者推荐方案的施行力度,加快项目立项、可行性研究和设计的进度。

依据《市政公用工程设计文件编制深度规定》(2013年版),道路工程可行性研究报告文件编制深度的相关内容如下。

(a)交通分析及预测。

(b)工程设计方案(进行多方案比选)。包括总体布置方案、主要节点方案。

(c)道路工程。包括道路平纵横设计方案,道路交叉设计方案,路基、路面、主要附属工程设计方案,公交车站及无障碍设施,道路交通安全与管理设施,道路照明工程,道路绿化工程。

(d)桥梁与隧道工程。

(e)排水工程。

可以看出,国家规定的道路工程可行性研究报告文件编制深度与武汉市制定的道路交通工程项目修建性详细规划规定的深度既有相同的部分,也有不同的部分。这一点并没有被国内外编制建设项目可行性研究报告的单位和技术人员注意,也没有得到广泛的认识和认可。因此,上述道路交通工程在规划阶段的内容、深度、任务和地位应该得到进一步研究,并得到规范执行,为建设项目可行性研究提供依据和科学指导。

(四)基于交通设计管理的武汉市道路交通工程设计研究

道路交通工程项目从规划阶段开始,经过可行性研究阶段后,便进入设计阶段。只有在工程项目的施工图设计完成并经过严格校对审核合格后,才能进入施工阶段。对于重要工程项目,在施工图设计开始之前还需要编制初步设计,有的还应该增加扩大初步设计阶段。这都说明了施工图设计对于道路交通工程项目的重要性。一般情况下,施工图设计得科学合理,建设项目完成后才能经得起时间和实践检验。多年来的实践也证明,施工单位照图施工完全可以得到执行,尤其在我国实行监理制度之后,工程质量效果有目共睹。

研究发现,以武汉市政工程设计研究院为代表的具有从事道路工程施工图设计资质的单位的设计水平和设计成果质量都是相当高的。这是因为武汉的设计单位实力雄厚,更重要的还是数十年来,我国道路工程设计各项规范、规定、标准相当成熟完善,而且为广大设计人员所认同,所掌握、并得到执行,所以项目能合理、合规进入施工图设计阶段。可以认为,掌握作为施工图设计的指导性文件,特别是初步设计或者可行性研究报告,是至关重要的。

依据《市政公用工程设计文件编制深度规定》(2013 年版),道路工程初步设计文件编制深度的相关内容如下。

(a)交通量预测。

(b)项目功能定位。着重阐明设计道路在规划道路网中的性质、功能,包括规划横断面、主要交叉口的规划定位等。

(c)平面和纵断面设计。平面设计说明道路设计范围、红线、中线定线等控制因素,各交通系统(机动车系统、非机动车系统、人行系统、公交系统等)设施的布置和平面尺寸。纵断面设计应说明河道、铁路、杆管线、交叉口等主要竖向控制高程。需要进行深化论证的应给出方案比选。

(d)横断面设计。设计横断面布置形式,宽度和断面组合的确定与规划横断面、现况横断面(改扩建道路)的关系。

(e)交叉口设计。包括相交道路的性质、功能与本项目交叉路口的功能定位,着重阐明主要交叉路口渠化处理方式,立交的选型依据,沿线各种交叉设置方式方案比选,实施方案路口(含平交、立交)交通流量、流向分析,交通组织及交通安全设施的设计原则及各部分的基本尺寸和主要设计参数。

(f)道路附属工程设计。包括挡墙、台阶、护坡、公交停靠站、无障碍设施等。

(g)交通安全设施设计。包括标志、标线、防护等设施。

(h)交通管理设施设计。包括监控、通信、信号灯、智能交通等设施。

(i)桥梁、隧道及涵洞设计。包括立交桥梁、过河桥、隧道、大型涵洞、过街设施。

(j)道路排水工程。确定排水设计频率、选择排水方式,复杂工程进行方案比选,如有雨水泵站,应确定泵站位置、形式和构筑物标准。

(k)道路照明工程。确定功能性照明的设计标准、电源负荷等级、电源及供电方式、照明光源及照明方式、路灯控制方式及节能措施等。道路景观照明另行委托设计。

(l)道路绿化景观工程。确定道路分隔带、行道树及立交桥区红线范围内的道路绿化,包括树木种类、间距和规格。特殊的道路景观另行委托设计。

(m)沿线环境保护设施。

(n)近远期结合实施方案。

(o)设计配合及存在问题与建议。包括各类新建地上和地下杆管线、沿线文物古迹、特殊建筑、相关部门(规划、业主、管理单位、县、乡、村)的联系配合,以及需进一步解决的主要问题和对下阶段设计工作的建议。

调查发现,上述内容,一般设计单位按技术规范完成,除了道路附属工程设计和交通安全设施设计外,一般都没有问题。但交通安全设施设计(包括标志、标线、防护等设施设计）和交通管理设施设计（包括监控、通信、信号灯、智能交通等设施设计），问题却很多。故而，设计人员应重视以下三方面的问题。第一，避免因不熟悉而依葫芦画瓢。对于交通安全设施设计，包括标志、标线、防护等设施的设计，不少道路设计工程师不熟悉。第二，避免因不懂得而照搬照套。对于交通管理设施设计，包括监控、通信、信号灯、智能交通等设施的设计，大多数道路设计工程师不懂，照抄照搬设计成果，施工时不得不匆匆忙忙，从头做起。第三，避免要求不规范，责任不清，脱离实际。工作人员对交通工程设计不负责，因此控制交通工程投资与工程质量无规可依。针对这种情况，基于交通设计管理的武汉市道路交通规划设计研究应该提交一份比较完整、实用、合理的成果，组织交通工程规划设计管理的从业人员认真审查，加强学习，贯彻执行，规范市场。

（五）基于交通设施管理的武汉市道路交通工程设计研究

交通管理设施是保障道路交通运行安全、畅通、有序，实现交通管理目标的重要基础。研究发现，武汉市交通管理设施规划与设计属于道路交通工程设计范畴，绝大多数由市政工程设计单位完成。交通管理设施投资列入道路工程项目投资中，由传统的道路工程师主持设计编制。当前，我国并没有专业的交通工程师执业制度，也没有规范的交通管理设施设计要求，以满足质量控制、投资控制的技术规定。因此，需要研究并规范交通管理设施在规划与设计阶段的设计内容和深度。研究成果要在相关国家标准和行业标准的基础上，结合城市建设的实际需要，充分吸取国内其他城市的先进经验，从交通标志标线、指路系统、交通安全设施、道路交通信号灯和智能交通管理系统几个方面进行规范化的技术指引，同时也应规范武汉市新建、改建、扩建道路交通管理设施的设置、制作、材料、性能等方面的技术要求，还应规定外场设施的设计和安装要求，包括系统构成、整体功能、设备选型与性能、外场设施布点、安装施工等方面的技术要求。研究内容要具有系统性、科学性、完善性和实用性的特点，研究成果要便于组织规划设计管理的技术人员学习，贯彻执行，规范市场。

研究认为，鉴于交通管理设施日益复杂，应该将交通设计从传统的道路工程设计中独立出来，设置道路交通工程专项，从道路工程立项开始，在可行性研究、初步设计和施工图设计中独立设置专篇，由交通工程专业的技术人员规划设计，要有专门的图纸文件、投资估算、预算列项等。同时建议在武汉市开展专门从事道路交通工程规划、设计、施工、监理、验收、维护等管理体制机制政策研究，制定实施方案和路线图。

(六) 基于交通秩序管理的武汉市道路交通规划设计研究

城市道路交通规划设计管理的基本目标是实现道路交通运行安全、畅通、有序,同时也包括静态交通内容,尤其是停车需求预测、规划、设计、建设与管理。实现这些交通管理的基本目标需要一个系统工程:规划是龙头,设计建设是龙体。武汉市目前道路交通运行管理机制是在交通管理支队下设多个机构,并通过各区交通管理大队与交通指挥中心发号施令,实行管理。但停车管理有很大问题,停车课题研究也相当落伍。因此,我们的研究计划要求深入并依靠武汉市交通管理支队的多个机构和各区交通管理大队组织完成四项研究:"基于交通秩序管理的武汉市道路交通规划设计研究""基于交通安全管理的武汉市道路交通规划设计研究""基于交通智能化管理的武汉市道路交通规划设计研究""基于停车管理的武汉市道路交通规划设计研究"。研究报告基于城市交通秩序管理的实际经验,对规划与设计提出了针对性较强、实用性较强的技术要求和指导性意见。这些要求和意见应公之于众,从事武汉市道路交通工程规划与设计的所有从业人员都要掌握并执行。

当前城市停车问题相当严重,尤其在城市主城区,包括远城区的主城区。停车管理体制机制政策不健全、不完善、不科学,甚至政府相关部门的决策者至今还不够重视,没有足够的决心和信心。实际上,解决城市的停车问题没有久久为功的精神和追求,难以实现。因此,政府主要决策领导要尽快下定决心,切实组织实施有效的、系统的关于城市停车管理的研究和实践项目。

(七) 基于交通安全管理的武汉市道路交通规划设计研究

必须清醒认识道路交通安全事故的严峻形势,杜绝事故瞒报现象,杜绝盲目乐观、麻痹大意现象,避免部门封闭,加大交通安全科研力度;也要认识到把道路交通事故归咎于人为因素并不准确,同时必须重视在道路规划、设计、建设阶段中出现的各类安全隐患;要认识到交通事故的死亡人数应该与交通管理部门政绩脱钩,不能简单地用事故率、事故数量作为衡量交通管理水平的指标;还要进一步提出"交通安全零死亡事故率"的奋斗目标。为此,需要科学地开展武汉市道路交通安全调查研究,力求数据真实、完整,达到成果的理论性、探索性与实用性并举。研究成果表明:

(1) 武汉市交通安全形势近年来逐步好转,交通事故率,尤其是交通事故死亡率快速下降。

(2) 武汉市道路交通事故死亡率仍然与国家相关部门的规划要求有一定的距

离，而与世界先进国家的城市差距更加明显。

(3) 长期认定“造成道路交通事故的主要原因是驾驶员与行人”的表述很不准确。实际上，交通事故的发生，尤其是交通死亡事故的发生几乎都与道路交通工程的设计与建设密切相关。

(4) 武汉市道路交通工程规划设计阶段，对道路交通安全的技术保障措施不够重视，也缺乏必要的保障机制。

同时应该开展下面三项工作：

第一，进一步加大系统的道路交通安全科学研究；

第二，研究并制定规范的道路交通规划设计与管理安全技术指南；

第三，对重大道路交通工程项目(包括建成、在建和待建项目)进行检查和评估，避免重大失误。例如针对武汉市“两湖”隧道项目南段单孔无应急车道的方案设计开展专项检查和评估。

(八) 基于交通智能化管理的武汉市道路交通规划设计研究

为了发展武汉市交通运输事业，满足人民日益增长的交通需求，除了加大投入力度，便是依靠科学技术。正因为如此，武汉市公安局交通管理局设置了科技管理处，对智能化交通规划、设计、建设进行协调管理。也基于此，可以依托科技管理处启动“基于交通智能化管理的武汉市道路交通规划设计研究”。该研究要立足于武汉市的实际，从微观和中观角度进行资料收集、分析与研究，提出基于智能化交通管理的武汉市道路交通规划设计存在的问题及解决方案，具有实用价值，同时，也从更为广阔的角度对未来智能交通发展做出展望和指导。

传统智能交通系统(intelligent transportation system，ITS)是通信、信息和控制技术在交通系统中集成应用的产物。ITS 借助现代科技手段和设备，连通各核心交通元素，实现信息互通与共享，以及各交通元素的彼此协调、优化配置和高效使用，形成人、车和交通的高效协同环境，建立安全、高效、便捷和低碳的和谐交通。近几年，随着科学技术发展，新技术在短时间内快速投入应用。其中有一些关键技术还可能从底层颠覆道路交通工程产业传统的思维和运作模式。为了更好地理解最新技术对未来交通发展的影响，要评估当前前沿和热门的新技术、新理念对未来交通可能产生的影响，并对相关技术的未来发展和落地做出展望和初步评估。

对于智能化交通科学技术迅速发展，尤其是自动驾驶技术的快速发展可能给道路交通规划设计带来的挑战与机遇、影响和要求都是需要关注的。但智能交通的发展对道路交通规划设计的影响其实是微乎其微的，也是逐渐的、可适应的。实际上，人流、物流交通需求的变化，航空、轨道、水运、汽车和管道五大交通方式选择的变化受智能化交通发展的影响很小。道路网络、道路线型、道路节点的布置与设计要求受智能化交通发展的影响更是微乎其微。根据智能化交通的发展轨迹可以看出，一切交通工具、交通管理手段的改进、创造都源于人们对现实生活的追求，也是对现实道路交通网络、线型、节点的适应和逐渐改进。

(九) 基于交通环境管理的武汉市道路交通规划设计研究

道路交通对武汉城市生态环境的影响没有得到规划、设计、建设、管理各个环节足够的重视。这种情况必须得到改变。道路交通在环境方面应承担的责任以及改进策略的研究与行动也必须得到重视。

研究应该从道路交通对大气、噪声、土壤、水体的污染和对交通事故引发的次生环境污染以及道路交通环境污染检测技术进行综合阐述。目的是期望推动道路交通环境保护方面的科学研究，并形成一套系统、科学的道路交通环境保护规划设计管理规定，服务于实践。笔者曾对武汉市杨泗港快速通道青菱段建成通车后所引起的噪声污染超标案例进行了调研。调研发现，通车后的高架桥路段所产生的交通噪声对居住在复地悦城、波光霞影社区的部分居民带来较大的危害。经过进一步的调查研究，笔者得知这项工程的环境影响评价报告完成于 2010 年，但工程实施直到 2018 年才开始，同时，建设过程中还多次发生项目环境评价背景变更。环境影响评价的条件发生了变化，环境评价时间也超过了规定的 5 年期限，理应重新进行环境评价，采取改善措施。同时，应举一反三，在全市范围内组织排查，对重点道路交通工程的环境污染情况进行后评估研究，以保证居民生活在良好的生态环境中。毫无疑问，武汉市应加强对道路交通环境污染监测和公示的力度，加强对道路交通环境污染的研究、立法工作以及系统管理等体制机制政策方面的制定与完善工作。

(十) 基于法律法规管理的道路交通规划设计研究

在研究武汉市城市规划与建设项目实施的经验教训时，应该重视法律法规管理的研究。对政绩工程不能一概而论，只要能与民生工程、民意工程相吻合，就值得肯定。而研究政绩工程时，主要从法规程序上进行研究。研究要力图通过对武汉市城市建设问题的法制化分析，揭示武汉城市规划管理存在的科学性不足、变动多、变动勤是造成“建了拆、拆了建”的主要原因；也要揭示规划执法管理不当，给武汉城市发展带来一系列问题，如浪费财力、物力，造成环境污染，城市道路拥堵不堪，市民出行不便等。同时，研究还要从法治的角度提出根治的对策，从武汉市道路交通规划设计出发，剖析武汉市现有道路建设项目中存在的典型问题，力求从法律法规及程序层面上对武汉市道路交通规划设计提出实用性建议。

我们建议武汉市道路交通规划设计管理部门结合武汉市实际，认真组织学习相关法律法规，同时，认真对已完成项目开展后评估工作，对已启动项目启动遵章守法、严肃程序管理的全面监测。具体工作要求建议参照《中央政府投资项目后评价报告编制大纲（试行）》和《中央政府投资项目后评价管理办法》执行，逐步推广执行《关于推进全过程工程咨询服务发展的指导意见》（发改投资规〔2019〕515号）。

在进行武汉市道路交通工程项目后评估时，要针对项目的全生命过程进行评估，涵盖项目规划、立项、可行性研究、设计、施工、竣工验收、使用管理。建议要特别注重检查以下内容。

（1）项目决策理由与目标。概述项目决策的依据、背景、理由和预期目标（宏观目标和实施目标）。

（2）项目建议书与可行性研究报告主要内容及批复意见。可行性研究报告主要内容，如项目建设必要性、建设条件、建设规模、主要技术标准和技术方案、建设工期、总投资及资金筹措，以及环境影响评价、经济评价、社会稳定风险评估等专项评价及其主要结论等内容；可行性研究报告批复意见，如项目建设必要性、建设规模及主要建设内容、建设工期、总投资及资金筹措等内容；可行性研究报告和项目建议书主要变化，对可行性研究报告和项目建议书主要内容进行对比，并对主要变化原因进行简要分析。

（3）项目组织管理及其评价。项目组织管理及其评价包括项目组织形式及机构设置，管理制度的建立，勘察设计、咨询、强审等建设参与方的引入方式及程序，各参与方资质及工作职责情况；项目初步设计（含概算）主要内容及批复意见，主要涉及工程特点、工程规模、主要技术标准、主要技术方案、初步设计批复意见；项目前期决策评价，如项目审批依据是否充分，是否依法履行审批程序，是否依法附具土地、环评、规划等相关手续。

城市道路交通工程项目后评价的主要内容和结论应包括以下内容。

①过程总结与评价。根据对项目决策、实施、运营阶段的回顾分析，给出评价结论。

②效果、目标总结与评价。根据对项目经济效益、外部影响、持续性的回顾分析，给出评价结论。

③综合评价。综合评价包括决策和前期工作评价、建设目标评价、建设实施评价、征地拆迁评价、经济评价、环境影响评价、社会评价、可持续性评价等内容。同时总结项目实施全过程的经验教训，必要时对重大过失部分按建设项目实施参与者终身负责制问责、追责。

(十一) 道路交通精细化设计规划设计管理研究

无论是从事规划、设计还是从事管理工作的研究者，他们都非常重视道路交通工程的精细化设计，例如人行道连续、道口压缩、公交站点设置等。

对照习近平主席提出的“城市管理应该像绣花一样精细”的理念，从宏观认识上提高城市精细化规划设计管理水平，是解决我国城镇化进程加速及城市规模化发展所引发的一系列问题，实现城市可持续发展的重要指导方针。运用现代信息技术，服务城市精细化管理，实现城市管理对象的信息采集、数据管理、知识挖掘和决策支持，是提高城市管理智能化和精细化水平的主要信息化手段。实景影像技术、物联网技术、空间信息技术是测绘与地理信息领域近年来的新技术，也是城市精细化管理的重要应用技术。在武汉市道路交通规划设计中，基于现实交通管理中遇到的具体问题，提倡精细化规划设计管理是必须的，可以起到立竿见影效果。要提倡由过去的粗放型管理向精细化管理过渡，由传统经验管理向系统科学化管理过渡。“精”是指精益求精，精雕细琢，“细”是指严谨细致，把握细节。精细化理念认为：精心是态度，精细是过程，精品是结果。“天下大事，必作于细。天下难事，必成于易。”事情的成败与否往往取决于关键细节如何处理，城市管理如此，城市道路交通工程管理更是如此。从初步成果可以看出，我们所提出的道路交通工程精细化规划设计管理，在国外一些先进城市中已有优秀案例。“基于管理的日本道路交通精细化设计调研”提交了图文并茂、内容全面、理念先进、切实可行的案例，为日本城市停车政策与管理、城市公共交通精细化设计管理、慢行交通精细化设计管理提供借鉴和参考。

三、项目研究建议

项目研究建议涵盖以下几个方面。

第一，编制武汉市道路交通工程建设管理办法。从体制机制改革入手，坚持制度领先、组织保障的原则，统一协调武汉市道路交通工程规划设计管理全过程。建议市政府组织好专家评议，切实征求市发展和改革委员会、自然资源和规划局、城乡建设局、公安局交通管理局以及相关规划设计研究院所的意见，修改完善后发布试行。

第二，组织编制武汉市道路交通工程规划、设计与管理技术规定。相关部门应将道路交通工程规划、设计与管理技术汇编成一套实用的技术指南，供武汉市从事道路交通工程规划、设计、管理咨询服务的单位和从业人员使用。这份技术指南应对武汉市的道路交通工程全生命过程各阶段，包括规划、立项、可行性研究、设计、施工、验收、使用、评估各阶段咨询文件编写的内容、深度、要求、法定程序与地位做出技术规定。

第三，编制武汉市交通预测模型建设、共享与维护技术指引。为武汉市交通管理模型立规，规定实施建模先进、一城一模、模型公开、资源共享、专业维护等一系列技术指引原则。

第四，编制武汉市建设项目交通影响分析与评价技术指引。用于指导武汉市建设项目，特别是武汉市道路交通建设项目在规划阶段、项目可行性研究阶段、设计阶段和施工阶段的交通影响分析与评价。

第五，编制武汉市停车规划、设计与管理技术导则。科学预测武汉市停车需求，制定武汉市停车政策，指导武汉市停车规划、设计与管理，为从根本上解决武汉市停车问题、促进武汉市停车产业良性发展提供制度保障和技术支持。

第六，开展武汉市道路交通安全态势及对策研究，编制武汉市道路交通安全规划与行动指南。进一步调查研究武汉市道路交通安全的现状、发展态势、存在问题和应对策略，编写科学的研究报告。在深入研究的基础上，编制科学合理、切实可行的“武汉市道路交通安全规划与行动指南”，规范指导武汉市道路交通安全管理工作，促进武汉市道路交通安全局面的根本性好转。

第七，编制武汉市道路交通建设项目全过程工程咨询管理实施细则。根据《关于推进全过程工程咨询服务发展的指导意见》（发改投资规〔2019〕515 号）和《房屋建筑和市政基础设施建设项目全过程工程咨询服务技术标准（征求意见稿）》的精神，运用区块链技术，科学制定武汉市道路交通建设项目全过程工程咨询管理实施细则。倡导实施市政基础设施建设项目全过程工程咨询服务，以科学的理念、先进的技术保障市政基础设施建设项目，尤其是道路交通建设项目全生命周期健康，有效地为武汉市人民生产和生活提供优质的服务。这是我国建设和发展新时期针对建设项目进行科学管理推出的重大创新举措。武汉市道路交通工程建设项目规划设计管理应该贯彻项目全生命周期管理理念，即对项目全过程中的各个阶段内容，必须给予重视并要融入全过程工程咨询服务管理之中。所谓建设项目全过程工程咨询管理，是对工程建设项目前期研究和决策以及工程项目实施和运营的全生命周期，提供包含规划、设计、建设与维护在内的，涉及组织、管理、经济和技术等各有关方面的工程咨询服务管理。全过程工程咨询服务可采用多种组织模式，为项目决策、实施和运营持续提供局部或整体解决方案。

本文建议应用区块链技术编制先进、实用的武汉市道路交通建设项目全过程工程咨询管理实施细则。适时完成对武汉市道路交通工程建设项目全过程规范化管理是可能的，也是必需的。区块链技术运用于道路交通建设项目管理具有过程清晰、要素连续、资源共享、不可篡改的特点。以区块链技术为主导编制武汉市道路交通建设项目全过程工程咨询管理实施细则，需要结合武汉市在规划、设计、管理实际工作的经验，将咨询管理贯穿各个阶段：从规划阶段（包括总体规划阶段、分区规划阶段、详细规划阶段和专项规划阶段），立项阶段（包括项目建议书阶段、可行性研究阶段），设计阶段（包括初步设计阶段、施工图设计阶段），建设阶段（包括筹资阶段、施工阶段、竣工验收阶段）到管理阶段（包括运营阶段、维护阶段、后评估阶段）。

道路交通安全研究

一、概述

《道路安全全球现状报告》(*Global Status Report on Road Safety*)显示，道路交通已成为当今社会的头号杀手，预计2030年，全世界范围内因道路交通而致死的人数将达到240万。20世纪70年代，发达国家认识到机动车给人类带来的灾难，加大了对机动车的研究，并结合实际情况研究道路交通安全管理发展方向及交通规划，取得了丰硕的成果。自1992年以来，发达国家的交通事故死亡率明显下降。现在，世界各个国家都把道路交通安全管理放在了重要位置，对减少和预防交通事故起到了很好的促进作用。1997年，美国提出了国家道路安全战略规划，目的是将道路交通事故数量降低5000～7000起，并使道路交通安全达到人们可以接受的程度。与发达国家相比，我国道路交通安全现状不容乐观。近几年，我国交通基础设施有所改善，但随着汽车数量越来越多，道路安全不稳定因素以及隐患依然存在，形势依旧严峻。

城市道路安全畅通与否不仅仅依赖于道路建设，也在很大程度上依赖交通管理，而之前的道路交通粗放式管理模式已不能适应当前的需要，势必要求道路交通管理工作从粗放式向精细化转型升级，促进道路交通管理事业创新发展，从而达到少事故、保畅通、促发展的目的。

近年来，随着武汉市经济水平的快速提升，武汉市全市机动车总量已突破330万辆。随着武汉市机动车保有量的持续增加与交通基础设施的大力投入和建设，道路交通安全管理面临的形势依然严峻。2017年和2018年武汉市全市分别共发生造成人员伤亡或重大财产损失的道路交通事故2270起和2804起，分别造成人员死亡809人和648人。

面对严峻的道路交通安全形势，武汉市近年来积极推行政府行政系统的信息化和智能化，建立了大量的信息集成和信息发布系统，其中包括交通事故处理过程的全过程信息化体系。该系统成功建设了完善的道路交通事故数据库，包含每一起事故处理过程中的人、车、路和相关环境的所有详细信息，可为开展详尽的交通事故大数据分析、从不同层面调查和分析事故致因并提出相应的交通安全提升方案等，提供可靠的数据支撑。

基于这类信息化系统，武汉市公安局交通管理局抽调骨干力量组建了道路交通安全风险防控中心，以期科学、系统地提升武汉市道路交通安全的管理水平与风险防控能力。在该中心的努力下，武汉市交通安全水平得到了较大提高，取得了明显的成绩，交通事故总数逐年下降，交通系统整体的稳定性逐步提高。

但总体来讲，目前对大数据分析手段的利用潜力挖掘还不够，对海量事故数据资源的深层次加工和利用仍存在较大的提升空间。从武汉市目前的交通安全整体态势和管理水平来看，仍需要加强对整体交通安全发展情况的多方位研判：在交通事故分析预测方面，需要更多地依据科学的方法和现代理论体系；在分析评价方面，需要尽可能量化考核标准；在交通事故防控方面，需要建立更加完整、科学的评价体系；在交通事故追责方面，需要设定更加科学合理的界定方法和标准；同时也亟须发展面向交通安全管理的道路交通工程规划设计方法。只有从这几个方面同时入手，多管齐下，才能够进一步提升武汉市交通安全整体水平。

二、交通事故致因分析

我们主要从一般事故的认定原因、发生形态以及碰撞类型三个方面对事故的总体特点进行分析(图 1)。

从图 1 可以看出，2015—2017 年大部分交通事故致因是“其他影响安全的行为”，占 57.5%，“原因不确定”的占 8.3%，“违法抢行”占了 5.3%，“无证驾驶”占了 3.7%，“其他”原因占比 1.7%。从整体上来看，事故原因多起于驾驶过程中的自主行为。

事故认定原因分类中，属于“其他影响安全的行为”“其他”和“原因不确定”的三大类占事故总数的 67.5%。经过分析，这三大类事故发生的主要形态及其占比如图 2 所示。其中，事故发生的类型中碰撞运动车辆和刮撞行人是最主要的事故类型，占全部事故的 90%，而碰撞静止车辆、撞固定物，碾压行人和其他车辆间事故一共占了 10%。

为了进一步分析每种事故形态中的事故碰撞类型，将事故形态与碰撞类型进行了联合统计。首先将碰撞类型分为单车事故和车辆间事故两大类，然后针对每

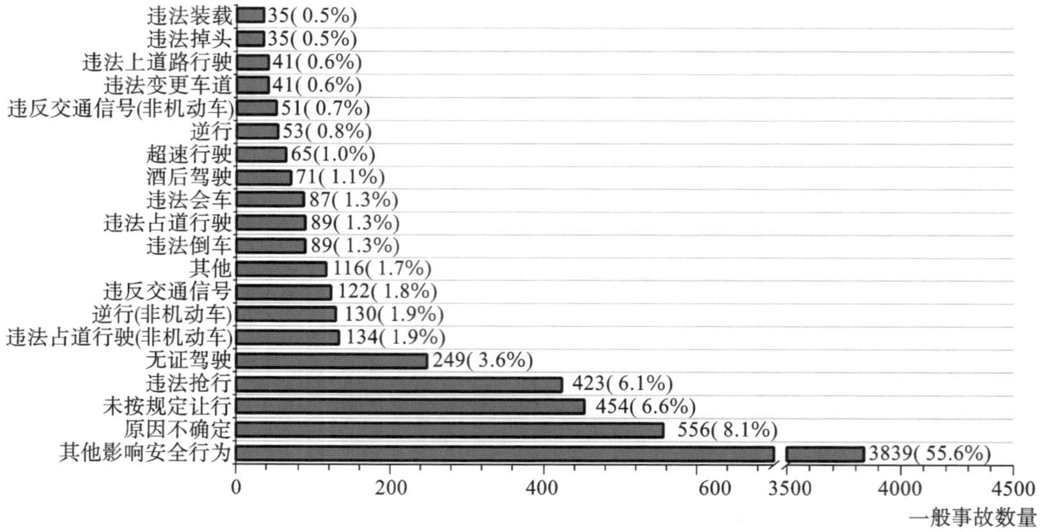

图 1 2015—2017 年一般事故认定原因分类、数量与占比

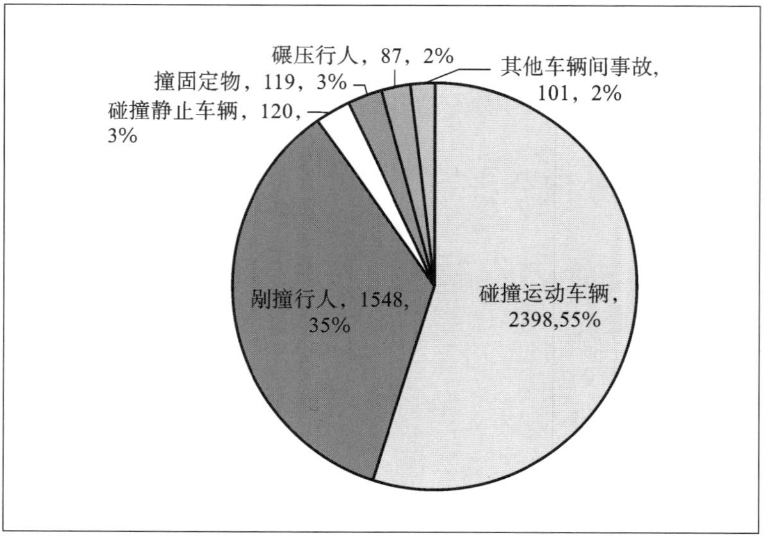

图 2 2015—2017 年的一般事故中属于“其他影响安全的行为”“其他”和“原因不确定”的三大类事故发生的主要形态及其占比

一类将其具体碰撞类型与事故形态进行联合统计。由表 1 可知，车辆间事故的主要碰撞类型为侧面碰撞，且碰撞角度为同向和不确定的占比较高；无论哪种侧面碰撞，碰撞运动车辆的情况都比碰撞静止车辆的占比高。由表 2 可知，单车碰撞事故的具体事故形态和碰撞类型分布比较分散，表现出了较高的随机性，但撞固定物的具体对象为树木和中央隔离设施的占比相对较高。

表 1　车辆间事故各类事故形态对应的具体碰撞类型及占比

	侧面碰撞（对向）	侧面碰撞（角度不确定）	侧面碰撞（同向）	侧面碰撞（直角）	对向剐蹭	其他角度碰撞	同向剐蹭	正面碰撞	追尾碰撞	原因不确定	总计
碰撞运动车辆	14.86%	20.77%	23.09%	17.61%	0.81%	3.43%	1.59%	6.61%	10.09%	1.14%	3708
碰撞静止车辆	2.25%	7.87%	16.29%	2.81%		1.69%	3.37%	1.69%	61.24%	2.79%	178
其他				3.05%	0.76%	0.76%	0.76%			94.67%	131

1. 人的因素

基于 2015—2017 年武汉市的一般交通事故数据，提取其中关于驾驶人的年龄、性别、文化程度、驾龄以及主要违法行为等信息，分析一般事故中驾驶人特征的分布规律。

图 3 统计了 2015—2017 年一般事故涉及的驾驶人年龄分布。从图中可以看到，发生一般事故的驾驶人年龄主要分布在 26～45 岁，占所有事故的 64%，其中 26～30 岁所占比例最高，为 19%。其次是 31～35 岁，占 17%。50 岁以上的占 12%。

如图 4 所示，从 2015—2017 年一般事故涉及的驾驶人驾龄分布可知，发生交通事故的驾驶人驾龄有 56%的都是大于 6 年，驾龄在 6 年内的一共占 44%，其中驾龄 4～6 年的占 19%，驾龄在 3 年内的占 25%。

图 5 展示了 2015—2017 年一般事故涉及的驾驶人性别分布。发生交通事故的驾驶人绝大多数是男性，占了 93%，而女性只占了 7%。

图 6 给出了 2015—2017 年一般事故涉及的驾驶人文化水平分布。发生交通事故的驾驶人的文化水平大部分是初高中水平，占 70%，而小学、文盲、本科、研究生以上、专科、技工和中专一共占 30%，其中本科和小学占 16%。

表 3 统计了 2015—2017 年间发生的一般事故中驾驶人的各类主要违法行为及人数。在事故认定中存在大量不容易严格归类的违法行为，导致交警只能将其归为“其他妨碍安全行车的行为的”；除此之外，明确违法行为的类型中，人数占比排名比较靠前的有“未取得驾驶证驾驶机动车的”“在没有交通信号灯、交通标志、

表 2　单车事故各类事故形态对应的具体碰撞类型及占比

	对向护栏	缓冲物	建筑物	交通标识支撑物	其他	桥墩	树木	隧道口挡墙	同向护栏	直立的杆或路灯柱	中央隔离设施	作业/维修设备	原因不确定	总计
撞行人													100.00%	2348
撞固定物	0.96%	1.91%	4.31%	1.44%	25.36%	8.61%	26.32%	0.96%	3.83%	6.70%	14.83%	1.44%	3.35%	209
碾压行人													100.00%	103
侧翻		4.55%			62.12%		7.58%		9.09%		6.06%		10.61%	66
乘员跌落或抛出													100.00%	55
碰撞后碾压行人													100.00%	39
其他车辆与人事故													100.00%	27
自身折叠					62.50%						6.25%		31.25%	16
坠车					81.82%						9.09%		9.09%	11
滚翻		14.29%			71.43%				14.29%					7

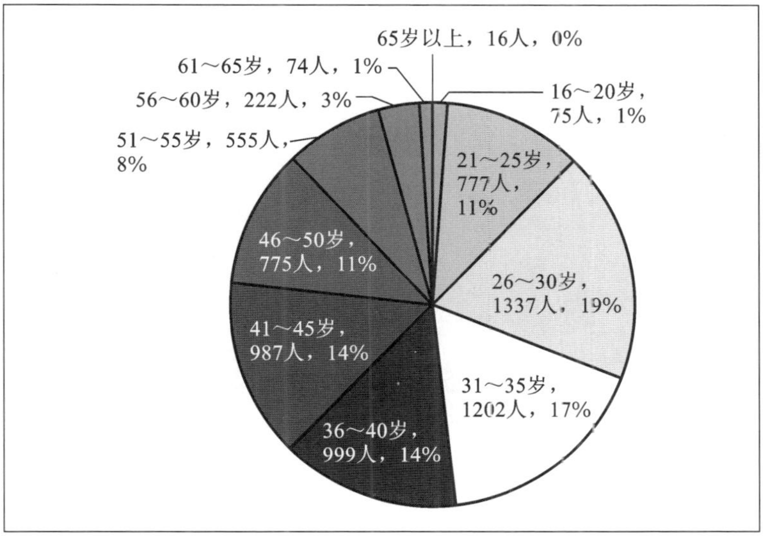

图 3　2015—2017 年一般事故涉及的驾驶人年龄分布

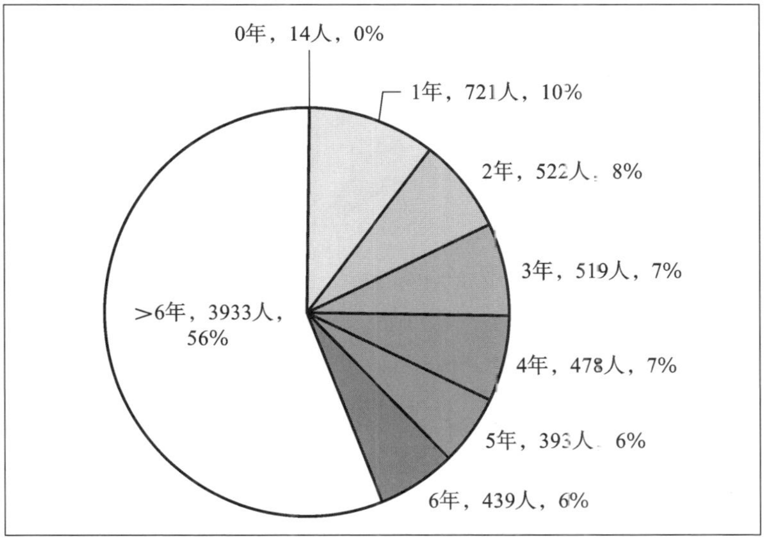

图 4　2015—2017 年一般事故涉及的驾驶人驾龄分布

交通标线或者交警指挥的交叉路口遇到停车排队等候或者缓慢行驶时，机动车未依次交替通行的”“非机动车未在非机动车道内行驶的”“行人横过道路未走人行横道或过街设施的”，这几类违法行为是导致交通事故的主要人员行为因素。

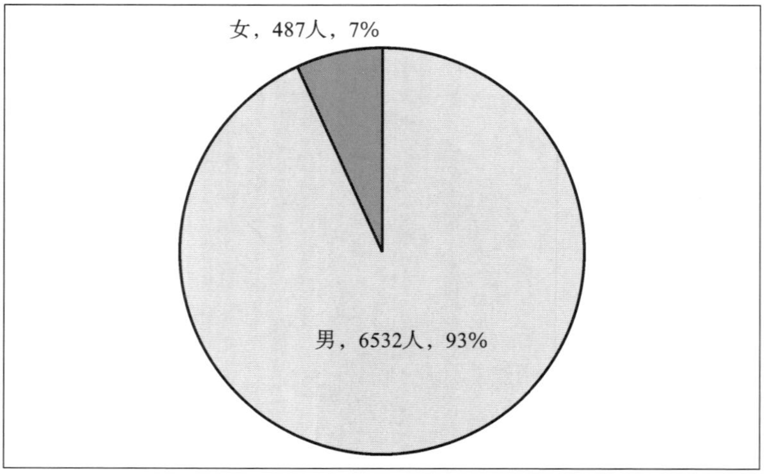

图 5　2015—2017 年一般事故涉及的驾驶人性别分布

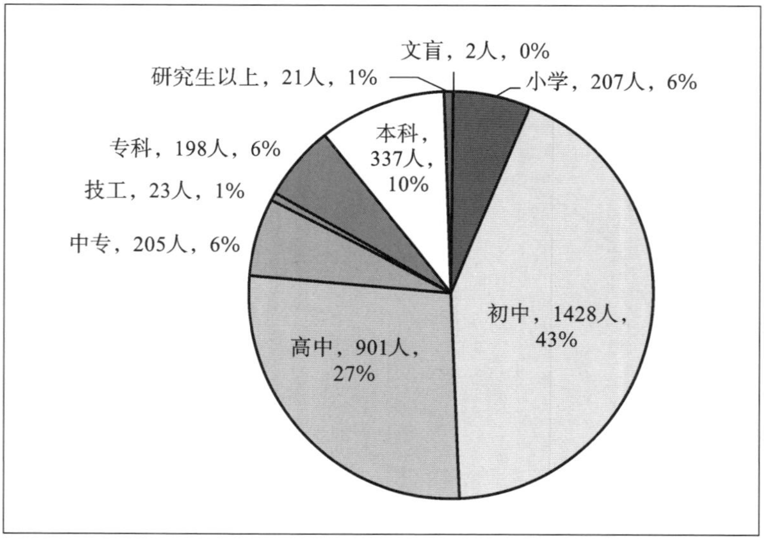

图 6　2015—2017 年一般事故涉及的驾驶人文化水平分布

表 3　2015—2017 年一般事故中驾驶人的主要违法行为及人数

主要违法行为	责任不为无责的人数/人
其他妨碍安全行车的行为的	3683
未取得驾驶证驾驶机动车的	664

续表

主要违法行为	责任不为无责的人数/人
在没有交通信号灯、交通标志、交通标线或者交警指挥的交叉路口遇到停车排队等候或者缓慢行驶时，机动车未依次交替通行的	544
非机动车未在非机动车道内行驶的	399
行人横过道路未走人行横道或过街设施的	370
非机动车逆向行驶的	283
转弯的机动车未让直行的车辆、行人先行的	275
行人不在人行道内行走的	237
非机动车不按照交通信号规定通行的	207
在同车道行驶中，不按规定与前车保持必要的安全距离的	167

2. 车的因素

下面主要以 2015—2017 年武汉市一般事故和简易事故数据为基础，从事故发生过程中涉及的车辆相关因素出发，分析事故致因。数据中与车辆相关的信息包括车辆安全气囊状态、车辆安全状况、车辆合法状态、车辆类型、车辆品牌、车辆使用性质、汽车分类、行驶状态。经统计，其中车辆安全气囊状态、车辆安全状况和车辆合法状态三个变量的记录为“正常”的涉事车辆占比均超过 90%，说明这三个因素并不是导致事故的主要因素。因此以下主要从其他几个变量进行分析。

图 7 统计了 2015—2017 年一般事故中涉事车辆的类型及占比情况。一般事故中车辆类型占比最高的是小型轿车，占 41%。其次是小型普通客车、小型面包车、大型普通客车，共占 24%。其余的车辆类型占 35%。

图 8 给出了 2015—2017 年简易事故中涉事车辆的类型及占比情况。其中，车辆类型占比最大的是小型轿车，其次是小型普通客车，其他车辆类型占 18%。

图 9 展示了 2015—2017 年所有涉事车辆中部分汽车品牌的占比情况。涉事车辆品牌中占比较大的是东风汽车，包括东风和东风雪铁龙，占比较小的是北京现代、江淮、福田和丰田。

图 10 统计了 2015—2017 年所有涉事车辆中不同使用性质的车辆占比情况。在所有事故涉及的车辆中，私家车占 60%。其次是货运汽车，占 20%，其他车辆占 20%。

从表 4 中展示的 2015—2017 年一般事故涉事车辆中载客和载货汽车的占比

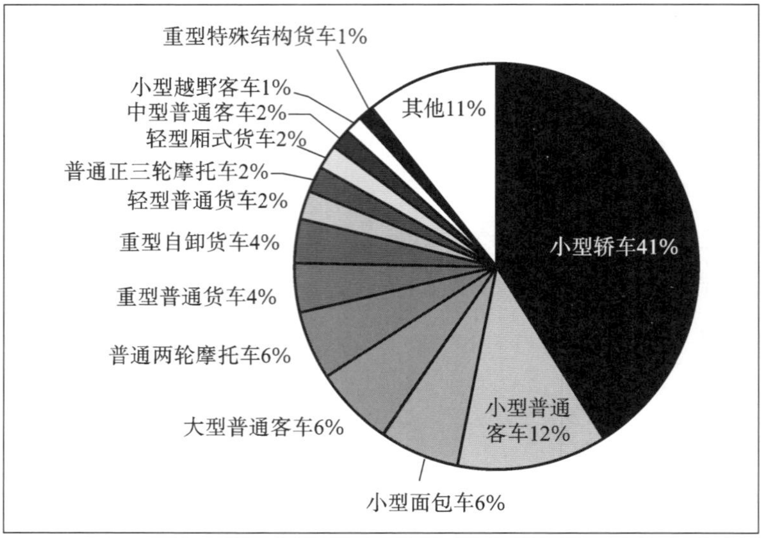

图 7　2015—2017 年一般事故中涉事车辆的类型及占比情况

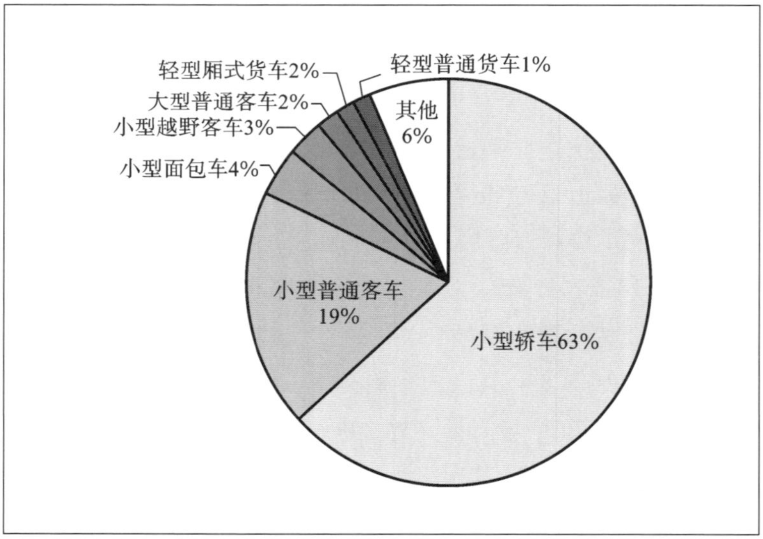

图 8　2015—2017 年简易事故中涉事车辆的类型及占比情况

及万车事故率可知，绝大多数涉事汽车类型是载客汽车，占 70.1%，载货汽车占 23.7%，其他的占 6.2%，但分析载客和载货汽车的万车事故率发现，载货汽车的万车事故率是载客汽车的 5 倍多，这说明虽然载客汽车发生事故的数量较多，但载货汽车的发生概率远远高于载客汽车。

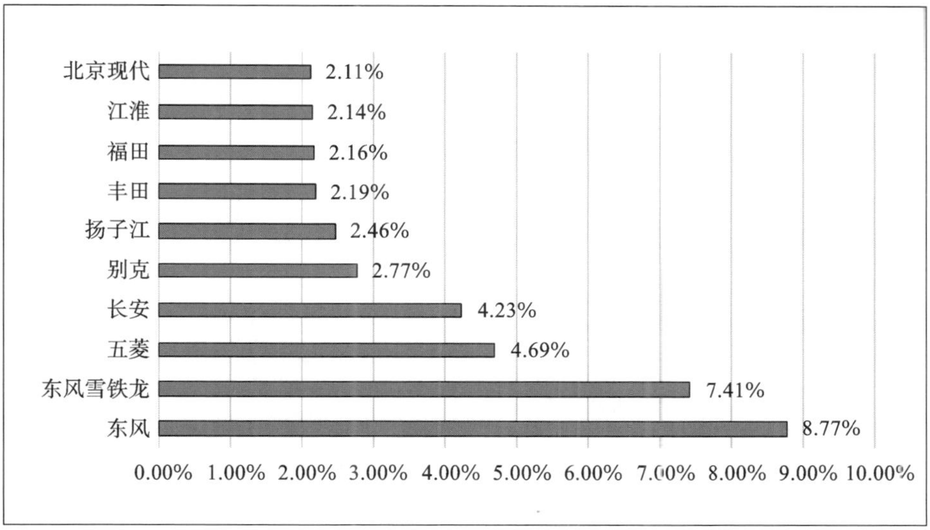

图 9　2015—2017 年所有涉事车辆中部分汽车品牌的占比情况

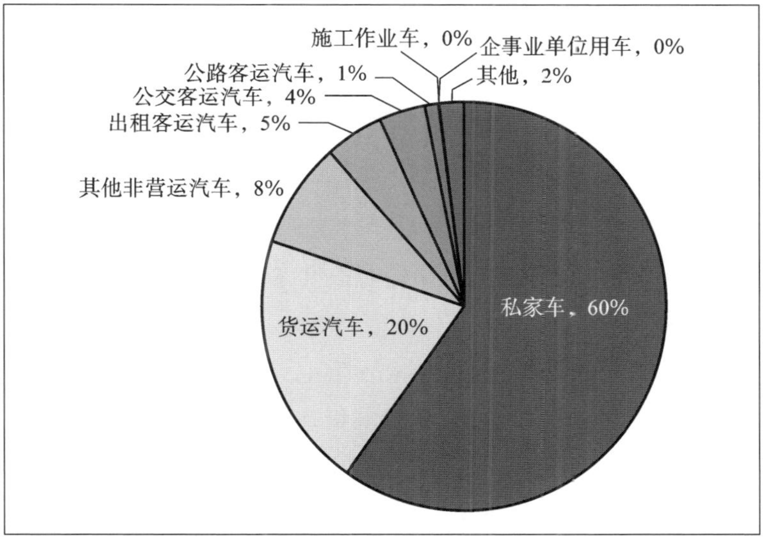

图 10　2015—2017 年所有涉事车辆中不同使用性质的车辆占比情况

表 4　2015—2017 年一般事故涉事车辆中载客和载货汽车的占比及万车事故率

汽车分类	数量/辆	百分比/(%)	全市保有量/辆	汽车万车事故率/(次/万车)
载客汽车	4919	70.1	2347773	20.95
载货汽车	1666	23.7	154294	107.98
其他	434	6.2	—	—

图 11 统计了 2015—2017 年所有事故涉事车辆发生事故时各类行驶状态占比。绝大多数的事故发生在车辆直行过程中，占 75.97%，左转弯和右转弯分别占了 6.68%和 5.83%。其他行驶状态约占 11.53%。

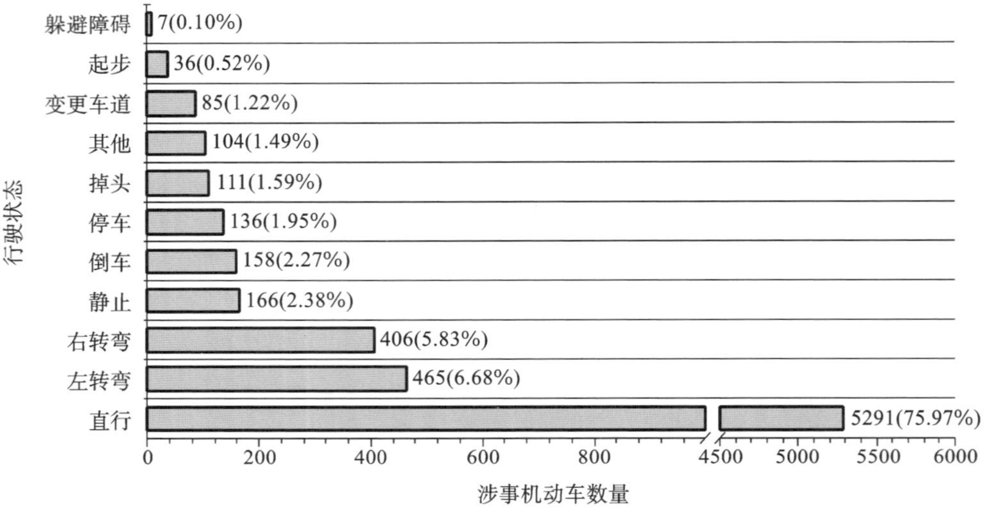

图 11　2015—2017 年所有事故涉事车辆发生事故时各类行驶状态占比

3. 路的因素

以下从发生事故的道路因素出发，基于 2015—2017 年发生的一般事故所在地点的道路类型、隔离类型、道路线型、路侧防护设施以及路口或路段类型等因素，分析事故的致因特点。

表 5 列出了 2015—2017 年一般事故发生地点的各种道路类型及隔离类型所对应的事故数量。从表中可以看出，一般城市道路上发生在无隔离的道路上的事故占了绝大多数，其次发生事故较多的是有中心隔离的道路。城市快速路上发生在有中心隔离的道路上的事故占了绝大多数，其次是无隔离道路发生的事故。一级、二级、四级公路上发生事故较多的是在有中心隔离和机动车与非机动车隔离的道路上。

表 5　2015—2017 年一般事故发生地点的道路类型及隔离类型

	机动车与非机动车隔离	无隔离	中心隔离	有中心隔离和机动车与非机动车隔离	不确定	事故总计
一般城市道路	744	2031	1293	811	35	4914

续表

	机动车与非机动车隔离	无隔离	中心隔离	有中心隔离和机动车与非机动车隔离	不确定	事故总计
城市快速路	2	119	536	33	7	697
一级公路	3	65	14	340		422
二级公路		32	1	98	1	132
三级公路		10				10
四级公路		25	1	377		403
单位小区自建路		54	9	1		64
等外公路		7		7		14
高速公路			18			18
公共广场		2		1		3
公共停车场		6				6
其他路	8	179	23	8	3	221
不确定	1					1
事故总计	758	2530	1895	1676	46	6905

表6列出了2015—2017年一般事故发生地点的各类道路类型及道路线型及对应的事故数量。从表中可知，在一般城市道路、城市快速路、一级公路、二级公路、三级公路、四级公路、等外公路、单位小区自建路、高速公路、公共广场、公共停车场和其他道路上发生的事故，基本都发生在平直道路上。

表6　2015—2017年一般事故发生地点的道路类型及道路线型及对应的事故数量

	平直	一般坡	一般弯	一般弯坡	陡坡	急弯	急弯陡坡	连续下坡	不确定
一般城市道路	4281	55	543	6	3	6		1	19
城市快速路	639	10	27	10	1	3		1	6
一级公路	422								
二级公路	132								
三级公路	10								
四级公路	403								
单位小区自建路	54	2	7		1				
等外公路	13		1						
高速公路	17			1					

续表

	平直	一般坡	一般弯	一般弯坡	陡坡	急弯	急弯陡坡	连续下坡	不确定
公共广场	3								
公共停车场	6								
其他道路	205	3	9	1		1	1		1
不确定									1
事故总计	6185	70	587	18	5	10	1	2	27

图 12 统计了 2015—2017 年一般事故发生地点各类路侧防护设施占比情况。绝大多数的一般事故发生在无防护设施的道路上，占 51.77%，其次是发生在有绿化带道路的一般事故，占 17.02%，发生在其他各种路侧防护设施的事故占 31.21%。

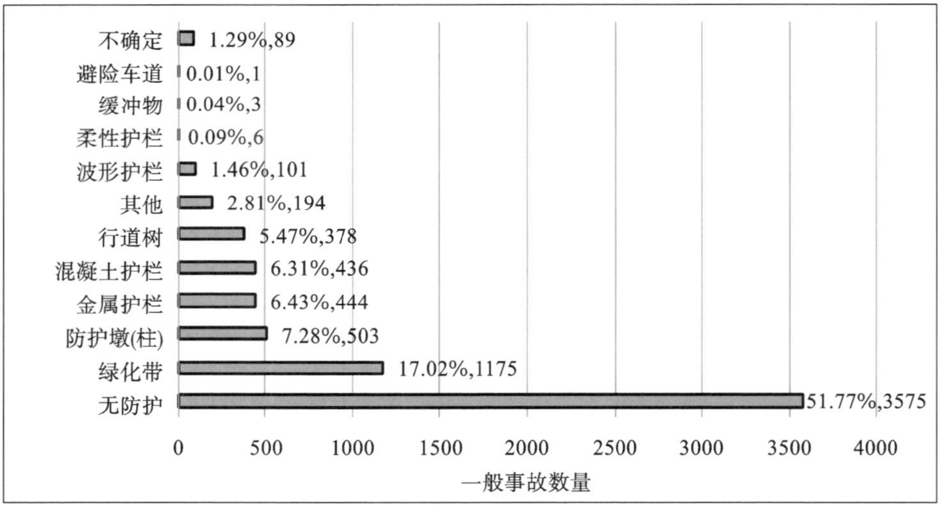

图 12　2015—2017 年一般事故发生地点各类路侧防护设施占比情况

图 13 为 2015—2017 年一般事故发生地点各类路口或路段类型占比情况。一般事故发生的路口路段绝大多数是普通路段，占了 79.44%，其次是三支分叉口和四支分叉口，一共占了 13.02%。其他的路口路段一共占了 7.54%。

4. 环境的因素

从可能影响事故的环境因素出发，基于 2015—2017 年的一般事故数据，分析其中事故发生时的天气、照明条件以及能见度等因素对事故的潜在影响。

表 7 统计了 2015 年一般事故发生时的各类天气条件，包括各类天气频次及其

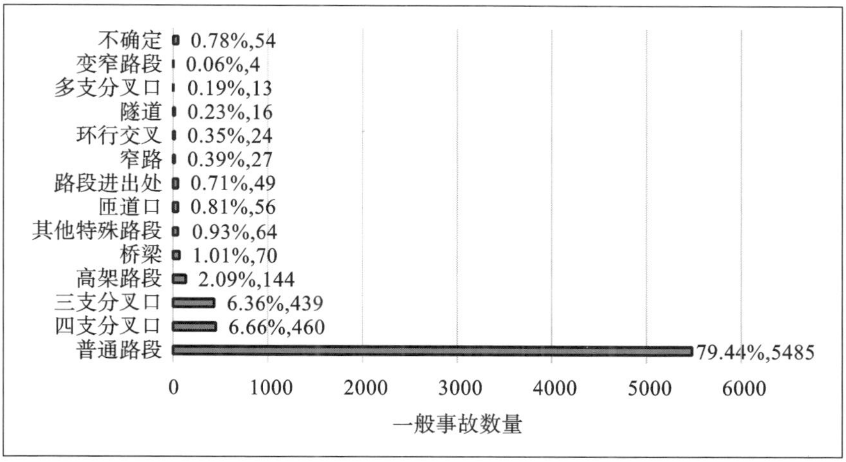

图 13　2015—2017 年一般事故发生地点各类路口或路段类型占比情况

占比、这类天气下发生的一般事故数量及其占比以及每类天气条件下一般事故率。从表中可以看到，2015 年绝大多数天气是晴天，占 61.6%，而雨天、阴天和下雪天占了 38.3%。一般事故绝大多数发生在晴天，占 80.9%，其他天气占 19.1%。一般事故率最高的是在晴天，其次是在阴天，再次是雨天和下雪天。

表 7　2015 年一般事故发生时的各类天气条件

	晴天	雨天	阴天	下雪天	合计
天气频次/天	225	107	30	3	365
天气占比	61.6%	29.3%	8.2%	0.8%	100%
一般事故数量	1818	233	192	3	2246
一般事故占比	80.9%	10.4%	8.5%	0.1%	100%
一般事故率/(次/天)	8.1	2.2	6.4	1.0	

表 8 统计了 2016 年一般事故发生时的各类天气条件。从表中可以看到，2016 年绝大多数的天气是晴天，占 55.6%，雨天、阴天和下雪天占 44.4%。一般事故绝大多数发生在晴天，占 71.8%，其他天气占 28.2%。一般事故率最高的是在晴天，其次是在阴天，再次是雨天和下雪天。

表 8　2016 年一般事故发生时的各类天气条件

	晴天	雨天	阴天	下雪天	合计
天气频次/天	204	122	36	4	366
天气占比	55.7%	33.3%	9.8%	1.09%	100%

续表

	晴天	雨天	阴天	下雪天	合计
一般事故数量	1495	320	254	13	2082
一般事故占比	71.8%	15.4%	12.2%	0.6%	100%
一般事故率/(次/天)	7.4	2.6	7.1	3.3	

表9统计了2017年一般事故和简易事故发生时的各类天气条件。2017年所统计的142天中，雨天和晴天分别占44.4%、37.3%。简易事故绝大多数发生在晴天，占比77.7%，其他的天气发生的事故占22.3%。一般事故绝大多数也发生在晴天，占比77.9%，其他的天气占22.1%。简易事故和一般事故的天事故率都是在晴天的时候最高。

表9　2017年一般事故和简易事故发生时的各类天气条件

	晴天	雨天	阴天	下雪天	合计
天气频次/天	53	63	24	2	142
天气占比	37.3%	44.4%	16.9%	1.4%	100.0%
简易事故数量	118106	20784	13069	86	152045
一般事故数量	1052	175	122	1	1350
简易事故占比	77.7%	13.7%	8.6%	0.1%	100.0%
一般事故占比	77.9%	13.0%	9.0%	0.1%	100.0%
简易事故率/(次/天)	2228.4	329.9	544.5	43.0	
一般事故率/(次/天)	19.8	2.8	5.1	0.5	

图14统计了2015—2017年一般事故发生时的环境照明条件及其占比。绝大多数的交通事故都是发生在照明条件良好的情况下，占所有事故的84%，照明条件差的条件下发生的事故只占了16%。

图15统计了2015—2017年一般事故发生时的能见度条件。在所有的交通事故中，能见度在200 m以上的事故占了33%，能见度在100～200 m的事故占了27%，能见度在50～100 m的事故占了31%，能见度为50 m以下的占了8%。

三、基于交通安全管理的重点路段和节点交通工程规划设计

武汉市小汽车保有量不断增长，对道路交通安全产生不利影响，导致交通事故

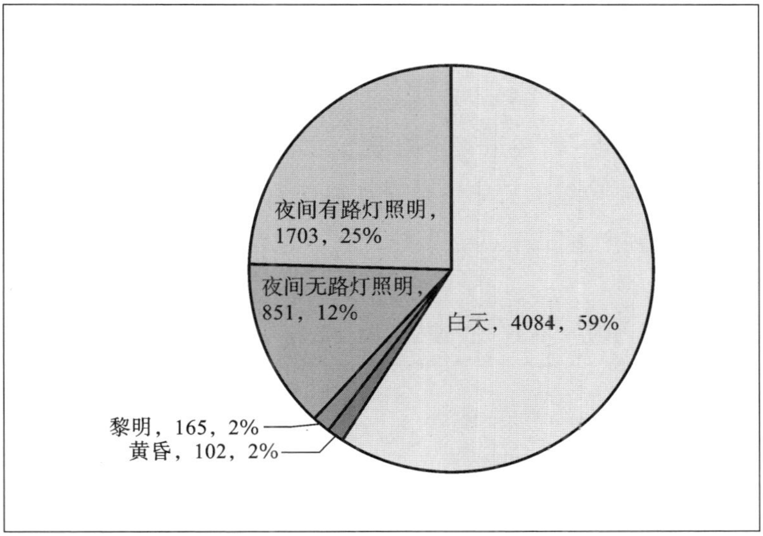

图 14　2015—2017 年一般事故发生时的环境照明条件及其占比

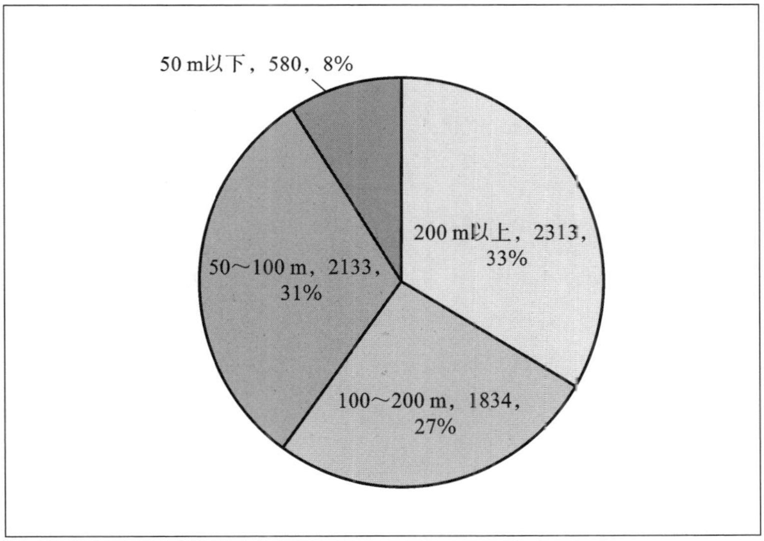

图 15　2015—2017 年一般事故发生时的能见度条件

频发。交通事故不仅会对人们的生命财产安全产生不利影响，还会加剧交通拥堵。城市交通拥堵经常发生在一些特定的道路、地点或区域，这些点段往往对周边路段或区域路网的影响较大，是区域路网拥堵的重要原因之一。武汉市内河流湖泊众多，长江、汉江将其一分为三，武昌、汉口、汉阳三镇的道路自成系统，为了连接区域交通，在三镇之间修建了多个桥梁与隧道。随着城市建设进程的加快，为了提高通行效率，武汉市区也建立了许多大型互通立交，如黄浦路立交、岳家嘴立交等。

《武汉市道路交通管理设施设置技术指引》中将道路分为A、B、C、D四级。其中A级适用于武汉市三环线和四环线等封闭快速路，市内过江桥隧，其他中、长、特长隧道及特大型桥梁。此类道路作为城市交通重要路段，在承担城市交通压力的同时，其结构和地理位置的特殊性也对道路交通安全管理提出了挑战。这些路段作为交通行为受到严重制约、道路设施配比不合理的路段，其交通安全问题异常突出（表10）。

表10　武汉市交通安全重点路段典型问题分析

重点路段	存在的主要问题	原因	图例	解决思路
过江桥隧	隧道交通量远小于桥梁交通量；过江隧道交通设施、照明设施不尽合理；灾害气候条件下越江交通安全难以保障	过江交通需求大，流量集中；隧道洞口缺乏相应视线诱导设施，光线强度变化剧烈，驾驶员的适应性差；桥梁交通组织困难		根据事故特性，并基于相关标准、规范设置交通标志、标线及轮廓标线等交通安全设施
互通立交	车辆碰撞分流鼻端头及侧面碰撞导致交通事故；易驶错道路；进出口处事故率高	立交出口位置设置不合理，不利于主线驶出车辆识别；路面及高架的指路系统不完善		优化路面、高架指路系统及交通安全设施设计，提高指路标志的识别性、连贯性、准确性
复杂交叉口	人车混行、抢道，车辆剐蹭、碰撞事故高发；车辆违停现象严重	交通组成复杂，交通秩序混乱，通行效率低下，交通参与者相互干扰严重、冲突多		从交通需求管理、交通组织、交叉口渠化设计、交通设施设置等多个方面，提出针对性的改善方案

续表

重点路段	存在的主要问题	原因	图例	解决思路
城乡接合部道路	交通参与者众多，且结构复杂，交通管理及相关设施匮乏，停车混乱，且容易发生刷蹭、碰撞事故	城郊公路交通基础设施发展不一致，规划不完善，布局不合理，复杂的交通需求以及频繁的接入交通显著增加了城郊接合部的事故风险		健全城乡接合部道路交通安全管理体制，完善交通基础设施设置，增强交通诱导功能，改善其道路通行环境

基于上述背景，从交通安全管理的角度出发，基于事故数据对武汉市交通安全重点路段进行量化分析，提出重点路段交通安全管理改善设计方法，对预防和减少道路交通事故的发生，不断提高城市道路交通安全管理水平，保障人们的生命财产安全具有重要现实意义。

（一）过江桥隧

1. 研究背景

武汉素有“江城”之称，过江交通是武汉交通的重要组成部分。图 16 为武汉市历年机动车拥有量变化图。截至 2019 年 6 月，武汉市机动车保有总量已经超过 330 万辆。2018 年武汉市主城区日均过江交通总量达 112.2 万辆（未含月湖桥通车后交通量），其中过长江日均交通总量为 71.5 万辆（图 17），过汉江日均交通总量为 40.7 万辆（图 18）。根据交管部门的统计资料，2019 年国庆节前 9 月 21 日至 9 月 25 日，武汉市长江大桥、长江二桥、白沙洲大桥、天兴洲大桥、二七长江大桥、鹦鹉洲长江大桥、阳逻大桥、江汉一桥、江汉二桥、晴川桥、长丰桥、长江隧道、长江公铁隧道及水果湖隧道的交通总量为 602.1 万辆。其中，跨江大桥交通量为 511.5 万辆（长江二桥日均交通量超过 14 万辆），隧道交通量为 90.6 万辆。过江桥隧在武汉城市交通中发挥着重要作用。

过江桥隧有效缓解了武汉市过江交通压力，但运营中仍存在以下问题。

（1）过江交通流空间分配不均衡，隧道交通量远小于桥梁交通量。如武汉公铁隧道（双向六车道）日均流量（2019 年 9 月 21 日至 9 月 25 日统计）只有毗邻的武

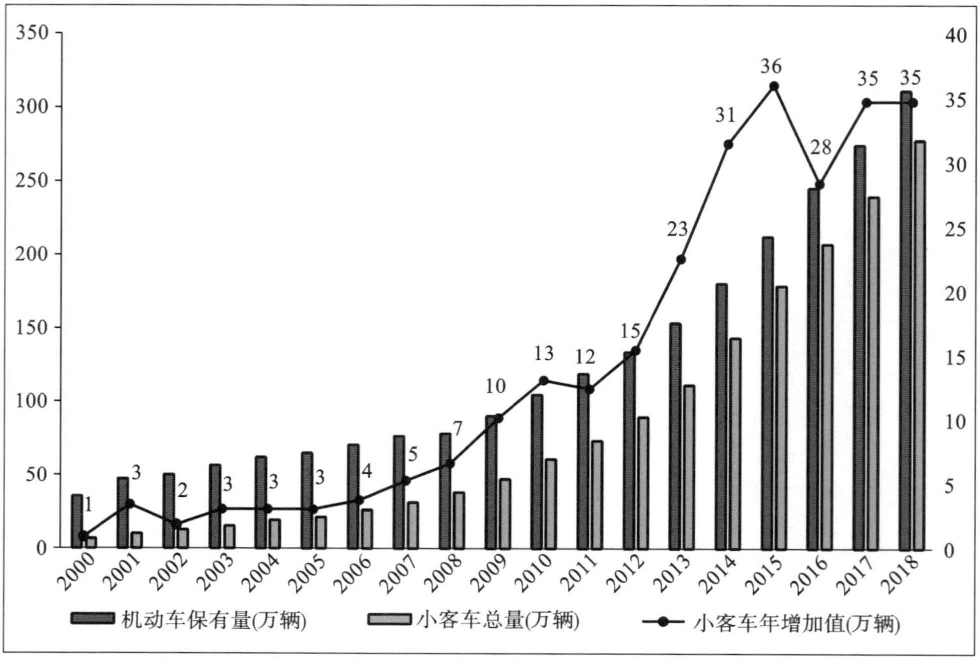

图 16　武汉市历年机动车拥有量变化图

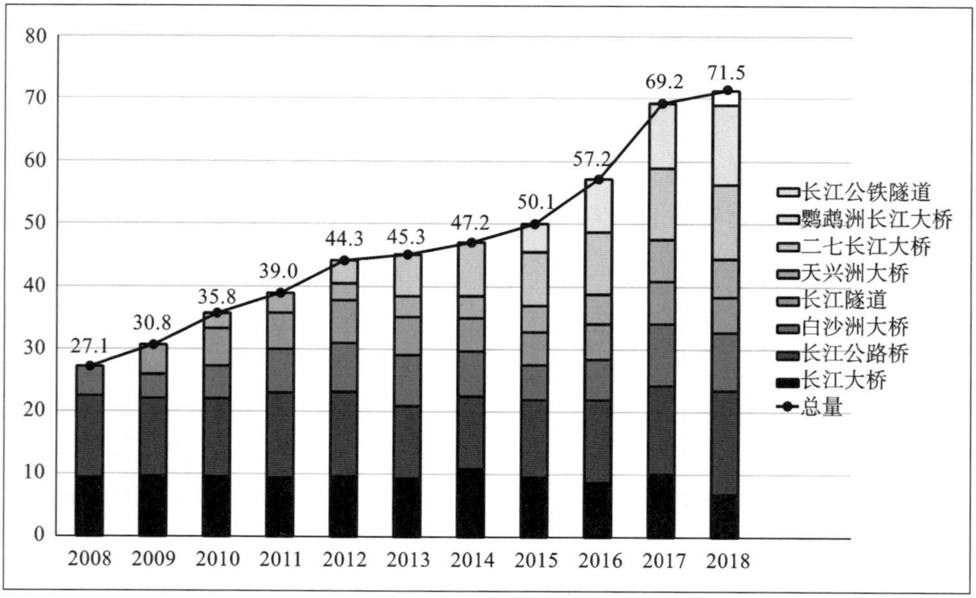

图 17　2018 年武汉主城区过长江日均交通量构成(单位:万辆)

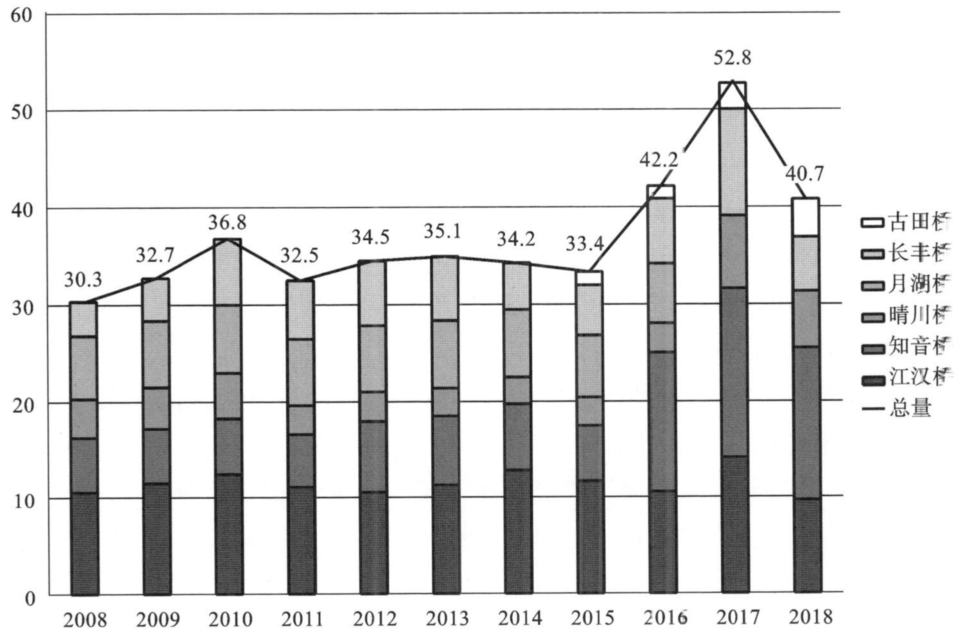

图 18 2018 年武汉主城区过汉江日均交通量构成（单位：万辆）

汉长江隧道（双向六车道）流量的 48.2%、长江二桥（双向六车道）流量的 22.3%，并没有发挥出过江隧道最大运营效率。桥梁过江交通相对拥堵，公铁隧道交通量少。

（2）过江桥隧出入口及毗邻立交存在较为明显的拥堵。跨江桥隧进出匝道与主线存在严重的交通冲突，同时车速也不匹配，诱发上下桥处拥堵较严重，极大降低了桥隧的整体通行效率，较大的车速差也容易造成追尾、剐蹭等交通事故。

（3）过江隧道交通工程设施、照明设施不尽合理。过江隧道出入口存在黑洞效应、白洞效应，加之连续长下坡、长上坡和多个出入口等不利线形条件，容易诱发不良驾驶行为，并导致隧道出入口追尾、撞固定物、侧面碰撞等交通事故时有发生。隧道进出口隔离栏杆完全没有防护能力，同时容易散架，构成路侧障碍物，对驾驶人员造成伤害。

（4）灾害气候下过江交通安全难以保障。武汉市雨雾天气较多，极大降低了过江交通运行效率。驾驶员难以辨识各种交通标志、标线及前车，容易驶错道路，并诱发大面积交通拥堵。因此很有必要从交通安全和效率的角度出发，针对武汉过江桥隧路段交通特征，实施有效的安全设计和管理措施；针对隧道及连接立交的交通安全隐患，对指路系统、交通安全设施进行评价及优化。

2. 过江桥隧交通安全及效率改善对策

针对武汉过江桥隧路段，从保障运营安全和提升交通效率的角度出发，主要改善对策如下。

（1）对过江桥隧路网梳理及交通进行组织优化，提升过江隧道交通量。分析武汉市过江桥隧路网现状及交通问题，在对过江桥隧进行交通需求分析的基础上，提出路网优化方案，并制定合理的过江交通组织方案，重点提升长江公铁隧道、武汉长江隧道交通量，确保过江交通量均衡分布，提升过江交通主线运营效率，降低高峰时段主线路侧干扰。

（2）实现过江桥隧交通智能诱导及控制，确保过江桥隧的交通安全与有序。针对过江桥隧，重点提升长江公铁隧道、武汉长江隧道的通行能力，对匝道及连接段进行智能控制，建议增设过江交通的可变信息板（可变信息板如图 19、图 20 所示）、过江桥梁匝道信号灯控制等。重点是缓解过江隧道及连接立交匝道的拥堵情况，确保桥隧主线运营安全，发挥桥梁、隧道最大运营效率。

图 19　可变信息板

（3）过江隧道路段照明及诱导优化设计，构建安全、舒适、美观的隧道通行环境。在隧道出入口、中间的视线设置诱导及标志诱导。视线诱导主要包括突起路标、LED 光带、腰带线、立面标记等（图 21），标志诱导主要针对桥隧出入口及相邻道路。隧道内的照明实行白天、夜间以及白天洞外天气条件多级调控，在隧道入口段、过渡段、出口段根据不同亮度要求设置加强照明。打造安全、舒适、美观的隧道通行环境，缓解驾驶员的焦虑情绪和压抑心理，让驾驶员主动选择过江隧道，提升过江隧道交通量。

图 20　杭州文一路隧道可变信息板

图 21　杭州紫之隧道视线诱导

(4) 过江桥隧交通安全设施优化设计，提升交通安全系数。针对武汉过江桥隧路段的实际交通情况，提出合理的过江隧道交通安全设施优化设计，如增加隧道出入口的护栏、桥梁中分带及人行道护栏、桥隧路面及侧壁减速设施、端头防撞设施，以及相应的警告、禁令或指示标志等。隧道出入口安全设施如图 22 所示。

(5) 城市道路护栏升级。道路护栏必须具备预警、缓冲与补救的功能，而现在武汉市隧道外部普遍采用的隔离栏杆仅具备预警功能，防护功能较弱，发生事故极容易诱发群死群伤，并造成隧道拥堵。对于设计时速 60 km 及以上的隧道进出口

图 22　隧道出入口安全设施

路段，可以利用（中）低型护栏取代金属护栏进行实体分隔，实现车流分向行驶（图 23）。

（6）灾害气候及特殊事件下智能管理控制优化。重点加强雨雾、交通事故、隧道火灾情况的应急管理和应急逃生等。通过分析驾驶过程中对于速度感、距离感、位置感、舒适感等的视觉需求，在灾害气候下合理进行视线诱导设计及制定应急预案。特殊事件下智能管控设施如图 24 所示。

过江桥隧事故严重程度及后果显著高于其他路段，合理选择过江桥隧安全改善对策，将大大提高交通安全投资的使用效率，有效降低交通事故率。

（二）互通立交

1. 研究背景

随着城市建设进程的加快，武汉市区建立了许多大型互通立交，市区道路实现了从平面交通向立体交通的快速发展。但是城市在建设这些立交的同时往往忽视了交通安全问题，也未考虑特殊气候条件下的保障措施，主要存在以下问题。

（1）指路系统不连续。由于市区快速路分阶段建设，分别由不同的单位设计、建设，导致路面及高架指路系统不科学、不连贯，且不能与地面道路有效衔接。一些道路的指示牌设置不够合理，影响了市民出行的效率，不利于发挥市区快速路网交通的骨干作用。例如，在连续三个出口距离较近的情况下，却只在出口的地方简单设置一个 T 形指示牌（图 25），而且大方向标识不明确，不熟悉路况的驾驶员很

(a) 日本低型护栏

(b) 美国路侧混凝土低型护栏

(c) 美国路中低型护栏

图 23 (中)低型护栏

图 24 特殊事件下智能管控设施

容易错过路口。又如高架路面标识与地面道路标识颜色一致，没有严格区分，极易误导行车。

图 25　立交出口有较多指路信息

(2) 立交进出口交通安全设施设置不合理。立交进出口作为立交的关键节点，是驾驶员选择路径的关键位置，驾驶环境较复杂，在立交进出口处普遍存在必要的变道行为，车流稳定性差，互通出口交通事故比例往往高于主线路段。而目前互通立交进出口附近一般仅设置简单的指路标志，不利于主线驶出车辆识别，车辆碰撞分流鼻端头及侧面碰撞导致交通事故。立交桥进口如图 26 所示。

图 26　立交桥进口

(3) 灾害气候下立交路段事故率高。大型互通立交在灾害气候(风、沙、雨、雪)条件下，道路摩擦系数降低、能见度较低且风沙天气对路侧标识的损坏严重。灾害气候条件下立交景观如图 27 所示。同时，驾驶环境较为单调，易造成交通事故。因此有必要针对大型互通立交交通的安全与效率问题，利用简单排序法对立交出入口交通安全设施进行评价，提出大型互通立交出入口视线诱导及标识诱寻系统，并对其余标识标线及交通安全设施提出改善方案。还应考虑灾害天气下大型互通立交交通的保障措施，从而提升大型互通立交交通整体的安全与效率。

图 27　灾害气候条件下立交景观

2. 互通立交交通安全与效率改善对策

针对武汉互通立交路段指路系统不完善、诱导性较弱等问题，从保障运营安全和提升通行效率的角度出发，主要改善对策如下。

(1) 优化路面及高架指路系统。为进一步完善市区指路系统，提高指路标志的识别性、连贯性、准确性，指引驾驶人快速到达目的地，可以对路面及高架指路系统进行研究，提出改善方案。将立交设定为重要交通节点进行指引，对路面及高架指路系统进行提升，比如考虑到高架道路车速较快，且缺乏路面参照物，建议在分流匝道之前 500 m、200 m 和 100 m 处分别设置提示标识，提醒前方进入立交，并在出口前方路段加设龙门式指示牌，提醒“××方向”，对出口大方向进行指引，提升城市道路网络连通性和可达性。

(2) 优化立交进出口交通安全设施。通过分析立交入口视觉环境和入口方向感，提出立交入口标线诱导系统设置方法，并配合设置被动防护设施(警示、诱导、防撞)，改善立交入口整体方向感与局部方向感，并满足驾驶员速度感、距离感需求，实现立交入口视觉参照系的平缓过渡，保障立交入口交通安全。延安高架匝道出口警示及防护设施如图 28 所示。

图 28　延安高架匝道出口警示及防护设施

(3) 优化灾害气候下立交路段保障措施。结合驾驶员遗忘过程先快后慢且易产生加速冲动的记忆特征，以及新兴的成型标线具有施工方便、耐用性好的特点，针对车速保持的路面限速标线、路侧限速标示间隔提出设计方案；然后通过分析驾驶员驾驶过程中对于速度感、距离感、位置感、舒适感等的视觉需求，结合台湾地区目前使用较多的铲雪道钉具有反光效果好、耐用性强的特点，做针对车道保持的路面铲雪道钉、护栏反光贴膜、道路边缘指示标志组合设置的视线诱导设计(图 29)。

(a) 互通立交诱导设施　　(b) 铲雪道钉

图 29　互通立交交通安全设施

（三）复杂交叉口

1. 研究背景

城市道路交叉口作为城市道路网的节点，被比作道路通行能力的咽喉。武汉市交叉口拥堵情况严峻，成因复杂，严重影响城市交通运行安全和效率，是交通秩序治理中亟待破解的难题。

如图 30 所示，这是一个由两条道路斜交形成的 X 形交叉口，连接解放大道和汉西路两条主干道。斜交叉口视区不良，驾驶员可能无法及时发现其他车辆动向并及时做出反应。且在汉西路西北端距交叉口不远处存在一条接入道路，接入管理不合理。

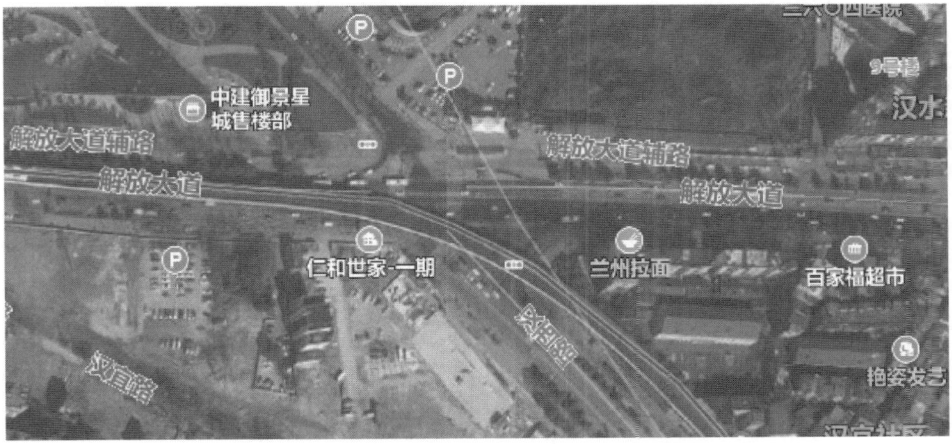

图 30　解放大道与汉西路相交构成 X 形交叉口

如图 31、图 32 所示，这个交叉口为五岔畸形交叉口，连接香港路、马场路与唐家墩路三条主干道，车流量巨大，而且又是机场二高速下桥处。同时，该路口邻近万达广场，附近有先锋中学、唐家墩小学，人流和非机动车流量也非常大，横穿马路现象屡见不鲜，虽有交警指挥，但道路通行压力巨大。相比普通道路交叉口，复杂道路对应的交叉口位置汇集城市内诸多重要的交通干道，并且道路附近遍布着教育、休闲以及医疗等资源，这些资源对道路交通具有非常高的要求，所以这些道路交叉口需要承载非常大的交通量。同时，随着现代化城市建设发展，城市出现越来越多的相交道路，这些道路交叉口的交通流向具有更多复杂性，过街行人、非机动车以及机动车要进出相交道路都要在对应交叉口汇集，因此复杂道路交叉口相比普通交叉口具有更多的冲突点和交织点。比如五路交叉口在旧城区中较为常见，这类道路交叉口当中包含50个冲突点，相比普通四路交叉口冲突点数量，超出了2倍左右，严重影响交通组织，同时还存在着诸多安全隐患，不利于交通通行和交通安全。因此，在对交叉口附近用地及居民出行影响最小化的前提下，改善复杂交叉口的交通环境对提升通行效率具有重要意义。

图 31　香港路、马场路与唐家墩路相交形成五路交叉口

图 32　香港路、马场路与唐家墩路交叉口交通实况图

2. 复杂交叉口安全风险改善策略

针对复杂交叉口车流量大、交通组成复杂、交通秩序性差等问题，以及周边环

境固定、可优化空间小等因素，可对复杂交叉口的地理布局进行具体分析，借助司部微型调整手段，合理分配道路时空路权并选取优化方案，用于改善武汉市复杂交叉口通行环境。

(1) 实施交叉口改造工程。对于交叉路口可以立即改善的风险因素，根据出行需求调整优化交叉口设施，借助一系列微调手段实现交通组织优化，科学合理地分配路权。主要改造措施包括调整车道宽度和车道数、拆除隔离带、搬移景观花坛、增设显示屏、调整标线等小型设施改造工程及交通管理措施(图 33)。

图 33　交叉口电子显示屏

(2) 化畸形交叉口为正交交叉口。对相交角度大于 70°的交叉口应尽量保持周围无视线遮挡物，同时进行交叉口改造，可以配合导流岛、标线等渠化设施矫正斜角相交的道路(图 34)。

图 34　矫正斜角相交道路

(3) 合理进行交叉口信号优化。畸形交叉口,尤其是多路相交交叉口,需要根据各路交通流量以及交通流的时空特性,合理进行信号优化,信号灯位置的设置也需重点注意,避免存在遮挡或因信号灯的偏光效应导致驾驶员困惑等状况(图 35)。

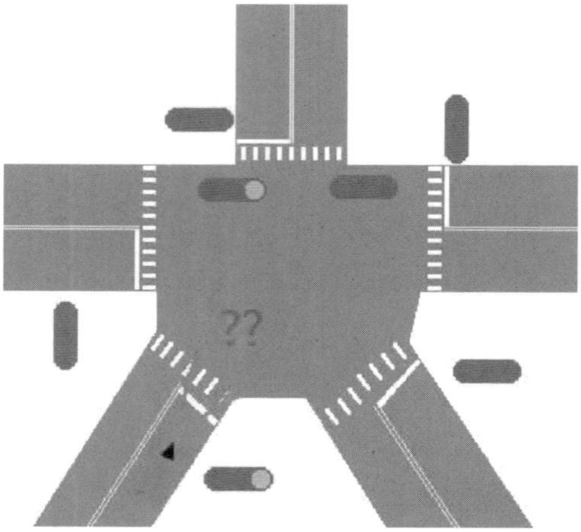

图 35　信号灯的偏光效应

(4) 合理利用交通仿真技术助力选择优化方案。通过建立仿真模型,以交叉口延误、出行时间、行程时间延误、交叉口排队长度、服务水平等作为评价指标,分析各种交通条件下(车道设置、交通构成、交通信号、车流量等)交叉口的运行状况,对不同方案的运行效果进行定量、直观评价,以低成本方式得到最优方案(图 36)。

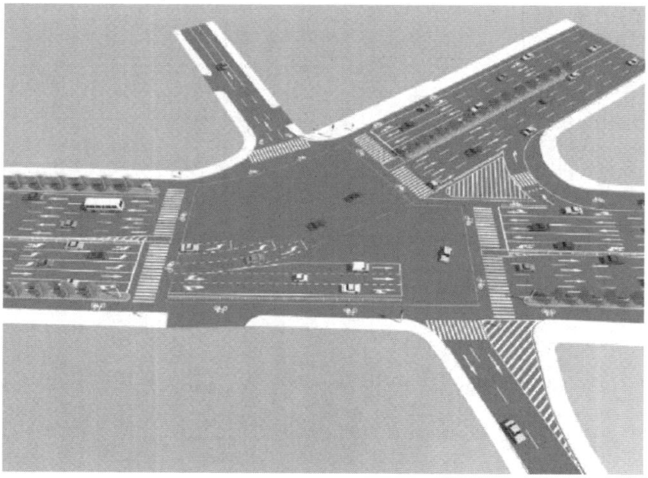

图 36　仿真模拟工具搭建的交叉口三维场景

(四)城乡接合部道路

1. 研究背景

武汉市正处于高速转型期,城市化进程不断加快,城市规模逐渐扩大,与乡村毗邻的地区产生了一种新的经济地理单元——城乡接合部。城乡接合部既不同于单纯的城市区域,又区别于纯粹的农村区域,兼具二者特色。城乡接合部由于独特的地理位置,成为农副产品基地,近年来又成为物流基地,同时是城市疏散地,也是截留人口、流动人口所在的重要地区。城乡接合部的交通状况也兼具复杂性与多样性,特别是因道路设计不规范、交通基础设施相对滞后、交通秩序差、交通管理薄弱等引发的交通安全事故频发,城乡接合部道路安全形势十分严峻(图 37)。

图 37 汉口北站外部交通秩序混乱

(1) 道路设计不规范。相比城市道路,城乡接合部道路线形变化大,路幅较窄,较大的交通量与有限的道路资源之间的矛盾是导致城乡接合部交通问题的重要原因。同时道路路网连接结构不合理,道路功能混乱、路网等级更新跟不上车辆数量的增加,不满足城市农村互动发展的需要。

(2) 交通基础设施相对滞后。城乡接合部往往处于城市外围区域,城市管理环节较为薄弱,交通设施建设不完善,缺少初期投入和日后维护。交通标识标线缺乏,或标识不够醒目、标识设计不合理、信息过载等往往被交通管理者忽视,且无信号交叉口较多,车速较快,给出行者带来较大安全隐患。

(3) 交通秩序差。城乡接合部为城市与农村的中间地带,人流、车流量大,外来人员、过往车辆集中,交通组成多样,驾驶人员素质不一,安全基础和交通管理薄弱,出行人员安全意识薄弱,乱穿马路、抢行、乱停车等问题突出(图 38)。

图 38 非机动车违章穿越马路

(4) 交通管理薄弱。城乡接合部处于城市边缘,受警力制约导致管控能力不足,难以全面解决该区域的交通问题。商贩占道经营,违法使用公共道路、违反交通规则等问题严重,特别是在公路路口、城乡接合部路段交叉口等处,只有少量交管人员值守,有的路口根本无人看管。行人没有严格遵守交通法规,产生交通安全隐患。

2. 城乡接合部交通安全改善策略

(1) 合理规划道路布局。城乡接合部的交通规划必须纳入城市交通规划和对外交通规划中,规划出的道路走向、路网密度、线型标准、设计速度、运输能力等既与城市道路系统构成相互协调、密切联系的有机整体,又要保证农村的低等级道路能够向城市道路系统顺利过渡,此外,还要保证协调区域内部各种道路分布,保证与商业区、枢纽场站的衔接畅通,使客货运输高效便捷,转运方便。

(2) 加大建设投资,完善道路基础设施。完善交通标志标线,增强交通诱导功能。对于城乡接合部的城市道路,要考虑到各种车型的需求,保证信息标识连续重复出现;对于区域内重点建筑物或景区,要合理规划道路的使用,将客货运需求、区域内需求及过境需求利用交通标识引导到不同道路,保证道路最大限度的利用;对于城市与乡村的连接段,要保证及时给予道路使用者提示,从而避免或者减少由于道路等级突变、来不及减速而引发的事故。同时,要完善交通安全设施,如减速带、反光标牌、出入口提示、警示柱等,形成保障行驶安全的完整系统(图 39)。

(3) 增加交通管控设施。在交通流集中的点位增设交通信号灯,规范交通流(图 40)。

图 39 增设交通安全设施

图 40 交通信号灯

（4）加强交通管理，完善道路安全监督管理机制。加强道路交通安全管理是避免和减少道路交通安全事故的根本措施，也是最直接、最有效的办法。加强城乡接合部等薄弱部位的道路秩序管理是预防安全隐患的有力保障。道路交通安全管理是一项综合性工作，涉及多个部门，必须实行综合治理。

城市道路交通工程设计

一、步行交通设计

1. 人行道设计要求

（1）人行道内的人行空间与绿化带、设施带和建筑退线空间应避免相互重叠或冲突，应保证人行道连续。街道家具应设置在绿化带、设施带或建筑退线空间内，不得设置在人行道上（图 1 和图 2）。

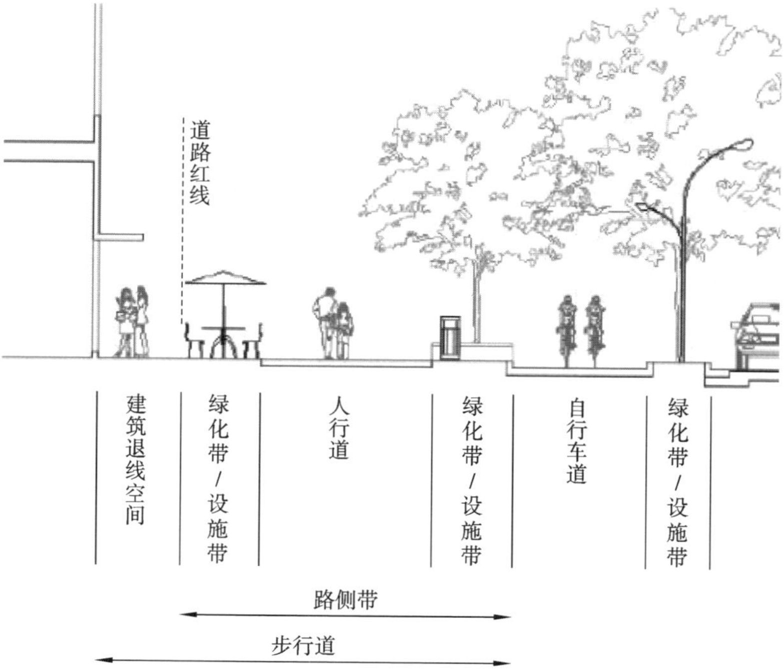

图 1　人行道和自行车道分区示意

（2）设施带宽度应满足表 1 中不同街道家具的最小净宽要求。

(a) 设施布置阻碍了行人的通行　　(b) 街道家具布置在设施带内

图 2　街道家具布置

表 1　设施带最小宽度　　单位:m

宽度取值	0.25～0.5	0.5～1.0	1.0～1.6	1.6～2.0	2.0～2.5	3.0～6.0
设施类型	护栏	路灯 垃圾箱 邮箱 报刊栏 咪表 小型变电箱 电线杆 小型设备箱 指示牌	座椅 电话亭	报刊亭 设备箱 变电箱 检修井	自行车停车设施 常规公交停靠站站台	快速公交车站站台 人行天桥楼梯 人行地道出入口 轨道车站出入口

(3) 立体过街设施的接地点不应占用人行道。确需占用时,应对人行道进行局部拓宽,并满足表 2 要求,实在无法满足表 2 要求时,人行道至少应保留 1.5 m宽。

表 2　人行道单侧宽度推荐值　　单位:m

城市道路等级 \ 步行道等级	一级	二级	三级
快速路辅路	4.0～5.0	2.5～4.5	2.5～3.0
交通性主干路/交通性次干路	4.5～6.5	3.5～5.0	3.0～3.5
生活性主干路/生活性次干路	4.5～7.0	3.5～5.5	3.0～3.5
支路	4.0～5.0	2.5～4.5	2.0～2.5

(4) 在宽度大于 2 m 的人行道入口处,应沿路缘石内侧设置阻车桩,阻止机动

车驶入，且阻车桩不应妨碍无障碍通行(图 3)。

图 3　人行道入口处设置阻车桩前后

(5) 有临街建筑的人行道与建筑前区铺地宜采用相同标高。建筑前区不宜设置机动车停车位和连续绿化带，避免对行人穿越造成阻隔(图 4)。

(a) 机动车停车位占用人行道　　(b) 绿化带阻隔人行道与街边建筑

图 4　建筑前区不宜设置机动车停车位和连续绿化带

(6) 在生活性道路上，人行道外缘的绿化带或设施带与建筑退线空间构成建筑前区，应进行一体化设计，统筹安排绿化带、街道家具、行人活动空间和商贩经营空间等，减少道路红线对人行道的分隔，提升街道活力(图 5)。

2. 人行道设计要求

(1) 人行道应尽量遵循行人过街期望的最短路线布置。

(2) 人行道宽度应结合行人过街需求，而非仅根据道路等级确定，且宽度不宜小于 3 m。

(3) 人行道应与公交停靠站结合设置，原则上人行道应设置在停靠站的上游。

(4) 对于行人过街需求较大的交叉口平面过街通道以及城市生活性道路上的

图 5 生活性道路建筑前区合理布置

平面过街通道，可采用不同路面材质的人行道或抬高人行道（抬高交叉口）来区分和提示过街区域，并确保设施安全性和耐久性（图 6）。

图 6 高品质人行道设计

（5）立体过街设施宜与人行道同时设置，以满足路面过街和无障碍通行需要（图 7）。

图 7 立体过街设施与人行道同时设置

3. 缘石坡道设计要求

(1) 每条人行道应对应 1 个缘石坡道。道路交叉口转角应有 2 个缘石坡道，并根据条件减小路缘石转弯半径，以便行人安全过街并缩短行人绕行距离(图 8)。

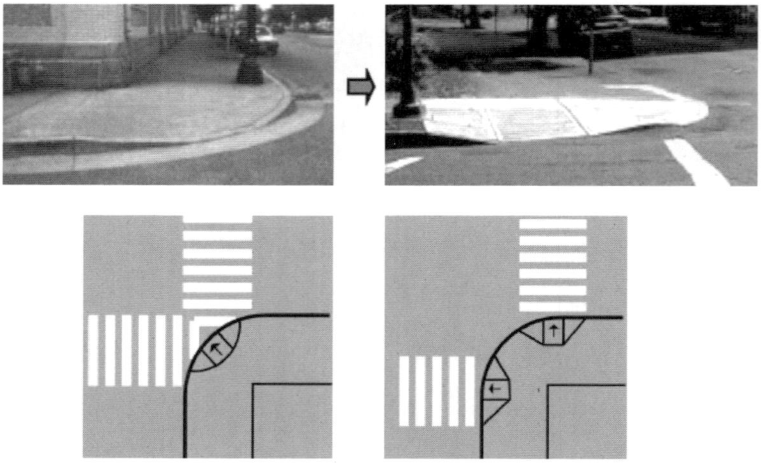

(a) 两条人行道共用1个缘石坡道　　(b) 每条人行道对应1个缘石坡道

图 8　人行道对应缘石坡道的反例(a)和正例(b)

(2) 当人行道宽度较窄时，可采用平行式缘石坡道。当步行道与机动车道高差大于 15 cm 时，应在接近交叉口时提前对步行道进行平顺降坡处理(图 9 和图 10)。

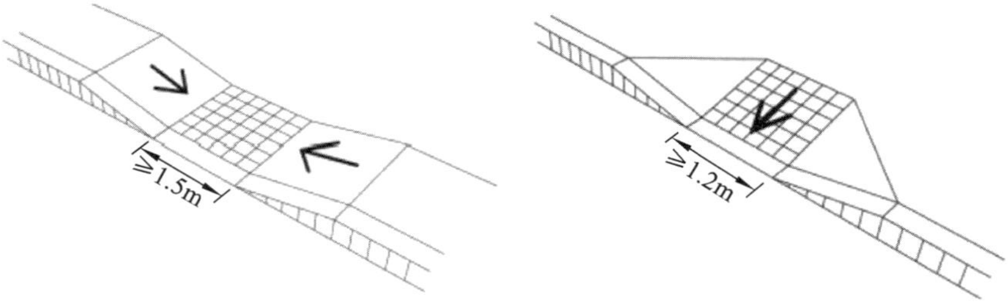

(a) 平行式缘石坡道
(坡道与步行方向平行)

(b) 垂直式缘石坡道
(坡道与步行方向垂直)

图 9　缘石坡道的基本形式

4. 机动车出入口处人行道设计要求

(1) 机动车出入口宜利用设施带设置垂直式缘石坡道，人行道标高应保持不变，并采用差异化的铺装形式予以提示(图 11)。宜设置阻车桩，防止机动车驶入人行道。

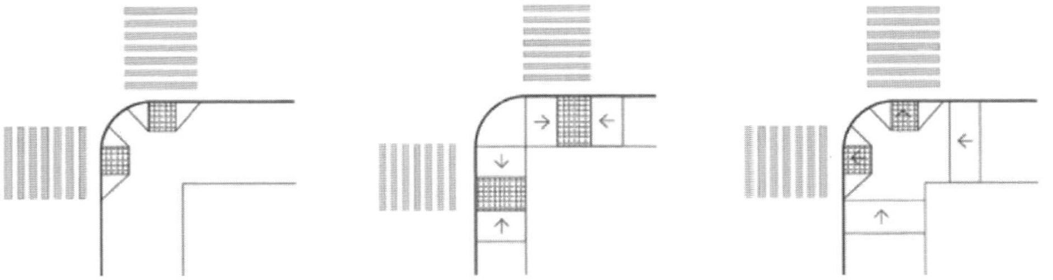

(a) 优先采用三面缘石坡道

(b) 当步行道较窄时，可采用平行式缘石坡道

(c) 当步行道与机动车道高差大于15 cm时，应提前对步行道进行平顺降坡处理

图 10　缘石坡道的选择

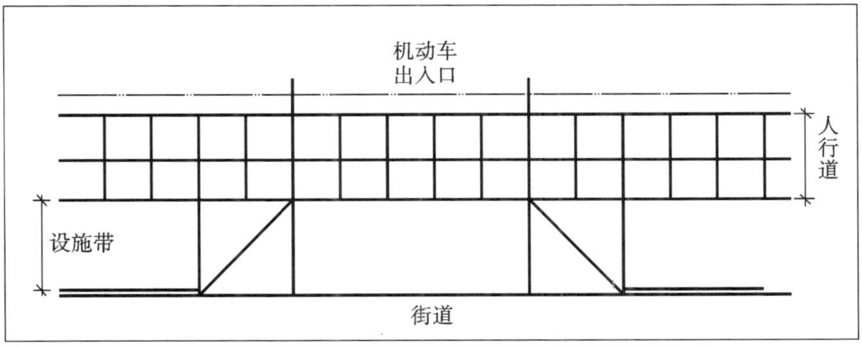

图 11　机动车出入口垂直式缘石坡道

(2) 机动车出入口若有设施带，可采用平行式缘石坡道(图 12)；设施带宽度较窄时，也可采用组合式缘石坡道，即步行道部分采用平行式缘石坡道，设施带部分采用垂直式缘石坡道。

5. 过街安全岛设计要求

(1) 当人行道长度大于 16 m 时，或虽小于 16 m 但应加强过街安全性时，应在人行道内设置过街安全岛，有条件时可设置多个安全岛(图 13 和图 14)。

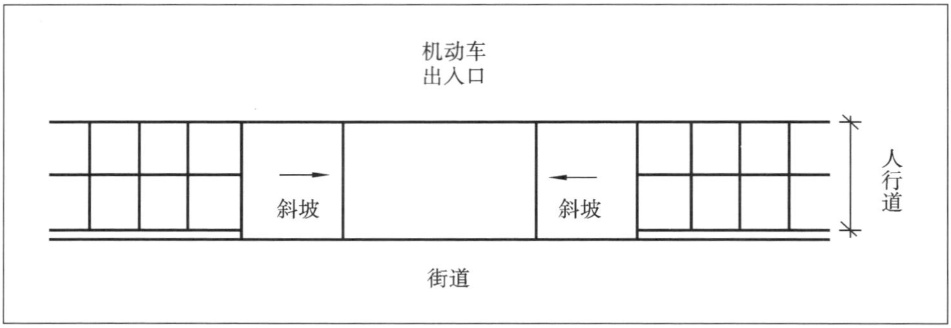

图 12　机动车出入口平行式缘石坡道

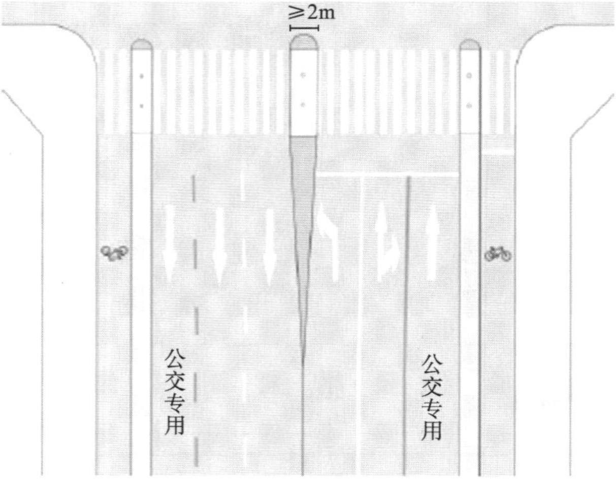

图 13　过街安全岛

图 14　利用机动车和非机动车分隔带设置过街安全岛

（2）过街安全岛宽度不应小于 2.0 m，最少不应小于 1.5 m，有自行车使用时应再增加 1 m。过街安全岛通过区宜与路面齐平，每隔 2 m 设置一个阻车设施。

（3）应优先使用垂直式过街安全岛。因条件限制通过区宽度不够时，可采用倾斜式和栏杆诱导式过街安全岛，并使行人过街方向面向机动车驶来方向（图 15 和图 16）。

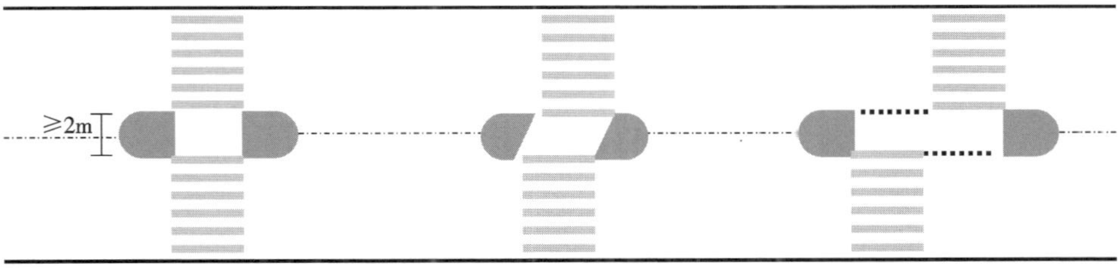

(a) 垂直式　　(b) 倾斜式　　(c) 栏杆诱导式

图 15　过街安全岛类型示意

(a) 垂直式　　(b) 倾斜式　　(c) 栏杆诱导式

图 16　过街安全岛类型实例

（4）道路无中央分隔带时，过街安全岛两端应设置防护设施，且其外侧应使用反光标志和“靠右侧通行”的标志。

（5）无中央分隔带的道路设置过街安全岛，可采用局部缩窄车道宽度、缩窄机动车和非机动车分隔带宽度等方法（图 17）。

（6）过街安全岛布置绿化时，应采用通透式配置，不得影响行人过街视线和机动车辆的视距要求。可选择树干较细的乔木，树冠底部距地面应大于 3 m，灌木高度宜小于 0.7 m。

6．滨水步道设计要求

（1）保证滨水步道的连续性，避免被横向城市道路阻断。当滨水步道低于城市道路时，应优先考虑桥下栈道的过街形式，并满足河道行洪断面、航道宽度和自

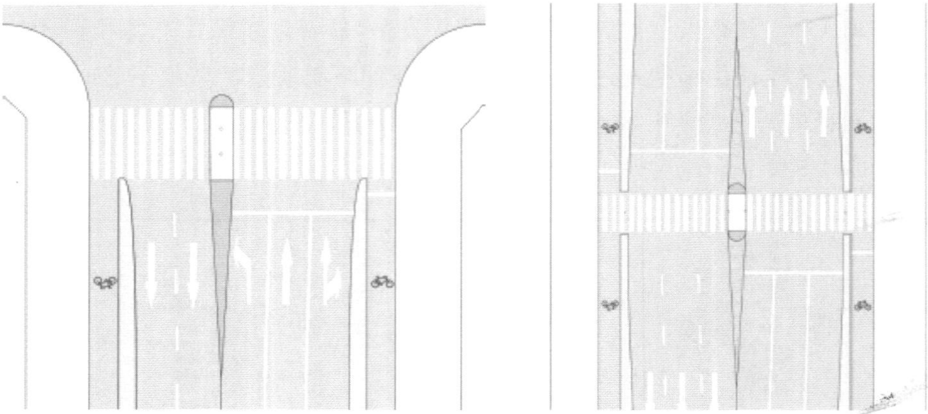

图 17　通过缩窄车道宽度、机动车和非机动车分隔带宽度增设安全岛

行车道净宽要求。当滨水步道与城市道路齐平时，应优先采用平面过街方式，并遵循行人过街期望线设置。设置平面过街有困难的，可采用桥下廊道或步行专用桥等立体过街方式(图 18)。

图 18　桥下廊道

(2) 滨水步道应与周边城市道路步行交通系统紧密衔接，鼓励设置跨河的步行专用桥，并考虑与自行车专用桥整合设计(图 19)。

7. 无障碍设施设计要求

(1) 城市各级道路均应进行无障碍设计。无障碍设施应沿行人通行道路布置，保证连续性和完整性，不得与周边建筑物大门、树木、市政设施等冲突。

(2) 在人行道设置的盲道应连续、平顺，避免局部缺失、打断或产生不必要的转折。工程管线井盖不应占用盲道(图 20)。

图 19　步行和自行车专用桥

(a) 井盖占用盲道给盲人带来不便　　(b) 盲道应保持顺直

图 20　盲道和井盖设施

（3）坡道和梯道两侧必须设置连贯的扶手，重点区域应设置无障碍双层扶手（图 21）。

图 21　无障碍双层扶手

(4) 在公共建筑主要出入口、公交站台、人行道中的台阶坡道和障碍物等处应设置盲道,并与人行道的盲道连通(图 22)。

图 22　盲道与公共建筑主要入口(左)和公交站台(右)连通示例

二、自行车交通设计

1. 自行车道设计要求

(1) 自行车道和机动车道之间应采用物理隔离,有条件的宜采用绿化带隔离。对于过街需求较大的生活性道路,可采用非连续性物理隔离的方式,且间隔距离不宜过大,防止机动车驶入自行车道(图 23)。

图 23　自行车道采用物理隔离

(2) 机动车单行道宜在机动车道与对向自行车道之间进行物理隔离。交叉口进出口道展宽段范围内,机动车道与自行车道之间应进行物理隔离。

(3) 自行车道与人行道应分开设置,保证行人安全。

(4) 在宽度大于 3 m 的自行车道入口处应设置阻车桩，以阻止机动车驶入。阻车桩宜选用弹性材质，粘贴醒目的反光膜，确保安全(图 24)。

(a) 无阻车桩时机动车在自行车道上停车　　(b) 设置阻车桩阻止机动车进入

图 24　宽度大于 3 m 的自行车道入口处应设置阻车桩

(5) 自行车道上，雨水井篦子的栅格方向应与自行车行进方向垂直(图 25)。

(a) 栅格方向与自行车行进方向平行容易卡住自行车轮胎　　(b) 栅格方向与自行车行进方向垂直保证自行车行驶安全

图 25　自行车道上雨水井篦子

(6) 自行车道宜采取外绕公交停靠站的设计模式。当道路有机动车和非机动车分隔带时，公交站台可设在分隔带上；当道路无分隔带时，可在分隔线位置加设公交站台(图 26)。

(7) 道路设有路侧停车带时，宜在自行车道与车辆停放区之间设置开门区，宽度不宜小于 0.5 m，保证路边停车与自行车之间相互无干扰(图 27)。

2. 交叉口自行车交通设计要求

(1) 自行车过街带应设置醒目的标志或地面标线，强化自行车的通行路权(图 28)。

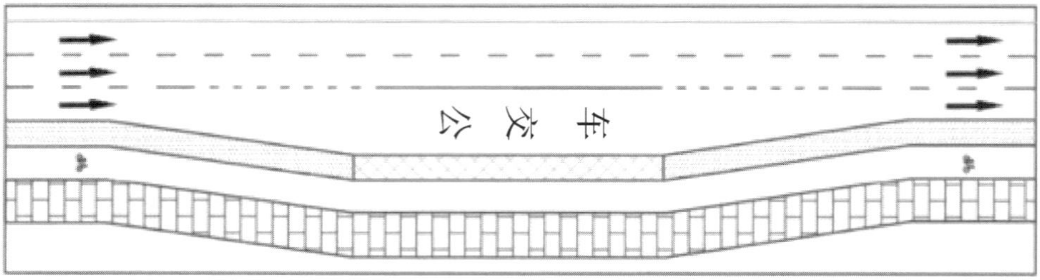

(a) 公交站台设置在隔离带

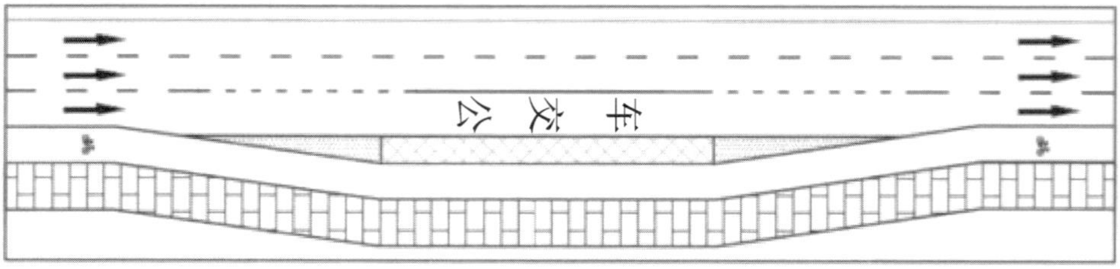

(b) 公交站台设置在隔离线

(c) 自行车道外绕公交车站

(d) 自行车道路面抬高至与人行道平齐

图 26　自行车道与公交停靠站协调设计

图 27　路边停车与自行车道互不干扰

图 28　自行车过街带

(2) 鼓励采用交叉口处自行车停止线提前的设计方式；自行车有单独信号控制且实施信号优先的，可将自行车停止线布置在机动车停止线之前（图 29）。

图 29　自行车停止线布置

(3) 在机动车流量少、交叉口尺度小的位置，左转自行车可随左转机动车一次过街。

(4) 在交通性主干路、次干路和生活性主干路的交叉口，不宜采用自行车左转一次过街的形式。应因地制宜设置自行车左转待转区，并降低对其他各类交通流的影响（图 30）。

3. 自行车停车设计要求

(1) 自行车停车设施宜结合设施带、绿化带或建筑前区设置，宽度取 2.0～2.5 m，斜向放置时可取 1.5 m，应有明确标识，有条件的宜配置停车架、雨棚等设施（图 31）。

(2) 生活性道路应在设施带、两侧分隔带或建筑前区划定专门用地设置自行

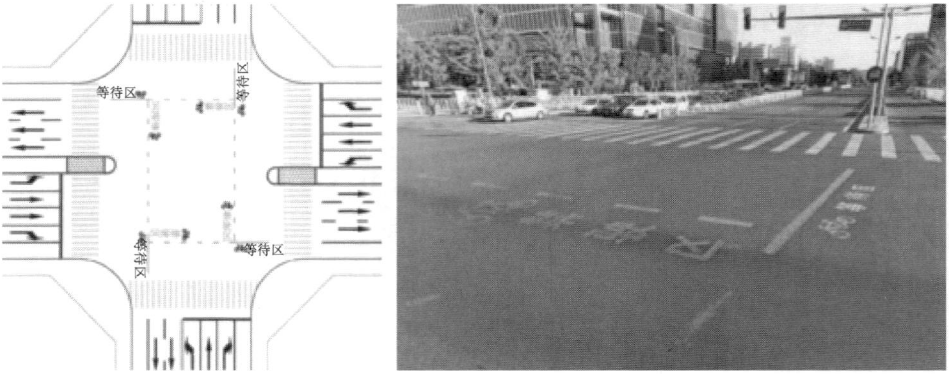

图 30　自行车过街左转待转标线设计方式

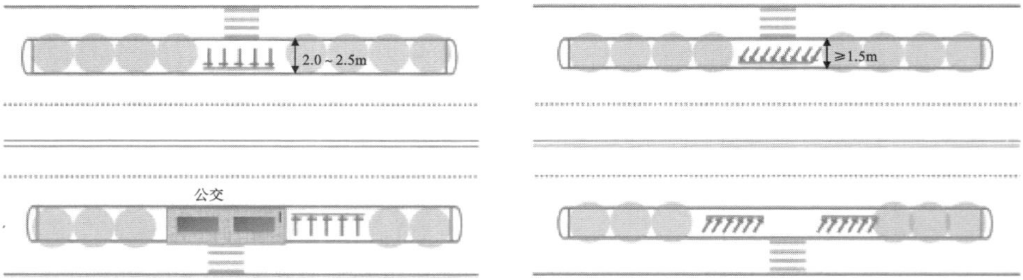

(a) 垂直式　　(b) 倾斜式

图 31　自行车停车设施结合绿化带、设施带设置示意

车停车设施，宜采用一车一架的形式，不得占用人行道(图 32)。空间不足时可采用斜向停车方式。

(a) 自行车随意停放(反例)　　(b) 一车一架(正例)

图 32　自行车停车设施设置

三、轨道站点周边交通设计

1. 进一步校核、优化、落实总体设计阶段确定的近端出入口、远端出入口、步行廊道连接口及其通道的位置和形式

(1) 根据预测客流量大小校核出入口及通道宽度，一般取 3～6 m；若出入口同时承担过街功能，应适当加宽。

(2) 轨道站点出入口宜结合沿街建筑出入口一同设置，避免占用街道空间，并且应尽量设置在侧街，避免设置在沿线人流较大的主街。

2. 轨道站点与周边主要开发地块及换乘场站之间应有独立、便捷、连续的步行联系(图 33)

(1) 轨道站点核心区范围内步行和自行车过街设施间距不宜大于 200 m。

(2) 自行车停车场与站点出入口的步行距离宜控制在 50 m 以内。

(3) 公交换乘场站与站点出入口的步行距离宜控制在 100 m 以内。

(4) 出租车上下客区与站点出入口的步行距离宜控制在 150 m 以内。

(5) 小汽车停车场与轨道站点出入口的步行距离宜控制在 200 m 以内。

(6) 步行系统应尽量打通封闭性大院和绿地，增强轨道站点的步行可达性。

(7) 步行系统设计遵循人车分离原则，并与公共空间结合，综合考虑遮阳挡雨设施、街道家具、铺装、标识等设置，保证步行空间的品质，满足全天候使用需求。

图 33　轨道站点设置

(8) 轨道站点周边自行车道网络应与步行系统同步设计，并结合城市公共自行车系统、绿道系统等形成连续的自行车交通系统。自行车换乘量大的轨道站点，可因地制宜开辟自行车专用道系统。

3. 换乘场站设施布置及交通组织设计要求

（1）自行车换乘设施宜采用分散布置的原则，一般宜布置在轨道站点出入口附近的场地内，并与居住区停车场、公共自行车停车场等统一设置（图 34、图 35）。

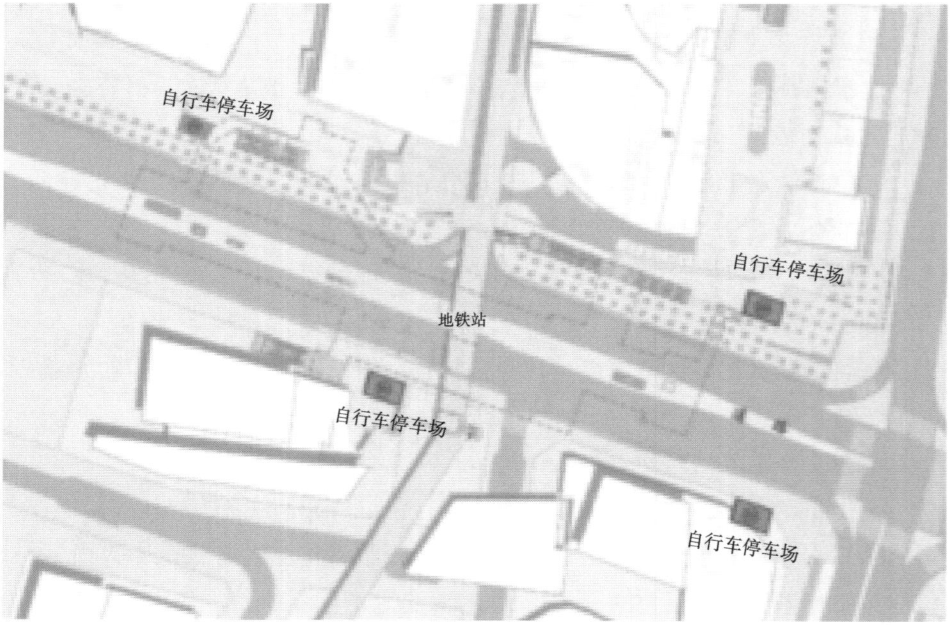

图 34　自行车停车场布置示例

图 35　自行车换乘及自行车车行道

（2）公交枢纽或场站出入口不得设在人行横道、公交停靠站及桥隧引道处，不应设在交通性干路上，可设在生活性次干路或支路上，且距离交叉口停车线至少 50 m。公交场站行人出入口应与车辆出入口分离设置，行人出入口应与轨道站点站前广场或人行步道连通。

（3）公交停靠站的上下客区应尽量布置于乘客无须穿越车道的位置。当轨道站点出入口采用分离方式时，公交停靠站应配合分设上客处和下客处，经过场站内部的公交车道应尽量采用单向形式。

（4）出租车停车场的出入口应尽量设置在支路或次干道上，也可开辟专用通道与主干道相连，停车场出入口距离交叉口停车线不小于 80 m。

(5) 小汽车停车场的设置应尽量结合其他场站设施空间进行立体式布置。条件允许的情况下,停车场应尽量与轨道站点的站厅相连,或通过连续的步行通道与轨道站点出入口相连。

四、公共交通设计

1. 常规公交停靠站布局要求

(1) 新建道路的公交停靠站宜设置在交叉口的出口道,并与出口道展宽段进行一体化设计(图 36);改建交叉口不便在出口道布设公交停靠站时,可将直行或右转公交线路的停靠站设在进口道,并与进口道进行一体化设计(图 37)。

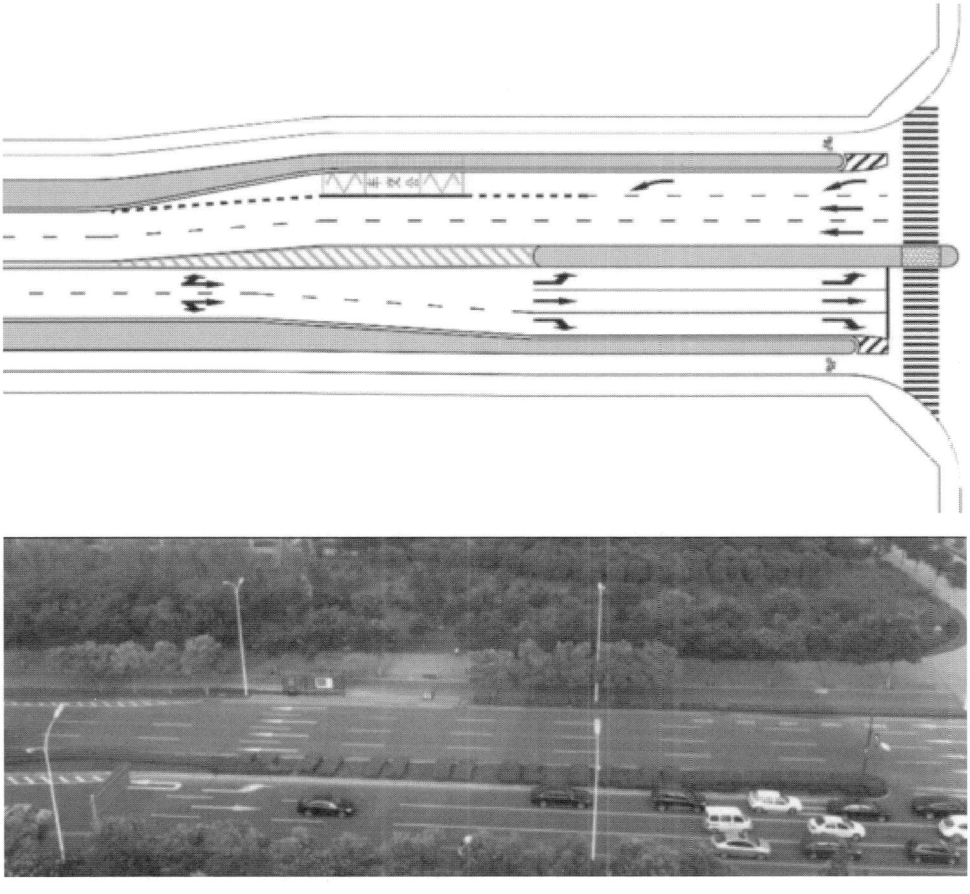

图 36　公交停靠站与出口道展宽段进行一体化设计

（2）在一个信号周期内，因出口道停靠站的公交车排队数量过多而溢出到交叉口时，应进行设计调整，可将停靠站改在进口道，并将交叉口拓宽，实行一体化设计。

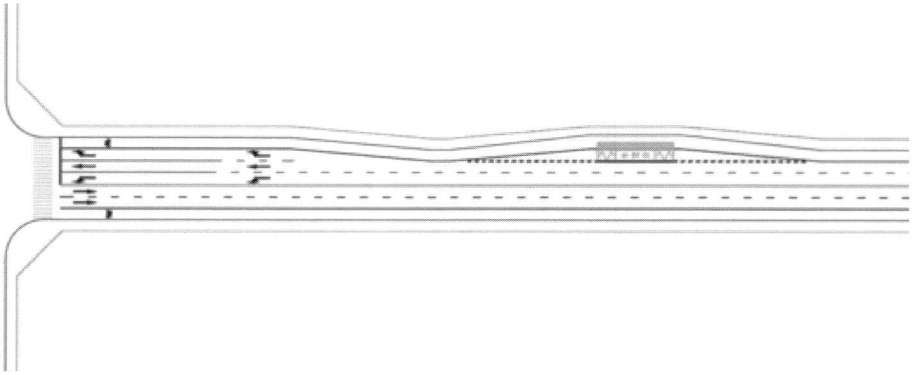

(a) 拓宽车道未与公交停靠站一体化设计(反例))

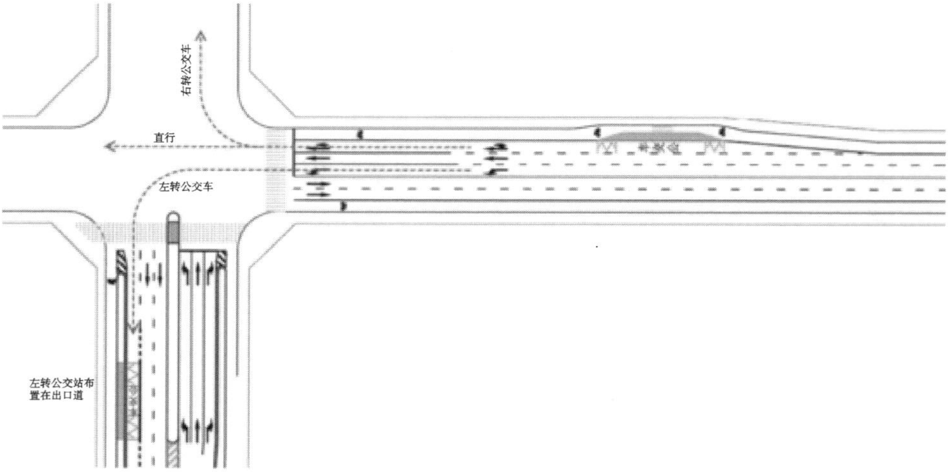

(b) 拓宽车道与公交停靠站一体化设计(正例)

图 37　拓宽车道与公交停靠站做一体化设计

（3）路段设置公交停靠站时，应尽量选择背向错开形式（尾尾对接，图 38），且两站台中点错开距离不小于 60 m，同时应在停靠站上游设置行人过街横道。当公交车辆排队数量过多妨碍行人过街时，应选择头头对接形式。

（4）头头对接公交停靠站与其下游的人行过街横道要满足视距要求，两站沿车辆行进方向迎面错开 30 m（图 39）。

（5）公交候车亭立柱可设置在靠近车行道一侧，以提高站台空间的利用率，保障上下车乘客快速疏散，同时避免站台与人行道被广告牌等阻隔（图 40）。

图 38　路段公交停靠站的尾尾对接设计

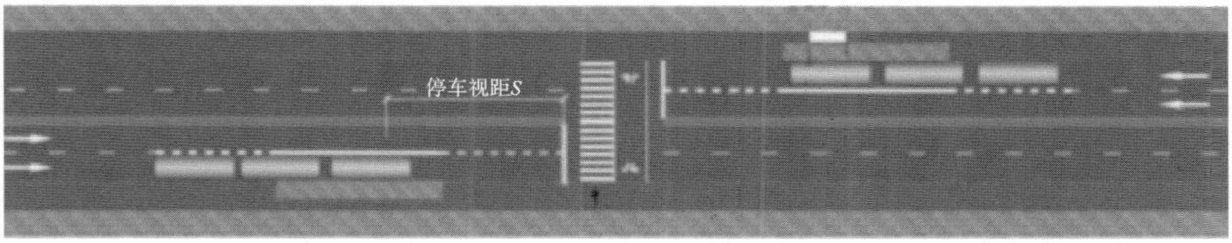

图 39　路段公交停靠站的头头对接设计

图 40　通透式公交候车亭设计

2. 普通公交停靠站站内设施设计要求

（1）站台宽度不宜小于 2 m，条件受限制时，不得小于 1.5 m；且周边人行道应注意铺装平整、排水良好。

（2）停靠站及周边应有明显的标志，并应结合灯杆、候车亭等设计。停靠站的造型和色彩宜和周边景观相协调（图 41）。

（3）站牌的交通信息应全面（含线路图、站名、时刻表等）、清晰、明确。

（4）车站信息牌、候车亭内和上车通道应保持良好的照明条件，照明设施可与候车亭一体化设置，也可利用原有街道照明设施。

（5）乘客人数较多、等车时间较长的停靠站和天气炎热或多雨雪地区的停靠站应提供雨棚和座椅；雨棚应通透且大小满足候车人数和提供公交信息系统的尺寸要求；挡风板应考虑主要风向。

（6）在停靠站、车辆和线路上应提供动态信息和静态信息。动态信息设施包括电子信息牌、自动语音报站和掌上终端设备等。静态信息设施包括停靠站和车辆信息牌，提供时刻表、地图、线路图、应急指示等必要信息。鼓励使用智能公交信息系统，显示线路信息、下一班次到达时间或到站距离以及延误等信息。

图 41　公交站设施

3. 普通公交停靠站站外设施设计要求

（1）普通公交停靠站应避免上下车客流影响步行通行空间的正常使用；普通公交停靠站旁可通过绿化等方式提高环境质量和舒适度；在客流量大的换乘站周边宜提供方便的公共设施，如零售店、公共厕所、公共电话、出租车车站等，但不应占用道路通行空间。

(2) 停靠站候客站台与建筑边界之间应设计良好的步行系统(如多雨地区可设置带雨棚的人行道),以提高公交的吸引力和舒适性(图 42)。

图 42　公交停靠站与建筑边界衔接设计

(3) 停靠站乘客换乘自行车的需求量较大时,应进行停靠站与自行车换乘的衔接设计,设置自行车停放区、公共自行车租赁区等(图 43)。其中停放区和租赁区不得占用步行通行空间和乘客候车空间。

图 43　公交停靠站周边的公共自行车停放点

(4) 典型公交停靠站周边要素一体化设计示例如图 44 所示。

4. 路段公交专用道设计要求

(1) 公交专用道分为路中式和路侧式:路中式专用道更利于公交快速通行,需要专门的路中车站及其与人行道的衔接设施;路侧式专用道便于设站,但易与进出

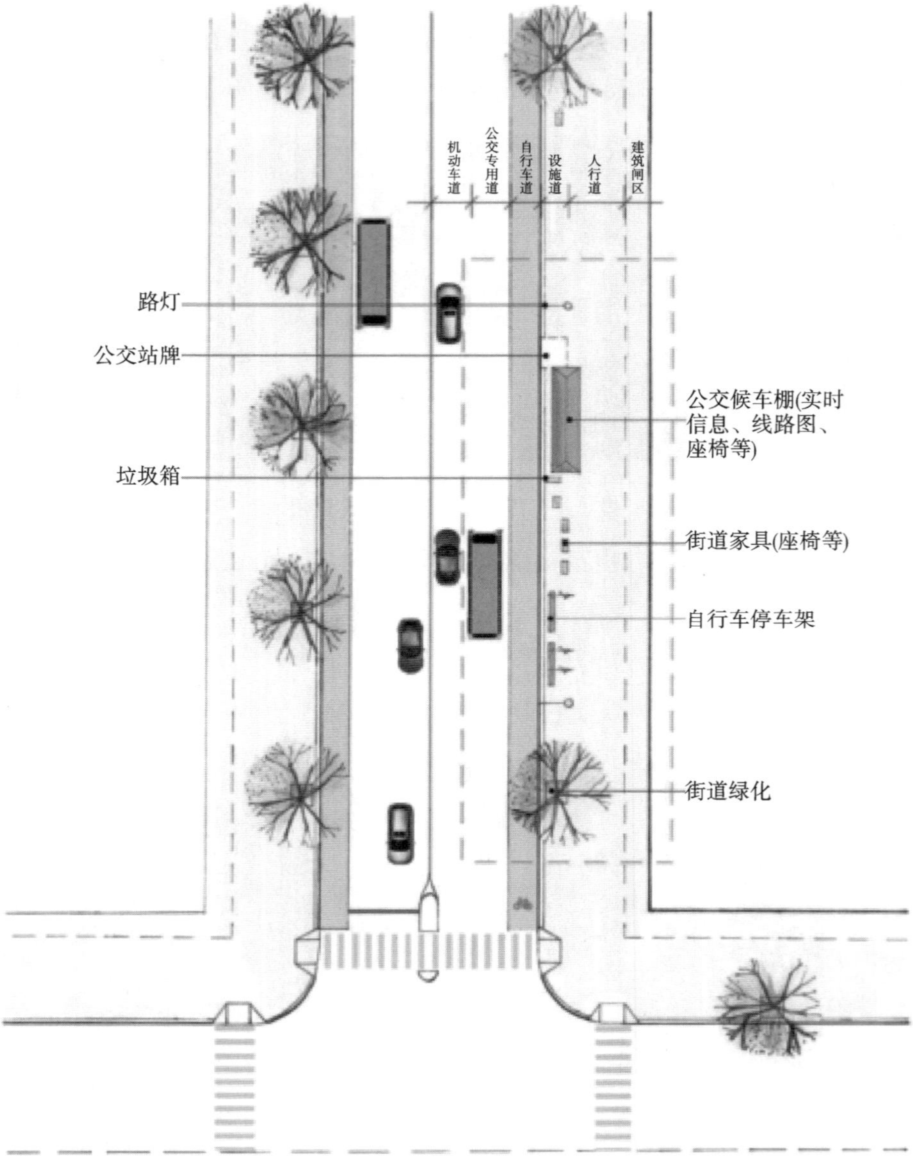

图 44　典型公交停靠站周边要素一体化设计示例

道路的其他车辆发生冲突。

(2) 宜优先采用路中式公交专用道。当采用路侧专用道时，应减少沿途机动车出入口对公交运行的干扰、公交车出入站与社会车辆通行之间的干扰。

(3) 应通过物理分隔、醒目的标识标线和违章监控等手段保障公交车专用路权(图 45)。

图 45　公交专用道标识设计

五、交叉口详细交通设计

1. 交叉口应采取较小的路缘石半径

生活性道路上有自行车道的交叉口,缘石半径可不大于 5 m,无自行车道的缘石半径不宜大于 10 m,并应配套设置限速标识或采取其他稳静化措施(图 46)。

图 46　有自行车道的生活性道路采用较小的交叉口缘石半径

2. 改造为小半径交叉口

对于交叉口半径过大的生活性道路,可采取标线、铺装等多种方式将其改造为小半径交叉口(图 47)。

图 47　小半径交叉口改造的设计实例

3. 应尽量减少交叉口渠化给行人过街造成的不便

需增加交叉口车道数时，优先采用缩窄机动车道等措施，不得侵占步行道和自行车通行空间。

4. 交叉口内机动车标线设计要求

(1) 应选取适当轨迹画左转弯导向标线，规范左转弯车流；当交叉口范围较大，且进口道中心线有偏移时，应画出直行车流的行驶轨迹导向标线，引导车辆规范行驶(图 48)。

图 48　交叉口内部导向线设计

(2) 在交叉口内各方向交通流行驶轨迹之外的区域，应画出导流渠化标线(图 49)。

(3) 当直行进口道向右侧偏移且左转车道从直行车道分出时，宜采用“鱼肚形”导流渠化标线(图 50)。

图 49　交叉口导流渠化标线

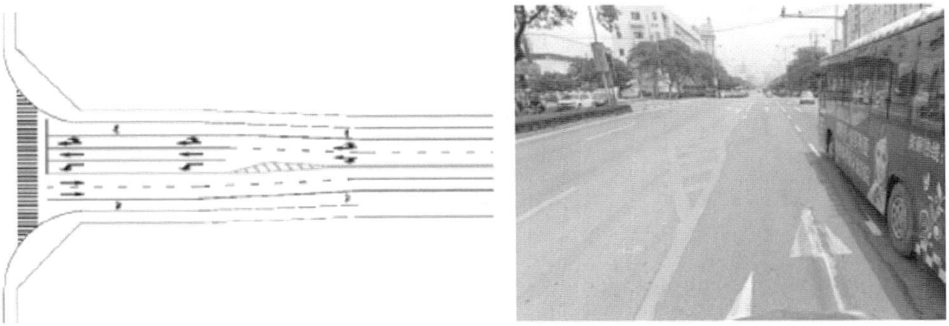

图 50　“鱼肚形”导流渠化标线

5. 交叉口右转导流岛设计要求

(1) 交叉口处右转导流岛的设置容易降低步行人群和自行车人群的安全性及便捷性,应谨慎设置。

(2) 畸形交叉口可设置右转导流岛,同时应设置右转机动车信号灯(图 51)。

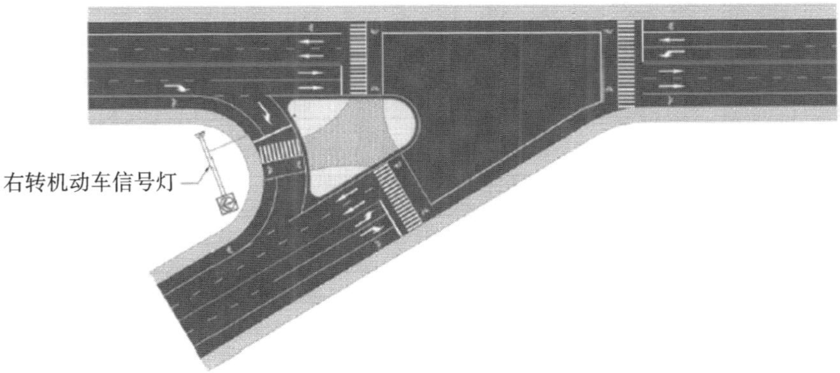

图 51　畸形交叉口设置右转导流岛及右转机动车信号灯

(3) 交通岛宜先用标线画出，实施一段时间后，可按实际车流行驶轨迹调整后构筑实体交通岛(图 52)。

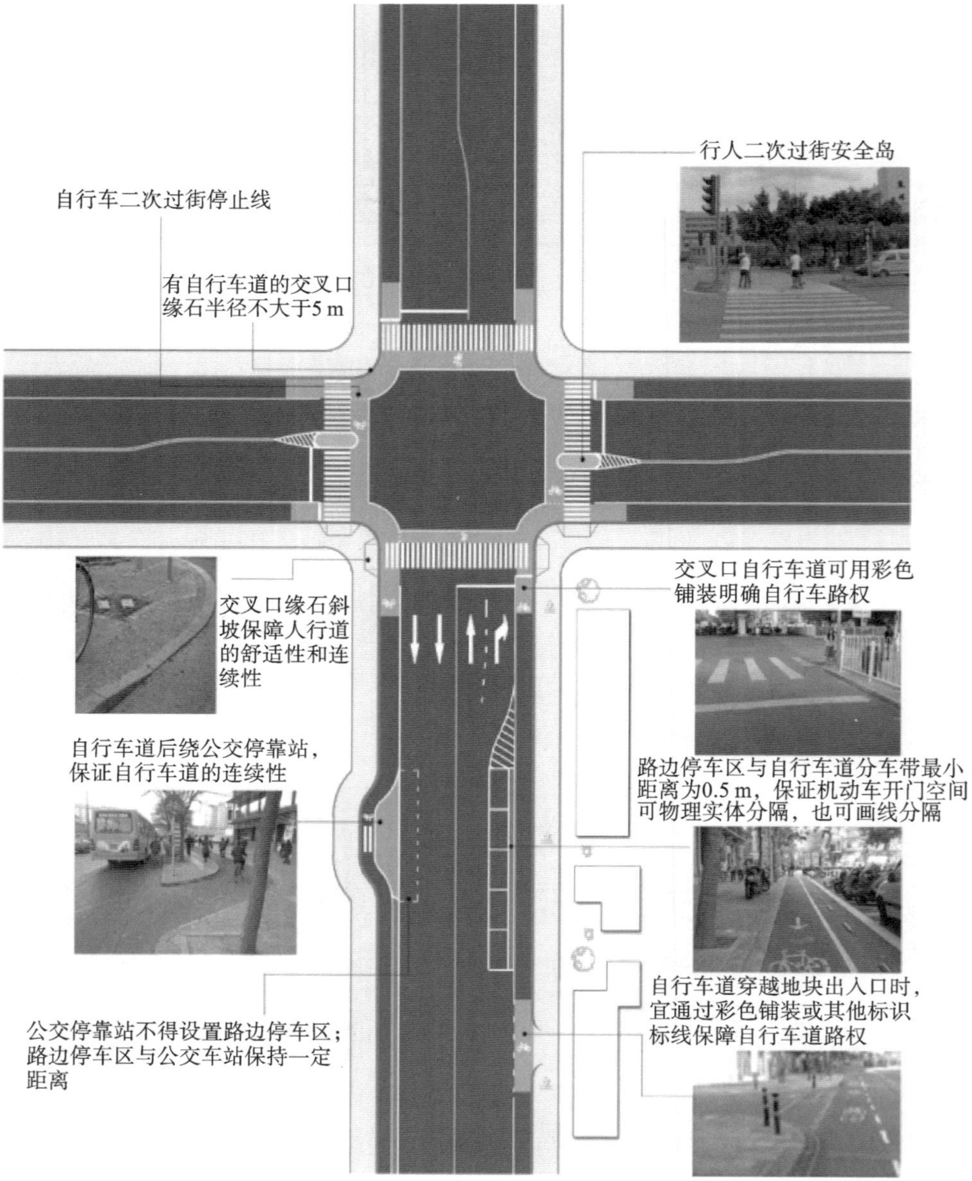

图 52　典型生活性道路交叉口设计示意图

六、路段机动车停车设计

1. 机动车停车设计要求

(1) 设置路侧停车位时，应按照车行道、停车带、机动车与非机动车隔离带、自行车道的顺序依次布置，不得占用自行车道或人行道停车(图 53)。

图 53　路侧停车泊位设置在自行车道外侧

(2) 建筑前区不宜设置机动车停车位，建筑出入口前不应设置机动车停车位(图 54)。

图 54　建筑前区不宜设置机动车停车位

(3) 路内停车位不得侵占行人过街空间或影响行人过街视线，应在过街人行道两侧 4 m 内画禁止停车标线，或在过街人行道处进行路缘石延展设计(图 55 和图 56)。

(4) 路内停车位不得侵占公交车的停靠位置，宜在公交停靠站前后画地面公交专属停车位标线或布设岛式车站。

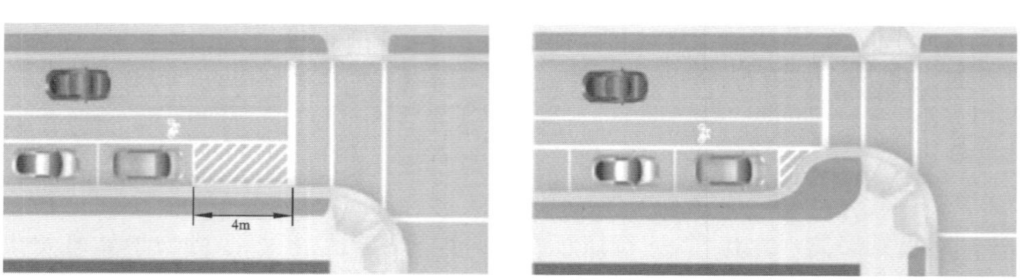

(a) 过街人行道两侧的禁止停车标线　　(b) 过街人行道处进行路缘石延展设计

图 55　过街人行道处路内停车位设计

图 56　过街人行道处路缘石延展设计实例

(5) 路内停车带使用率不高时，可将部分路内停车位调整设计为步行道、自行车道、公交车道、绿化带或公共空间，不宜将路内停车位改为机动车道(图 57)。

图 57　停车位改为公共空间

(6) 路内停车位设计形式包括平行式、斜列式和垂直式。采用平行式时，停车位与机动车道间宜留出 1 m(最小 0.5 m)的开门空间。采用斜列式和垂直式时，宜标明停车后车头方向朝向行车道(图 58)。

图 58　斜列式停车实例(停车后车头方向朝向行车道)

(7) 加强对停车位的管理，提高停车位周转率(图 59)。停车位包括全日停车位、平峰期停车位(即高峰期用作行车道)和短时停车位等。

(a) 高峰期禁止停车、平峰期限时停车　　(b) 客流集散地的限时停车指示标识

图 59　停车位限时管理实例

(8) 鼓励优先布置紧急车辆、残障人士、大客车、新能源汽车、超小型车的专属停车位以及生活性物品配送车辆卸货车位。残障车位、母婴车位和卸货车位应设置缘石坡道(图 60)。

2. 地块机动车出入口交通设计

(1) 设置机动车双向行驶的地块出入口车行道宽度宜为 7 m；单向行驶的地块出入口车行道宽度宜为 5 m。有特殊要求(如大型体育场馆、公交场站等)的地点

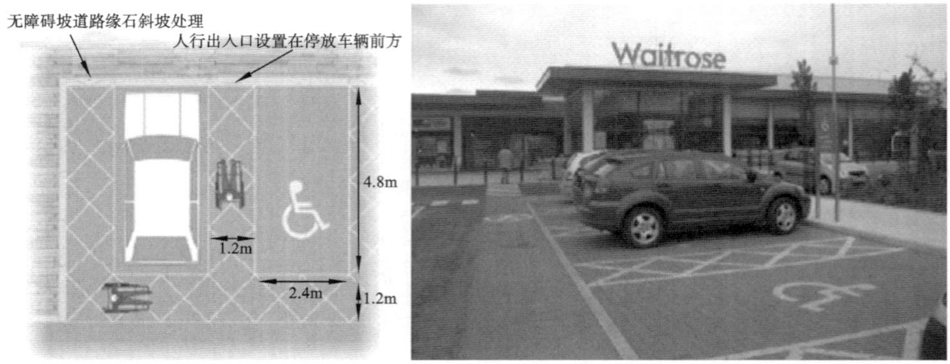

图 60　残障车位设计

可适当加宽。

（2）城市交通性干路沿线地块出入口应选择右进右出交通设计模式。当干路车流密集且地块出入口进出车辆较多时，应设置加减速车道，如图 61 所示。

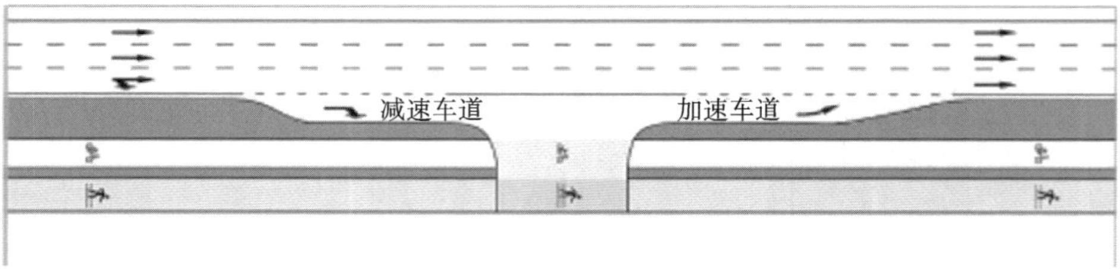

图 61　设置加减速车道的右进右出交通设计模式

（3）紧急救援类（医院、消防队等）和城市支路上、生活性次干路上的地块出入口可采用允许左转的通行模式（图 62）。

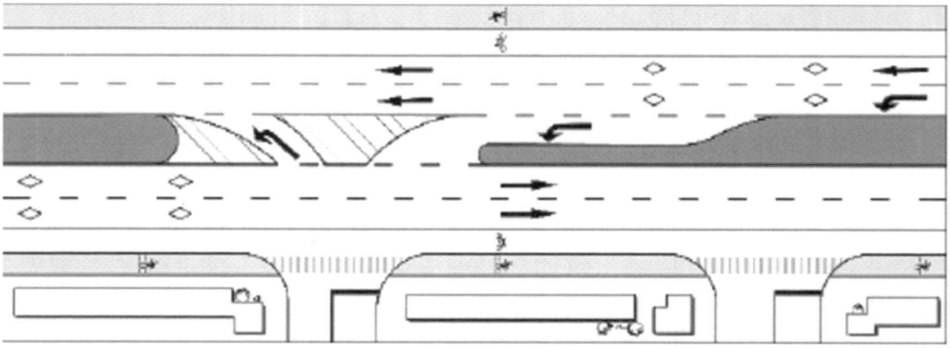

图 62　允许左转的通行模式的地块出入口设计

(4) 地块出入口的收费闸机距道路边界线应保持两个或两个以上车位的距离,避免等候车辆排队至城市道路上(图 63)。

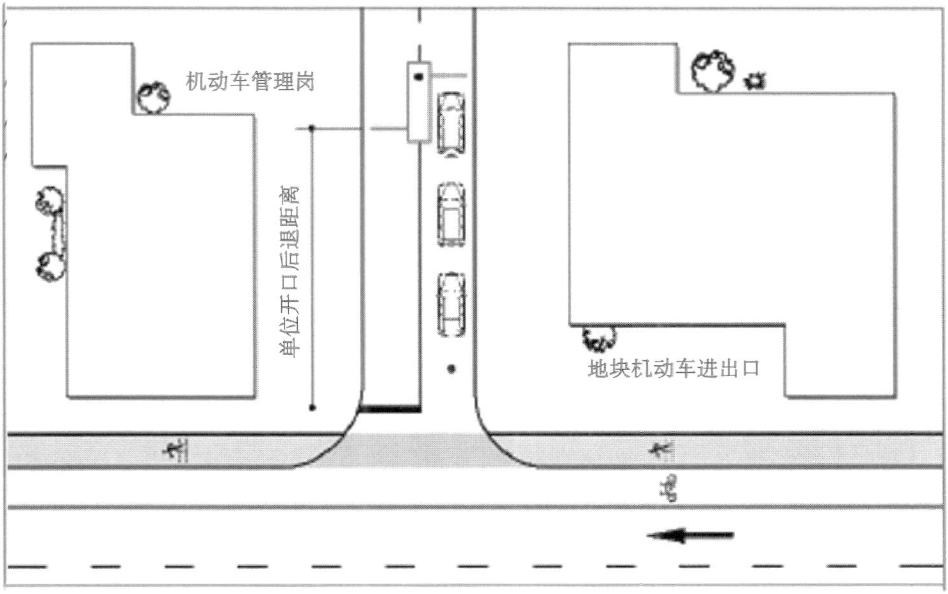

图 63　地块出入口

3. 交通稳静化设计要求

(1) 借助物理设施的设置和道路几何线形的调整,如采取道路线形的垂直偏移、水平偏移和收窄等措施实现对机动车车速的控制,改善行人和自行车的通行环境。

(2) 在行人和自行车交通流量较大的路段和交叉口、城市商业核心区、政务区、公共活动中心区、居住社区、医院、中小学等需要较低机动车车速和噪声的特殊地段,应因地制宜地采用稳静化交通设计,以限制机动车的流量和速度。交通稳静化常用措施及适用性如表 3 所示。常见交通稳静化设计实例如图 64 所示。

表 3　交通稳静化常用措施及适用性一览表

稳静化措施	适用性				
	支路	次干路	主干路	消防通道	公共交通线路
路拱	√	√			
人行道凸起	√	√			

续表

稳静化措施	适用性				
	支路	次干路	主干路	消防通道	公共交通线路
小型环岛	√	√			√
路段减速措施	√	√	√	√	√
行车道窄化	√	√			√
交叉口窄化	√	√			√
曲折的行车道	√	√		√	√

注:“√”表示适用,“空格”表示不适用

(a) 路拱

(b) 结合路段行人过街的路拱设计

(c) 交叉口人行道凸起

(d) 小型环岛

图 64 常见交通稳静化设计实例

(e) 路段减速措施

(f) 行车道窄化

(g) 交叉口窄化

(h) 曲折的行车道

续图 64

城市道路交通和停车的精细化设计与管理

城市道路交通和停车的精细化设计与管理已经推行多年，但一直存在着应用不普及的问题。发达地区往往做得好一些，但有些地区对道路交通和停车的精细化设计与管理甚至还没有提上日程。国内许多技术先进的城市在道路交通和停车的精细化设计与管理方面已有不少理论和实践经验。对比国外技术领先的国家，我国还有许多需要学习的地方。本文主要结合作者在日本期间通过持续的实地调查、文献查阅所掌握的第一手资料，对道路交通精细化设计和城市停车规划设计进行讲解。

我国大城市的停车问题越来越严重，停车难的问题正在或甚至已经向中小城市蔓延，而且没有看到解决问题的办法。这是非常令人担忧的事情。早在 21 世纪初，北京、武汉等城市的交通管理者和相关专家都提出甚至探索过“一车一位”的精细化管理方法，但都没有坚持实施。然而，停车难的问题在国外许多发达城市早已得到了解决。究其原因在于，在国外的那些城市，“一车一位制”早已成为惯例。本文将详细阐述日本是如何做到在全国范围内实行“一车一位制”，从而完全解决城市停车难的问题的。研究表明，一座城市的规范停车位必须达到车辆数目的1.3倍左右，城市停车难的问题才能得到解决。

一、道路交通精细化设计

（一）公交站台的精细化设计

这里的公交站台不是指公交发班的公交总站，而是指公交线路中途的公交站。一般来讲，公交站台分为两种布设方式：站点纵向布设和站点横向布设。两种布设方式都需要考虑是选用港湾式公交站台、直线式公交站台还是半港湾式公交站台，是采取挤压人行道的方式还是整体后退的方式。站台设计应依据实地情况进行精细化设计。

常规公交站台选择港湾式公交站台、直线式公交站台还是半港湾式公交站台，应依据道路的交通量、公交车流量及道路的断面形式进行精心选择。港湾式公交站台，公交车可以完全进入，对道路正常通行影响较小；直线式公交站台，乘客在车道上完成上下车，对道路正常通行影响较大；而半港湾式公交站台居于两者之间（图 1 和图 2）。

图 1　三种公交站台的形式

图 2　半港湾式公交站台

半港湾式公交站台是近年来的一种创新做法，起源于伦敦。其基本逻辑有二：一是港湾式公交站台内，公交车很难完全停靠至路缘石，造成了一定程度的浪费；二是公交车部分停入半港湾式公交站台，车道上的车辆稍微借道便可顺利通过。因此，半港湾式公交站台作为一种折中方案开始流行。

另外还需要说明两点。第一，日本城市道路多为沥青混凝土铺装，但为了防止出现车辙，站台采用水泥混凝土铺装，两种铺装的交接处排水做得比较精细。第二，单个站台停靠线路过多时，不会无限制地加长公交站台，而会分散设置多个公交站台，因为较长的站台会导致停车秩序混乱（图 3）。

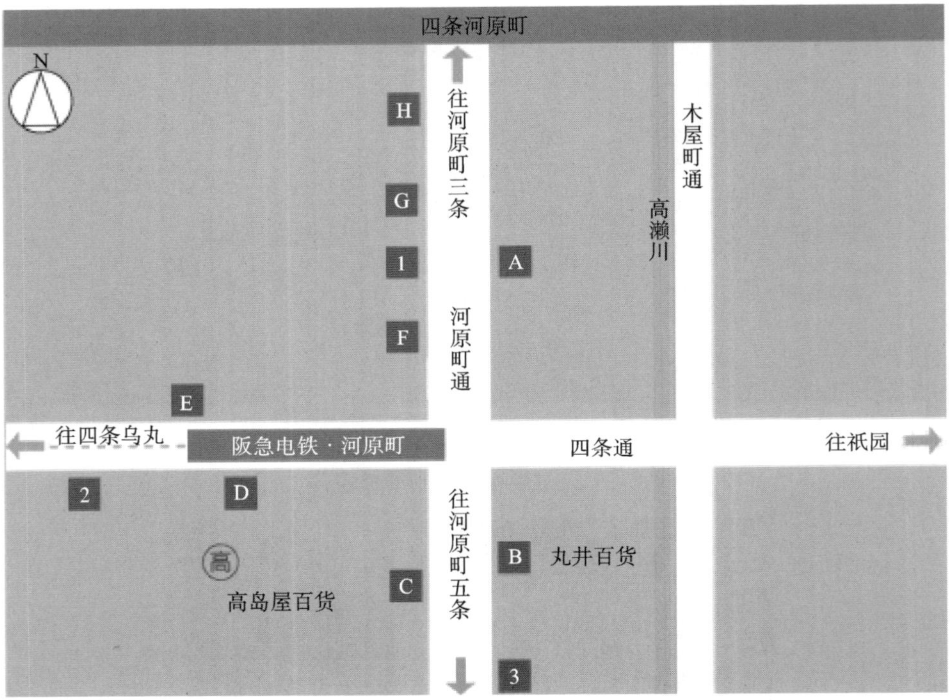

图 3　分站台设置

1. 站台雨棚设置避免干扰慢行交通

从构建连续慢行交通的角度来讲，日本公交站台最大的特点就是将顶棚往后挑，将立柱靠近路缘石设置，从而避免立柱对非机动车道和人行道的分隔（图 4）。

从慢行交通空间连续的角度来对比观察我国许多城市公交站台的设计（图 5），这种精细化设计无疑是值得推广的。

图 4　日本很常见的公交站台形式(直线式)

图 5　我国许多城市公交站台的设置破坏了慢行交通空间的连续性

2. 造型与城市特色相符

对于这一点，国内也非常重视，但日本目前做得比较讲究。比如，京都是古都，公交站台的主色调是棕色，屋顶用的歇山顶，显得典雅、肃穆(图 6)；名古屋是汽车城，公交站台的主色调是白色，屋顶用的平屋面，显得简洁、轻快(图 7)。同样的道理，其他市政设施如路灯杆、信号灯杆、座椅等都遵循同样的规则。这说明日本市政部门对交通工程设施的造型有专业的设计要求。

图 6　京都的典型公交站台样式

图 7　名古屋的典型公交站台样式

3. 经典的四面站牌设计

日本公交站台的站牌设计非常具有特色，也值得学习。

一种是经典的四面站牌设计：面向公交车的一面提示站名；面向候车乘客的一面提示到站信息；侧面 1 是公交时刻表；侧面 2 是公交线路图。可以看出，这种设计完全是从方便乘客使用的角度出发的精细化设计（图 8）。

除此之外，比较小的公交站台会设置简易的两面站牌，但也包含了关键的信息。

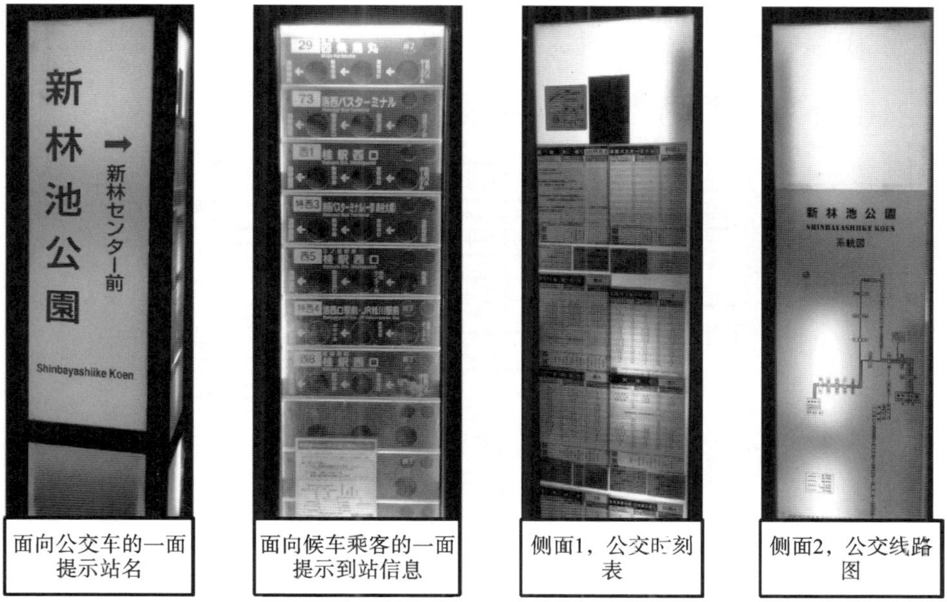

图 8　经典的四面站牌设计

日本公交站台也有商业广告，但是放在不影响乘客识别信息的次要地方。图 9 为名古屋公交站，公交站有三个挡板：左侧（非来车方向）为商业广告；前侧公示时刻表等信息；右侧（来车方向）为透明玻璃，方便乘客观察来车。

图 9　名古屋公交站的三个挡板设计

(二) 慢行(自行车)交通的精细化设计

慢行(自行车)交通的精细化设计如图 10 所示。

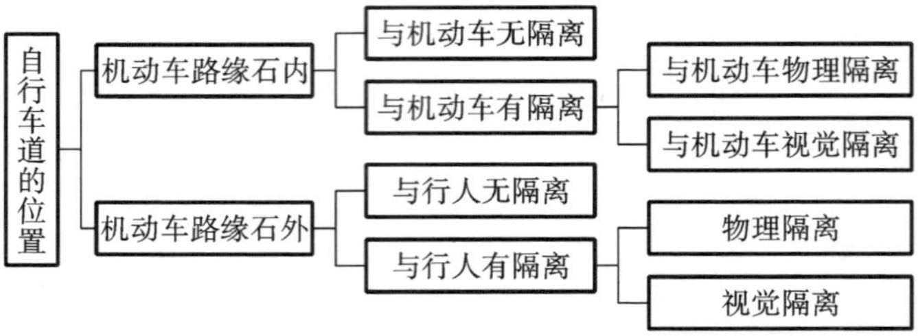

图 10　慢行(自行车)交通的精细化设计

二、日本城市的停车政策与静态交通管理

交通的本质是人和物的移动。但从交通的角度讲,不动的时间要远远多于动的时间。调查数据显示,我国普通家庭一台汽车平均每天的使用时间不超过 2 h。

静态交通是由公共交通车辆因乘客上下车而停车、货运车辆因装卸货物而停车、小客车和自行车等在交通出行中停车的行为构成的一个总的概念。虽然停车目的各异、时间长短不同,但都是动态交通的继续。

另外,随着以 ASCE(autonomous vehicle,shared vehicle,connected vehicle,electronic vehicle)为代表的新型出行方式的逐渐普及,静态交通将会有更加丰富的内涵。比如,新能源车还有停车充电的需求,这无疑也是静态交通的一部分。

我国在城市化进程前半期中,对静态交通的关注不够,因此随着私家车的普及,城市停车难、停车乱的矛盾日益突出,并成为市民关注的热点。停车问题受关注的程度甚至超过交通拥堵与交通事故。我国的静态交通问题涉及产业发展、公共政策、交通工程等多个方面,具有典型的系统性、混沌性的特征。

日本比中国早 40 多年进入机动化社会,在解决城市静态交通问题方面积累了许多经验。本节将以日本的静态交通为主要着力点,对日本城市的停车从管理、规划等维度进行叙述。

日本城市的停车问题可以说完全得到了解决,车辆管理得井然有序。

郊区的"一户建"(相当于国内的独门独户)家庭会自觉留出停车位置,不会侵占道路的公共空间(图 11)。

图 11 “一户建”居民均自觉在门前留出停车位置

市中心繁华地带遍布停车场,尽管很多停车场只有两三个车位(图 12)。

图 12 京都市中心上京区的某个小型停车场只有三个停车位

商家会配建足够多的停车位，甚至第一层完全不做成商铺，只用来停车(图 13)。

图 13　京都市西京区的一家餐厅，一楼完全作为停车场

因此，本节提出几个常见的问题，这也是国内研究静态交通的相关人士比较关注的话题。

(1) 日本人为什么要将车停在自家院子里？为什么不在院子中盖上房子，然后把车停到路边？

(2) 日本城市中心遍布停车场，是如何形成这样的格局的？是政府规划出来的吗？

(3) 日本商家为什么要将第一层设置为停车场？他们不想将一楼做成商铺吗？

以上问题都可以从日本的停车政策与静态交通管理层面来寻找答案。从策略上讲，日本在城市停车方面的经验对于缓解今日中国城市静态交通问题具有重要的指导意义。

1. 看得见的手：严格的停车法律管理

第二次世界大战后，日本经济高速发展，在汽车普及的过程中也曾经遇到过比较严峻的停车难问题。与目前国内情况相似，停车设施的不足使停车需求与停车资源供给形成了尖锐的矛盾。

标志性的事件是在1964年前后，以东京奥运会为契机，日本建立了较为完善的停车法律体系。这些法律确立了“购车自备停车位”的原则，这样既从源头上根治了停车的乱象，也倒逼了停车设施的建设。

日本法律规定，车主在购买汽车前，必须先拥有固定的停车位，否则不予上牌照。在日本买车，基本上都是由汽车销售商免费代客户上牌照，所以在预订车辆、交纳定金时，必须提交由车主居住地警察局出具的停车车位证明书。当然，固定停车位可以是自己拥有的，也可以是租借的。

车主购买车辆后，停车位证明标志必须贴在汽车后挡风玻璃的醒目处，以便有关部门随时检查(图14)。这一规定既限制了汽车数量的大幅增加，又较好地解决了停车难的问题。

14　京都市西京区警察局颁发的“保管场所标章”，说明此车有合法的停车位

日本在城市建设大范围开展之前提前谋划，较早地针对配建车位、公共车位及路边停车位制定了极其严格的法律。特别是确定了相对较高的车位配建指标，从而有效提高了车位供给量(图15和图16)。

日本人具有较为强烈的遵守法律的意识。日本没有专门的交通警察，人们凭公共意识自觉遵守交通法规。另外，对于交通违法行为，日本警察能够做到严格执法，这也促进了社会守法环境的形成(图17)。

图 15　京都市西京区某 711 便利店前按照规范配建了停车场

图 16　京都市最大的居住区之一洛西新城，1970 年业主入住，当时就配建了充足的停车位

图 17　京都市对违法放置的自行车坚决拖走，车主需要自己去保管场所领回，并缴纳罚款 2000 日元

2. 看不见的手：成熟的静态交通产业

日本的停车产业非常发达，停车场管理机制灵活、形式多样，静态交通产业在日本已经成熟，有效地发挥了市场的重要作用，从而提升了高地价城市土地的利用效率。

日本在市场经济体制下，有很多专门经营停车产业的株式会社（公司），它们主要的业务就是募集城市的空地并安装停车设备，并将盈利与土地所有者分成（图 18）。

另外，目前日本共享停车产业也在飞速发展。典型代表是一家叫作“akippa”的公司。这家公司通过手机 app 达成车位拥有者与车位使用者之间的交易，从而提升了停车位在空闲时段的使用率（图 19）。

3. 拥有但少使用：成功的交通需求管理

日本城市中心区域的停车费高昂，而公共交通极为发达，因此大多数人进城会采取驻车换乘（P＋R）的出行方式。也就是说，将小汽车停在郊区电车站附近的停车场，换乘电车进城上班（图 20）。

日本很多女性是家庭主妇，她们早上送家人到电车站上班后返回。日本人将这种通勤模式称为“K＋R”（kiss and riding），如图 21 所示。

日本城市中心高昂的停车价格（市场价格，政府不干预）事实上已经成为交通需求管理的具体措施，大量的车辆拥有者不在城市中心使用小汽车，即“拥有但少

图 18　日本三井会社经营的停车场，注意右下角的“驻车场用地募集中”

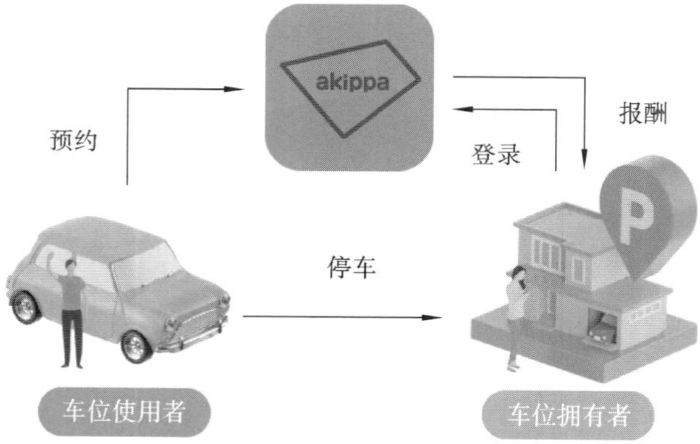

图 19　“akippa”公司的业务模式

使用”。这也在很大程度上缓解了城市中心的停车难题。

4. 日本市中心为什么会形成“芝麻撒大饼”式的停车模式

日本城市中心区域往往是“芝麻撒大饼”般遍布停车场，尽管很多停车场只有两三个车位。这种现象背后的原因是什么？

日本跟中国一样，目前人口流动性较强，很多年轻人远离老家，去东京、大阪等大城市工作和生活。但日本深受儒家文化的影响，对祖宅有深厚的感情，即使后代

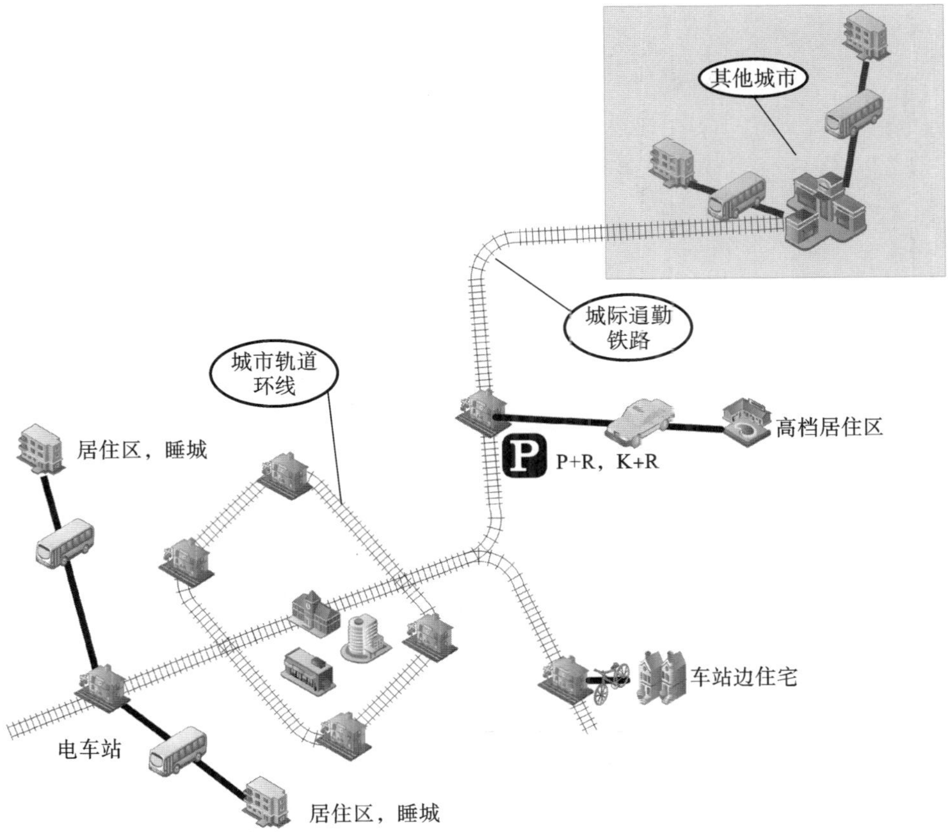

图 20　日本城市交通发展模式概念图

迁移了，仍想保留祖上留下来的宅基地。如果保留老房子，业主需要缴纳高额的固定资产税，并需要不断维修，即使租出去也亏钱，因此许多人把房子拆掉，只保留地。日本有专业的停车服务公司，土地拥有者将土地租给此类公司运营。公司赢利，个人赚钱，停车方便，一举三得。

另外，日本土地是私有的，政府很难将宅基地规划成停车场。因此，此局面不是在规划层面刻意形成的，而是市场调节所导致的土地利用性质的自然变迁。

在日本购买房产和持有房产的成本是很高的，房主去世后传给后代更是要缴纳高昂的遗产税。普通房子如果地段不是特别好，出租都亏本，更不用说闲置了。

房子拆掉后形成的空地被改造成停车场是很方便的，门口放一个收费机，每个车位加上地锁即可（图 22 和图 23）。

简易的停车场，甚至不需要收费机和地锁，直接按月收费租给旁边的住户（图 24）。日本称之为“月极驻车场”。

图 21　日本特有的“K+R”模式

图 22　京都市乌丸三条附近某个居民区内的停车场

图 23　日本常用的一种地锁

图 24　日本的“月极驻车场”

这样的停车场只用竖一块牌子，就可以收钱了，而且市中心的停车价格还不便宜。图 25 为京都乌丸三条一家叫作“Times”的停车场，停车费用如下。

周一到周五：9:00—15:00，每停 10 分钟 300 日元（约合 17 元人民币）。

周一到周五：15:00—次日 9:00，最初的 15 分钟 100 日元（约合 5.8 元人民币），以后每增加 30 分钟增加 300 日元（约合 17 元人民币）。

周一到周五，每天价格上不封顶。

周六、周日、国家假日：全天，最初的 15 分钟 100 日元（约合 5.8 元人民币），以后每增加 30 分钟增加 300 日元（约合 17 元人民币）。

周六、周日、国家假日：全天价格以 1600 日元（约合 93 元人民币）为上限。

图 25　京都乌丸三条一家叫作“Times”的停车场停车费用

京都大学本科毕业生每月平均收入约为 25 万日元（约合 1.45 万人民币），修士（相当于国内硕士）毕业生每月平均收入约为 30 万日元（约合 1.74 万人民币）。由此可见，停车费用还是很高的。

税收优惠制度：所得税、法人地价不动产固定资本税等各项税费都给予减免。

综上所述，日本这种“芝麻撒大饼”式的停车场布局模式的成因在于：日本房产建筑保养成本高，持有成本更高，在大量人口向大城市集中的浪潮中，很多日本人将老房子拆掉用于停车场建设，土地所有者可以获得停车费。由此可见，市场这只无形的手缓解了日本市中心停车难的问题。

5．政府对停车场的补贴

日本政府为了解决停车问题，对私人建设的停车设施也进行了资金和政策的扶持，包括但不限于以下几种。

补助制度：国家及地方政府针对不同类型的停车场给予建安费 1/4～1/3 的补助。

融资制度：从各类金融渠道给予支持，地方债券可提供 10%，无息贷款可提供 25%～50%，道路开发基金可提供 40%等。

6．日本买车限购吗

为了缓解交通拥堵问题，我国不少大中型城市已经开始通过各种手段对家用车辆进行限购，例如上海的车牌拍卖、北京的车牌摇号。

日本对车辆限购和限行吗？并没有。日本政府在社会运行中扮演的角色并不明显，存在感很弱。举个例子，摩托车在公安部门合法登记后，骑摩托车进东京不需要其他证明。

日本出台的政策是"购车自备停车位"。该政策在日本已经实行了 50 余年，早已深入人心，取得了良好的效果。所以无论是城市还是乡村，几乎很难见到占道停车的现象，如图 26 至图 29 所示。

停车管理做得不好，会产生停车难问题；停车管理做得好，可以以静制动，充分发挥其在出行需求管理方面的作用，从而成为全局性改善交通系统的抓手。日本的"购车自备停车位"政策既较好地解决了停车难的问题，又限制了汽车数量的大幅增加。

7．日本的路内停车是配角

车位的供应量与汽车的保有量之间并不是 1∶1 的关系。一辆汽车晚上需要停在家里，白天停在单位，这就需要两个停车位。考虑到部分车位是共享的，国际经验表明，车位供应量与汽车保有量的比例以 1.3∶1 为宜。停车位的供给主要来源于三个方面：配建车位（工民建项目配套的车位，如小区配建的车位）、路外公共停车位及路内公共停车位。一般的研究结论是，上述三种类型的车位合理的占比为：配建车位 65%，路外公共停车位 30%，路内公共停车位 5%。由此可见，解决停车问题主要依赖建筑物配建车位，而路内公共停车位是绝对的配角。

国内许多城市在路内设大量停车位的现象，应该引起足够的重视，并逐步改正过来。例如国内某省会城市，其车位中 89.6%是配建车位，公共停车位中有 53%

图 26　京都锦市场附近的道路无乱停乱放

图 27　京都大学桂校区旁的峰堂道路无乱停乱放

图 28　京都西京区大枝西新林町(郊区)的道路无乱停乱放

图 29　京都西京区大原野村的道路无乱停乱放

位于路内(图 30)。更为严重的是,其城市中心区域几乎没有配建车位和公共停车场,大量的城市中心区域的道路用来停车。

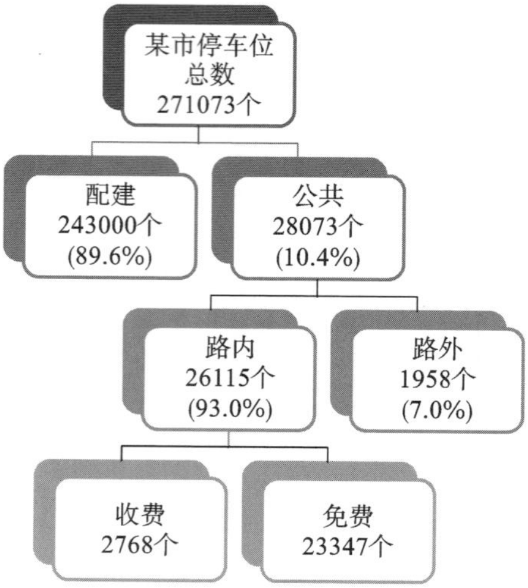

图 30　国内某大城市停车位统计资料

路内停车对城市交通系统有什么不良的影响呢?

第一,影响通行能力,特别是相邻车道的折减。

美国《道路通行能力手册》(*Highway Capacity Manual*,HCM)中,关于车道饱和流率的计算中有 9 个折减系数,路侧停车即为其中之一。正常开车时前方突然有路内停车,后面车主只能绕到相邻的车道,这就是对路段通行能力的折减。

第二,干扰慢行交通,特别是非机动车。

停车对慢行空间的侵占在国内和国外都非常常见。一方面,车辆确实有临时停放的需求,另一方面,正是由于国内交通管理部门目前还是以保证机动车通畅为主要目标,因此路内停车位大量占用非机动车道或者人行道(图 31)。

需要注意的问题是,按照道理来讲,图 31 所示的非机动车通行环境本来是很不错的,非机动车道宽度至少有 4.5 m,完全满足国家规范的要求。但仍然有大量的非机动车道行驶在机动车道上,除了市民的交通意识外,与机动车占用非机动车道也有很大关系。

第三,延误紧急救援,特别是消防急救。

市中心道路狭窄,如果因停车堵塞了道路,那么将对消防、急救等紧急救援非常不利。

日本的路内停车非常少见,不管是合法的停车还是非法的停车,都非常少。以

图 31　我国某城市机动车停车位占用非机动车道

图 32 所示的京都市为例。

设置目的：在路外停车场不足的地区，出于业务目的等不得已的短时间停车需求，设定限制时间的路内停车位，调整停车秩序。

车位数量：整个京都市有 131 个路内停车位，全部集中在热门景点附近，且以巴士停车位为主。

京都市内所有的路内停车位采取的收费方式分为两种：一种是停车咪表，另一种是停车票(图 33)。

路内停车有时间限制。每次最多只能停 60 分钟(图 34)，若超时，警察会进行处罚或者把车拖走。

在 60 分钟以内，每次收费 300 日元(约合 17 元人民币)，利用停车咪表和停车票支付，不开收据。

同样，京都周边城市，如名古屋、神户也零星地设置了一些路内停车位，也是数量少、价格贵、允许停车时间短(图 35)。

8. 日本的共享停车位

日本在推广共享经济方面较为困难，这有多方面的原因。首先，日本有强大的

图 32　京都著名旅游景点东寺旁边的巴士停车位

图 33　京都著名旅游景点东寺旁边的停车票售卖机

图 34　京都著名旅游景点东寺旁边的停车标志

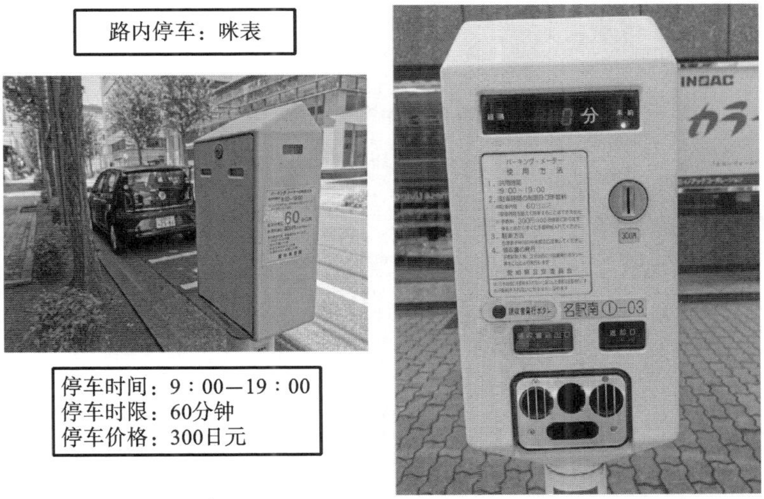

图 35　名古屋站南侧的路内停车位及咪表

财团，他们不愿意打破原有的经济体系，这是主要原因；其次，日本有强大的工会，共享经济会威胁传统模式从业者的利益，从而引起罢工甚至社会动荡；再次，日本人认为利用手机支付，使用共享单车和雨伞等会暴露隐私。

日本一款名为“akippa”的停车场预约 app，反映了日本在共享停车方面进行的很多探索。

该软件的核心功能是在车位使用者与车位拥有者之间进行匹配，使用者通过该平台预约车位并支付停车费，然后将车辆停在相应车位上（图36）。

图36　akippa中车位拥有者场景

假如，某人每天白天9:00—19:00上班，家里的车位是空闲的，就可以将该车位挂到akippa上公认租用。

而另一人正好那天在9:00—19:00要去附近办事，需要预约停车位，那他就可以通过该软件预约。其使用也很简单，只需要搜索、预约并结算和使用三个步骤（图37）。

图37　akippa驻车场预约的简单三步

9. 日本停车诱导系统

停车诱导系统(parking guidance information system)是指以多级信息发布为载体,实时提供停车场(库)的位置、车位数、空满状态等信息,指引驾驶员停车的系统。国内一般采用的是三级诱导标志,分别显示路网、路段和停车点。

停车诱导系统的作用有很多。首先可以调节停车时间和空间分布,提高停车设施使用率。如图 38 所示,某地下停车库入口处路内停车位停满,同一时刻地下停车库却空空荡荡。

图 38　某城市的地下停车库利用率显著低于周边的地面停车位

其次,可以减少因寻找停车场而产生的道路交通量,减少停车的等待时间、提高整个交通系统的效率。有研究表明,我国中心城市中约 20%的交通量属于无效交通量,其中就包括因寻找停车场而产生的交通量。

最后,在改善停车场的经营条件以及增加商业区域的经济活力等方面均有重要的作用。现在人们去商业区玩,停车方便与否在很大程度上是决定人们是否出行的主要因素。上海五角场商业区的停车诱导系统如图 39 所示。

日本大型停车诱导标志设置不多,但都比较精细。图 40 是名古屋市中心荣附近的某一级诱导牌,路网上标出了停车场的位置,并用红色与绿色来表示车库的满与空。

日本小型停车诱导牌很多,由图 41 可以明显看出,这显然不是市政单位建设的,而是广告招牌的一部分。

本节介绍了日本解决城市停车难问题的经验,可供我国城市规划、建设与管理部门参考。第 1、3、4 条是日本解决停车问题的关键,分别是停车法律管理(购车自备停车位)、交通需求管理、"芝麻撒大饼"式的停车模式,这三个方面日本做得很好。第 7、8、9 条分别是路内停车、共享停车位和停车诱导系统,日本学术界很少讨

图 39　上海五角场商业区的停车诱导系统

图 40　日本名古屋市中心荣附近的某一级诱导牌

图 41　日本京都商家设置的诱导牌

论，工程界做得也没有国内多。但是需要强调的是，这三个方面日本做得不多，需要也不迫切，正是前三个方面做得好的结果，这个问题要辩证地看待。

后　记

一本书在出版过程中，作者和编辑的付出是不言而喻的。如果您喜欢本书，且本书对您的工作有所帮助，就说明本书的出版是有意义、有价值的。

半年前，我们到河南省驻马店市泌阳县泰山庙镇赵庄村去践行、检验了本书所阐述的理论与方法。现在，我们可以骄傲地告诉读者，我们的实践是成功的。在我们的指导和帮助下，驻马店市城乡规划勘测设计院为我们选择的示范村编制多规合一的《泌阳县泰山庙镇赵庄村村庄规划》，该规划以其科学性、先进性、实用性被推荐为河南省优秀农村规划设计。尤其令人高兴的是，我们助力乡村产业振兴、文化振兴、生态振兴、人才振兴、社会振兴、组织振兴，城乡融合发展、村庄建设、生态和传统宜居环境建设的实际行动已经取得了当地村民、村“两委”、政府及有关部门的完全理解、认可和支持，而且初见成效，提前实现赵庄村乡村振兴规划 2035 年发展目标指日可待。

笔者期待读者在阅读本书后能够提出疑问、意见和建议，以在实践过程中修正、完善本书的内容。

2021 年 4 月

新时期我国城乡协调发展理论与实践研究

——学术讲座与报告选辑

赵宪尧　编著

前 言

Preface

2011 年，我刚过完 70 岁，在最后一期为研究生讲授“交通规划理论与实践”必修课后，便不再延聘，正式退出了教学岗位。随心所欲之年，我开始了自由与宽松的生活与工作模式：参加省市内外各种专家评审会、研讨会；接受媒体采访、评论；在国内市、县、局部门组织的学习班上讲课和作报告；去大学开讲座，谈学术问题和大学生教育问题；到美国和我国台湾的大学进行学术演讲，交流。十年来的学术活动使我积累并发表了自己的一些学术观点和教育理念。这些观点和理念大都在各级各类媒体上零星地有所报道，但很少完整公开发表。于是，我便有了将这些讲座和报告结合出版的愿望。

组织策划本书的编辑金紫女士告诉我，出版发行这本专著可以随主书同时出版一本副书，还可以附上讲座和报告的声频，视频。于是便开始了对有完整录音记录的讲座，报告的选编工作。

由于篇幅有限，我最终从近百万字的文稿中选编了八篇录音整理成文字稿，并进行压缩，汇集成这本副书。虽然本书篇幅有限，但是能比较全面地反映近10年来的理论研究成果。这些成果主要包括三个方面的内容：第一是关于城乡规划设计理论方面；第二是关于城市建设管理方面；第三是关于文化教育方面。读者阅读后会发现，副书可以看作是主书的内容补充和实践运用说明。

虽然近两个小时的报告，讲座录音记录被压缩到了不到两万字，但经过编辑精心修编，主题还是完整的，只是有些事情背景有些模糊。如果读者对于某篇的主题和内容比较感兴趣，可以收听随书附有的音频。也可以直接同出版社或作者联系，取得更为完整和全面的资料。书中如有偏差乃至错误的地方，尤其盼望读者给予指正，以便将来再版时更正和补充。

目　录

Contents

大城之困(节选)

——可持续发展城市化道路思考

(根据2014年3月8日在武汉《名家论坛》所作报告“大城之困”录音整理)

女士们、先生们：

下午好！（掌声）

今天我讲的题目是“大城之困”，只讲大城市发展进程中可能出现的问题。但这并不代表我只看到了我国上一轮城市化进程中，我们的人民、我们的国土、我们的生存环境所付出的代价和所存在的问题，请大家能够理解和谅解。（掌声）

我讲的内容是大城之九困。无论“大城之困”也好，“大城之痛”也好，或是“大城市存在的问题”也好，在我的专业课程里都是“大城之九困”，都是指“在城市化进程中，可能存在和发生的问题”。非常遗憾，这些可能存在的问题，在我们国家上一轮城市化进程中，几乎在所有的大城市中都发生了。下面我分别给大家简单地叙述一下这些“困”。

第一困是工作之困。目前，我国开始步入老龄化国家行列。在我国人口中，老年人很少，少年人也很少，中间这个阶段的人很多，而中间这块恰巧是20岁以上、60岁以下的人群，占全国总人口的50%～55%。如果按照这个百分比来衡量，我国现在有13.4亿人口，那么就有6.7亿～7.37亿劳动力，正在创造财富。这6.7亿～7.37亿劳动力之中，有3.5亿～4亿劳动力在农村。按照目前我国社会发展的生产力和生产水平，我国的土地和农牧林业，能容纳多少劳动力呢？最多1亿，也许5000万就足够了。这样说来，我国农村需要转移出来的劳动力至少有2.5亿。这2.5亿农村劳动力要到什么地方去呢？要到我国的大、中、小城市里去。那就是说，我们需要为他们提供2.5亿～3亿个工作岗位，这正是城市的困难之一。我国的城市没有这么多的工作岗位，而且这里所说的工作岗位不是让农民工挑着扁担打零工，这不是真正的工作。真正的工作是有保障的、收入合理的、具有 8 小时工作制的、有尊严的劳动。按照这个标准衡量，我们要提供这么多工作岗位，难道不是我们的大城之困吗？还不要忘了，这 2.5 亿～3 亿将要进城的农民工，还要带进来0.8～1.2 倍的被抚养人口，因此我们城市里将要容纳 4.5 亿～6.6 亿的人口。这是城市的第一困，怎么解这个困，我今天不讲，当然我也有我的想法。待会儿我会给大家讲其中的一个解。

第二困是居住之困。我们国家现在户居的人口水平是 3.1～3.3 人，武汉市户居的人口水平是 3.1 人。按照这个标准衡量，武汉市中心城区 800 多平方千米的土地上有 500 多万人，170 多万户。我们城市里所谓的“亲嘴楼”、“握手楼”、城中村，遍地都是。我们农村里有很多破旧的房子，但是农村里面也有很多两层楼、三层楼的房子里，只有两个老人居住。所以说我们的居住之困，是双向之困。武汉市户居的人口水平是 3.1 人，平均户室面积是 100 m^2，平均每个人拥有住宅面积 34 m^2，这在全世界都是先进水平，美国也不过如此。

第三困是资源之困。在我们国家的资源枯竭型城市，湖北省上榜的就有黄石市和大冶市。黄石市和大冶市曾为湖北省乃至中国的经济建设做出了巨大的贡献，但也做出了巨大的牺牲，以致如今成了资源枯竭型城市。我国每千人所拥有的国土面积是 7.1 km^2，这个数字在世界国家排名中正好处于中间位置。我们中国人不能妄自尊大，也不能妄自菲薄，不能说起我们困难的时候，就说起我们人口太多，而说起我们骄傲的时候，就说我们地大物博、人口众多，这实际上都不对。我国每千人所拥有的国土面积，当然比俄罗斯、美国、法国差远了，譬如俄罗斯是每千人 122

km^2，美国是每千人 31 km^2，法国是每千人 9.6 km^2，而中国是每千人 7.1 km^2。比上，我们不足，就感到我们多困难啊，但这个困难不能作为我国城市和乡村没有可持续发展的理由。再看看比我国差的还有哪些国家？有德国、日本、印度、新加坡。德国是每千人 4.5 km^2，日本是每千人 3.1 km^2，印度是每千人2.7 km^2，新加坡是每千人 0.14 km^2。德国、日本的土地资源远远比我们贫乏，我们不能说德国、日本的经济比我们落后，我们不能说德国、日本的环境比我们差吧？到过德国、日本的人都知道，这两个国家的人均国民经济水平和环境质量比我们好得多，而且交通状况也比我们好得多。武汉市是多少呢？武汉市是每千人 0.85 km^2。我是坚决不同意武汉市向 2000 万人口发展的。那么一个城市真正应该拥有的生活容量是多少呢？每平方千米 1 万人，这是什么概念呢？就是 1 万人要居住在 1 平方千米的建筑用地里面，但是它的合理环境容量应该是多少？应该是在国家规定的容量的 1/10～1/5，才能够有一个比较和谐、可持续发展的环境。

第四困是环境之困。谈起环境，我们现在都知道空气污染，知道 $PM_{2.5}$。但是说实在的，两年以前大家是不知道的，四年以前我也是不知道的。空气的污染每一个人都感同身受。但是其他的污染呢？水体的污染，大家感受到没有呢？土壤的污染，大家感受到没有呢？可能这两种污染的严重程度并不次于空气污染。前几年，我们几个初中的同学聚集在中山公园的茶室里回忆我们小学时在东湖过夏令营的美好日子。我们的帐篷搭在东湖的草地上，夜里闻着从东湖里面漂来的水的香味，白天下水游泳，用女同学的手帕网来小鱼、小虾放在嘴里就可以吃，吃得那么香甜。今天再到东湖去，还能下去游泳吗？还能下去捞鱼虾吗？环境污染确实是触目惊心的。

第五困是文保之困。文保之困就是历史文化保护之困。城市的历史和建筑，是城市文化的积淀，是城市的骄傲，是城市的记忆，是城市发展的见证。早在半个世纪以前，武汉就以“东方芝加哥”闻名于世界。各位想想，今天我们能够看到的历史遗迹还有多少？我是“海口市历史文化名城保护规划”项目的主持人之一。我知道历史文化名城保护规划包括很多内容，有文物古迹的保护、历史建筑的保护、代表性建筑的保护、古树名木的保护、纪念胜地的保护、历史遗迹的保护、自然遗迹的保护等。我可以说是老武汉人了，1949 年 8 岁的我跟随家人从河南来到了武汉，在做这个报告的前十天，我到汉口找寻我的回忆、我的乡愁。据说这次习近平主席到湖北，给湖北的规划建设提出了一个课题：你们要留住湖北的乡愁。曾经的武汉中苏友好宫（后改名武汉展览馆），是我们武汉历史的记忆，是武汉的骄傲，是我们国家四大中苏友好宫之一，其他三座风格相同的中苏友好宫分别位于北京、上海、广州，至今保存完好，但是武汉的中苏友好宫被炸掉了。展览馆旁边是友好商场，这么一个现代化的友好商场，为什么要把它改头换面，弄得面目全非呢？真不可理喻。

第六困是传承之困。武汉市领导在建设这个城市的时候，喊出的口号就是 GDP 要增长，要建设大武汉、复兴大武汉，我们武汉要是实业的大武汉、交通的大武汉、科技的大武汉、改革开放的大武汉，就没有提出一个美丽的大武汉、幸福生活的大武汉。但是大家想一想，我们建设城市和农村的目的是什么？就是八个字——美丽家园、幸福生活。如果 GDP 的增长破坏了我们的美丽家园，不能给我们的人民带来幸福生活，那这增长的 GDP 要它何用？

第七困是安全之困。我这里列了四大安全之困：自然灾害、社会动荡、恐怖袭击和战争破坏。这都是我们在建设城市的时候所必须要考虑到的。大地震对日本最大的破坏在哪里呢？就是在城市里。社会动荡发生在什么地方呢？也是在城市里。无论是泰国红衫军游行示威，还是乌克兰政局动荡，不都是发生在曼谷、基辅这样的大城市吗？不要忘记，我们也曾经有此痛啊！北京、昆明都是人口大量聚集的特大城市，容易产生安全隐患。我去年去北京的时候，到天安门广场竟然要通过像上飞机一样的安全检查，我很吃惊。当然我认为是很有必要的。战争破坏，大家想想美国向日本投放的两颗原子弹在什么地方爆炸的？在城市的上空。当然未来的战争也许会文明一点，会把炸弹投向军事设施和军队，但是不要忘了，城市始终是敌对国家相互威慑的最重要的地方。

第八困是母体之困。城市的母体是什么？是农村。我们城市人的母亲是谁？是农民。现在的农村，既有光鲜美丽的一面，也有令人心碎的一面。我曾经到平凉市出差，平凉市委书记跟我说的话，使我内心久久不能平静。她说："赵老师，我们平凉市有250万人，常年有50万人出外打工，每年寄回来50亿，我们平凉市的GDP，我想算成250亿，争取做到每人1万。"她问我这样算对不对。我说："也对，也不对。这50亿，不是平凉市的GDP，而是平凉市的GNP。这50亿，也许是打工者们为广州、东莞或者武汉等城市，创造了500亿，才给平凉市寄回来50亿。他们为其他城市创造GDP，仅仅给平凉市一点GNP。"她下面的话更让我感到不可吃惊。她说："我们这50万人出外的时候，留在家乡的是他们的父母和孩子，甚至有的夫妻还不在一处打工。”我当时心里头很难受，我们的农民为我们城市的发展付出了多么大的代价！人生最大的幸福是什么呢？不是当官，不是发财，而是为了平淡的生活，和自己的父母在一起，和自己的孩子在一起，夫妻在一起，白天同飞，夜晚同眠。大家想想，他们是不是用这样的代价在建设我们的城市。对他们来说，这，是不是困？是困，是我们城市母体之困。这个困，我们应不应该解决呢？应该解决。

第九困是道路交通之困。这可能是大家最希望我讲的问题，大家饱受交通拥堵、交通污染、交通安全的困扰，大家认为我是城市交通专家，又是交通规划技术方面的权威。什么叫交通？所谓交通，是指人和物在两点之间有目的的移动过程。实现两点之间人和物有目的的移动，依靠什么手段呢？可以依靠水运、轨道、航空、汽车、管道这五种交通方式。我今天仅仅就汽车交通方式跟大家说一说。关于汽车交通之困，首先大家都深切感受到了交通拥堵。我记得今年在电视问政上，市长说：“我一直有个疑问，今天的堵是为了明天的畅通，是不对的。”我从来没有听到过一个政府官员在大庭广众之下，说出跟主流意见不一样的说法，但是他的说法是完全正确的。不要以为城市发展必然要堵，怎么会必然要堵呢？世界上那么多可持续发展的城市，它们并不一定会面临交通拥堵、交通污染和环境污染。我曾在美国佛罗里达州考察了很多地方，这是我很深切的一个感受。我国的交通拥堵，堵到什么程度？大家都很清楚。我说几个数字。汽车设计的安全行驶速度是每小时 100 km 以上，我们道路设计的安全行驶速度是 60～80 km/h，我们城市管理对道路要求的安全行驶速度是 50～60 km/h，实际上我们开车行驶的速度是 30～40 km/h，在高峰时间开车行驶的速度是 10～20 km/h。交通学科里有十几个指标来衡量交通拥堵的程度，我们称为延误水平。刚才那一组数据反映出的交通拥堵的程度令人痛心，必须要制止。还有一个停车困难的问题，我为什么要讲停车困难呢？大家可能记得，去年电视问政上，大家说我是最犀利的专家，其实我不是，当时我是急得不得了说出的话，那是什么话？那是武汉的交通管理局局长，我看他被问得汗涔涔的，回答问题非常诚恳，一个劲儿地承诺，一个劲儿地检讨。我于心不忍。我当时就说了，我说我要是交通管理局局长，我绝不承诺，因为我不可能做到。武汉市现在有 130 多万辆汽车，我们只有 30 多万个停车位，那么还有 100 多万辆汽车停在什么地方？我们的公交枢纽站在什么地方？我们的社会停车场在什么地方？我们的专用停车场在什么地方？只有市长知道了，并且下定了决心，才能解决问题。城市的问题离开了市长，一个交通管理局局长能够解决吗？那一次以后，我正好要到美国去，在佛罗里达州做了为期两个月的考察。我告诉交通管理局的朋友们，因为那里有很多我的学生，我说我这次在美国一定拍一些违章停车和怎么处理的照片给你们看。可我在美国两个月，跑遍了佛罗里达州，没有拍到一张违章停车的照片。没有一处违章停车，大家不可想象吧。因此，我回来后就想给市政府建议，停车问题要是再不抓紧解决，将来就会积重难返，实际上现在就是积重难返。但是只要重视，我觉得从重视之日起三五年内是可以解决的。

那么谈到这个问题，我想再讲一个问题，就是困难的原因到底是什么。我只重点讲交通之困一个方面，交通车祸我不细讲了。现在车祸每年公布死亡 6 万～7 万人，实际上我们国家每年死于车祸的人不少于12万。今天掉下了一个波音777飞机,全世界都震惊了。但是不要忘了,我们每天死在车轮之下的人就有一架波音777飞机所载乘客之数,300多人。大家会说,那美国也死人啊。不瞒大家说,我们的万车年死亡人数大概是6～8人,美国的万车年死亡人数大概是0.5～0.8人,武汉市每年因车祸死亡300多人,深圳市每年因车祸死亡也是300多人。因此,我们的交通问题非常严重,需要花大力气去解决。我再说说困之源是什么。我们在城市建设中盲目追求GDP是为了什么呢?很多人忘记了,包括我们的领导。我们建设城市的目的,就是八个字——美丽家园、幸福生活。

如果把美丽家园、幸福生活看得比GDP更为重要,上一轮城市化进程中就不会发生我讲的“九困”。我总结的关于这“九困”的原因,包括决策、规划、建设、管理、教育这五个方面。关于这五方面的原因,我不可能一次性讲完,其中有一个原因就是急功近利的决策者。我只能给大家举几个例子。大家知道,武汉有一个2049年的发展规划,据说委托了一家研究院来做,研究院的专家认为我们武汉市发展的最大规模是拥有1300万人口,这1300万人口规模跟我们市领导的观点是不一样的,我们市领导认为是多少呢?我估计他们规划的是1800万～2000万人,于是他们就要求计于专家。北大的一位教授说,武汉市要发展到拥有3500万人口规模。他这个关于3500万人口规模的观点,我没有亲耳听到。但是上个星期有人认为武汉市要发展到3000万人口规模的观点,我是亲耳听到的。他认为,我们武汉要大发展,这是大机遇。武汉市是全国第二大经济实体,我们要超过北京。我问他,武汉的发展能超过北京和广州吗?他说那是无疑的。(哄笑,议

论纷纷）

大家知道，武汉市现在的GDP大概是9000亿人民币，折合成美元是1000多亿，北京现在拥有人口2100万，北京市的GDP是3100万美元。武汉人跟北京人创造的财富是一样的，GDP都是每人1.5万美元，我们国家现在的平均GDP大概是每人6000美元。按照这种观点，我们要赶上北京很简单，只要把武汉市的人口从现在的1000万发展到3000万，就超过北京了。我想这个话领导听了一定比较高兴，我们发展到2000万人就可以赶上北京，发展到3000万人就可以超过北京。我参加过很多规划评审，我知道，襄阳、十堰等城市的规划都是把自己的城市人口翻了一番，十堰规划的城市人口规模要达到200万，孝感规划的城市人口规模是200万～300万。在武汉北边，河南省驻马店规划的人口规模有上千万之多。连遥远的平凉市城区，一个目前只有40万人口的城市，也要发展到100万人口。（哄笑，议论纷纷）

大家想想，我们国家的人口靠自然增长，人从哪来？我记得李瑞环同志在海南省规划的时候说了一句话，他说："你们别老把自己的城市这么扩展了，你们把整个海南省当成一个城市来规划嘛。"现在我们如果把全国当成一个城市来规划，那么武汉市的3000万人口从哪来？湖北省一共有6000万人口，湖北省约有18万平方千米的土地，武汉只有8000多平方千米的土地，只占湖北省不到5%的土地，竟然要容纳湖北省50%的人口。

我不知道市长是愿意武汉市发展到3000万人口，还是愿意武汉市最多只发展到1200万人口。武汉发展到1200万人口的时候，我们的空间已经很小了。现在武汉市民人均占有面积是84 m^2 的建设用地。海口人均100 m^2，三亚人均120 m^2，美国佛罗里达州盖恩斯维尔市人均 1000 m^2。人均占有面积的大小，是城市的环境和居民幸福生活最基本的保证。谁都知道一个城市生活的好坏，跟其人均占有面积密切相关。一个明智的领导所要为市民争取的，就是一个市民要占有多少平方米的土地。

我再说一个“九困”的原因——规划师和专家。在海口市我参加过一个大型的居住区的评审会，这个评审会评审的项目是湖北省一家著名的设计院做的。去评审的时候，我是规划评审专家，这个设计院的方案是被评审的。这个设计院去了两个大腕人物，我们国家著名的规划建筑大师。我们这些所谓的专家提了很多的意见，说这个方案太不像话了，规模太大了，楼层太高了，建筑太密了，绿地太少了，停车位也太少了。我们这位武汉市的专家说：“各位专家，你们说的我们都知道，但我们设计院要按政府和开发商的要求来做。”我知道，他说这个话我完全懂得。评审他设计的项目的时候，我是评审专家；当我们华中科技大学规划设计院的项目要评审的时候，他是我们的评审专家。

我有个学生，是深圳一个比较大的民营设计企业的董事长，他们设计院每人的年产值不少于 50 万，每人平均年收入二三十万。她从深圳到湖南、湖北、河南，到北京再回来，回来的时候她来看我，告诉我说：“我现在想到，我设计得越多，我让老板赚得越多，我自己赚得越多，我越有一种负罪感。”这是我的学生，一位有社会责任感、有良知、有人文情怀的规划设计专家，亲口对我说的话，我很动容。

话又说回来，在座的各位市民有没有责任呢？下面我说说一个“不知不争不遵的市民”是怎样的。各位知不知道，噪声污染应该控制在多少分贝？最低的空气污染指数应该是多少？房屋之间的间距应该是多少？住宅小区的绿化率应该是多少？住宅小区配套的停车位应该是多少？对于这些，各位可能并不知情，这也不能怪大家，怪谁呢？怪我们这些专家和我们的领导没有让你们知道。如果你们知道了，你们争不争呢？（大声喊：争！掌声）争？那就好。昨天我看到报纸上登了一条消息，河北某个城市的市民，状告环保局污染了空气，法院尚未受理。我不管法院受不受理，但这个市民是知道为自己的权益去争的。他知道空气不应该受到这样的污染，既然不应该，就要问责，那问责谁呢？他问责环保局局长，他要状告他。我不是提倡大家告我们的领导，我是说提建议是可以的。你们要争，要为自己的权益而争，通过人民代表争，你们可以写信去争，争取自己的权益，争取自己美好的家园，争取自己的幸福生活。这，没有错。但是还有一点，大家要遵纪守法。大家知道，在今年电视问政上，我有一个举动，我起来给交通管理局局长鞠了一躬，我说："我们的交警是按照万分之三的比例配备的，我们的交通遵章率是全世界最差的。"我去了这么多国家，没有见到任何一个国家的交通警察像我国的交通警察这样辛苦。在路上呼吸着 $PM_{2.5}$ 超过 100 的空气，不分春夏秋冬、严寒酷暑在这里查车，太辛苦了，我就鞠了一躬。我确实就这样想，我们为什么这样不遵章呢？如果是因为车位不够，我可以理解。但是过马路，为什么要一窝蜂地过，不等红绿灯呢？哦！我不能再说下去了。再说，大家就会说："赵教授，你怎么说起我们来了呢！"（哄笑，掌声）

那么我再说一说如何解困。我刚才说的"大城之九困"都有解，这并不是说我自己有什么本领，但是我 50 多年来一直在做城市规划和建设，深有体会，所以我认为这"九困"都有解。如果我说的这些问题无解，那就是无能。关于停车困难之解，我提出了五个策略——规划之策、建设之策、管理之策、科技之策、教育之策。这五个策略我不详细讲，我说一下我的七个措施，我希望市长能够知道这七个措施。说实在的，市长只要按照我这七个措施执行，三五年之内，武汉市的停车问题就能基本解决。但如果继续放任不管，三十年也解决不了。我这第一个措施是坚定地执行"一车一位制"，这是最基本的措施；第二个措施是严格执行配建停车场指标；第三个措施是坚决恢复地下停车库的功能；第四个措施是规划建设社会和专用停车场；第五个措施是合理施划住宅区路边标准停车位；第六个措施是制定软性停车策略；第七个措施是科学管理、威严执法。

按照主持人的要求，我还要留出10分钟互动交流的时间，所以我得做一个总结。我刚才说，我们所有的建设目的就是八个字——美丽家园、幸福生活。我们应该怎样建设美丽家园、创造幸福生活呢？北京现在的发展模式，就是上一轮国家城市化进程中典型的发展模式，它带来了严重的交通问题。首都者，首堵也。全国最堵。世界上有没有比我们首都堵得更厉害的城市呢？有。我到泰国的时候，曼谷的朋友问我："赵先生，你们武汉和北京一天堵几次？"我想了一想，说："我们一天堵两次，早高峰7点到10点，晚高峰5点到7点。"他说："哎呀，我们比你们好啊，我们一天就堵一次，从早堵到晚。"(哄堂大笑)我看了看泰国曼谷的交通，确实比武汉拥堵。但是别骄傲，武汉只比泰国曼谷的交通好一点，有什么可骄傲的。那么，我们应该跟谁比呢？东京！武汉的发展不应该再走北京的老路，走谁的路呢？我给大家提一个国家，新加坡。大家知道，几十年以前新加坡从马来西亚分离出来的时候，它一无土地，二无资源，三无财政，四无人民。但是现在大家别忘了，这个土地面积不到武汉市三分之一的国家，目前拥有人口550万人，人均GDP是5万美元，而我们的人均GDP才1.5万美元，所以我希望我们武汉市走新加坡的可持续发展的城市之路，不要走北京的不可持续发展的城市之路。（掌声）其实武汉市的人均GDP要想超过新加坡并不困难。但是我们真正的幸福生活、美丽家园是什么样子呢？请大家看下面的这四个事例。

第一个事例是雾。说起雾，大家都很恨它，其实这也是一个误解。雾本来是一个很好的自然现象，只要它不跟霾结合成为雾霾，就是一个很美的东西。“雾失楼台，月迷津渡，桃源望断无寻处。”宋代诗人秦观估计没有看见过雾霾，所以能写出这么美丽的诗句。如果他看到现在的雾霾，他也许会加一句：“雾霾京都，挥手告别，望不见你满脸的愁。”（掌声）我在美国时总想找到雾霾，具体来说，我非要找出美国的雾霾是什么样子。老实说，我在美国一直没有见到雾霾。终于在我回来的前一个星期，2014年2月23日，在美国佛罗里达州盖恩斯维尔市碰到了一场大雾。我开车去盖斯恩威尔最大的教堂——西部教堂，我是去体验体验的。

第二个事例是关于我们的美丽家园和城市历史的。我刚才说了，原武汉中苏友好宫没有了，我居住的积庆里已经破烂不堪了，我上小学的华中里已经荡然无存了，江边也没有什么景致了，民生路也不复存在了。但是武汉市有几千年的历史，俞伯牙摔琴谢知音钟子期的故事流传几千年，当时的文化、当时的生活多么富有诗意和美感。美国佛罗里达州有一座古城叫圣·奥古斯丁市，那里的建筑不过有300多年的历史，却都保存完好。那么回过头来看看武汉市民生路的旧照，拿到外国去，外国人会认为这是旧金山的一条历史文化街道。再看江滩、江边的旧照,跟荷兰的阿姆斯特丹有什么两样?再看看武汉中苏友好宫,虽然它没有了,但有些人可能对它还有印象。我前年到了俄罗斯,去莫斯科看了展览馆,竟然就有一座这样的建筑,但是武汉的中苏友好宫却被拆掉了。还有西安的法门寺,法门寺塔倒之前我去过,法门寺塔倒以后我也去过,法门寺塔重修了以后我又去过。真正的历史文化古迹被冷落,一个假的历史文化古迹却在这里骗取人们的钱财,破坏人民的土地,破坏当地的生态和人民的生活环境。这不是一件值得骄傲的事情。我们对城市进行保护时不能造假文物,不能破坏我们的真文物。

第三个事例是关于我们的美丽家园及和谐城乡。我刚才说到了,我们中国有这么多住宅,实际上是多了1亿～2亿户住宅,这个数目很惊人,但是别忘了,有的住宅要按照居住标准来衡量,不合标准的建筑说老实话拆了也不是太可惜。农村有许多沿着马路盖的房子,无论是质量,还是设计,更别说外观,都叫人不敢恭维。在佛罗里达州考察时,我把那里的房屋住宅分了五个类型,外加了一类农民的房子。第一类高级住宅,居住在第一类住宅里的人大概不到10%,这类住宅前面有私家花园,后面有私家游艇码头或者飞机停机坪。第二类是次高级住宅,它可能有三层楼房,有三个车库,前面有花园,后面有花园,花园不大也不小。居住在第二类住宅里的人有10%～20%。第三类住宅是中级住宅,一层或者两层,前面有个小小的绿地,后面有一个小小的花园。中国留学生在美国如果定居下来了,拿了绿卡,相当多的人就住在这种住宅里。第四类住宅是中下级住宅,是单元式的住宅,居住在第四类住宅里的人大概也占20%,这种住宅跟我国的单元住宅差不多，每户 70～80 m^2，甚至有 100 m^2。话又说回来，居住水平也大概就是每人不到 30 m^2。我们都能达到这个水平。第五类住宅就是低级住宅，是我看到的佛罗里达州最穷、最差的住宅，我估计了一下，大概 60 m^2，外面的环境较差，但是也有车位。连中国留学生都不会住在这个地方，这个也是要收房租的，我问了一下，房租每个月 400～500 美元，失业哪来这么多钱呢？别忘了，失业的人会有 800 美元补助。任何人失业都有这笔钱。大家知道，中国留学生为什么喜欢在美国生孩子？因为在美国生孩子，到了医院后不会先问你要钱，生出来后，你回到家里，给你寄来账单，多少钱呢？1 万多美元。只要写个证明，证明是留学生，政府会免除这个费用，但是这个孩子以后就是美国人了。除了上面五种类型的住宅，还有一种农民住的房子。美国是不是还有比这个差的房子，我不知道，但是我确确实实是跑遍了佛罗里达州的偏僻角落，我钻到村里面去了，我没见过任何比这个房子还差的，这就是农民住的房子。一间住宅，两辆车子，还有一个放工具的房间。

我要说的第四个事例，还是讲幸福生活。美国的标准校车是橘黄色的。早上孩子们在固定地点等校车，校车来了，孩子们乘坐校车去学校，晚上校车再把孩子送回来。这种特殊设计的校车停下来的时候，前面伸出一个"臂膀"，上面的红绿灯会闪，它后面所有的车子都停下来，只要没有 3 m 的分隔带，对面的所有车辆也都要停下来，这个车就这样牛。孩子们一一下车后，校车把"臂膀"收起来，把停止的标志收回来，它开动后，后面的车、对面的车才能够开动。在美国，早晨晚间，校车到处都是，再偏僻的地方都有。我问了一下，那里每个校区的学校，一定要保证每一个孩子要用自己的校车接到学校，要用自己的校车把孩子送到家长的手中。大家说,我们什么时候才能做到这样?

下面是我 2011 年 5 月份从美国回来的时侯,写的一首乐府诗,大家知道我们的乐府诗都是比较低沉的,大家想想,“孔雀东南飞,五里一徘徊”,多么叫人荡气回肠。所以我采取乐府诗形式写我的心情,也是有原因的。

“北美半月行,蓝天伴白云。反思高增长,代价忧心焚。空气土地水,何处不蹂躏。堵江挖山紧,资源痛耗损。农村剩劳力,难融城市群。居者盼其屋,房价吓煞人。贫富太悬殊,惊呼道德沦。楼楼频频撤,历史何处寻?交通堵难治,汽车进家庭。差距究其因,执政是为民。居安当思危,警钟应长鸣。发展可持续,和谐保安宁。”(掌声)

其实这就是我要为大家说的,但是我最后还要说句话,我们现在都说要实现中国梦,我听过的最激动人心的一次演说,是马丁·路德·金的《我有一个梦》,你们可以听一听,当年当他用排比句法讲到“我有一个梦”的时候,那是多么激动人心。你要知道,他的梦,要比我们当前的梦困难得多。他为了自己的梦,在 1968 年被种族主义者枪杀了。20 世纪 50 年代的时候,他们黑人不能跟白人坐一辆公共汽车,今天,他们的黑人也当上了总统。当总统的这个黑人在总统就职演说上说出了一句话:“是的,我们能够做到!”那么我刚才讲的我们的目标能不能做到呢?我们也能够做到,想想毛主席对我们的号召,他是怎么说的?他说:“我们的目的一定要达到,我们的目的一定能够达到。”谢谢大家!(掌声)

扫码听本次讲座音频

城市发展与空间规划文化研究

——《大城诤言——一位城乡规划与建设领域教授的心声》之书外真言

（根据UNESCO工业遗产教席“无界读书会”学术讲座录音由柳柳速记整理）

主持人：今天欢迎华中科技大学赵宪尧教授为我们分享他的《大城净言——一位城乡规划与建设领域教授的心声》（以下简称《大城净言》）这本书。这次赵教授说要讲一下书外真言，也就是他现在一些新的想法。关于城市的规划建设和发展，尤其是在近些年来对于城市交通、城市生活环境的改善，赵教授都发表了很多相关的言论。这次，我们也很期待他给我们带来最新分享，让大家一起来欢迎赵教授。

赵宪尧：首先感谢丁博士，让我来做这个学术讲座。我记得《诗经》上有两句诗叫“伐木丁丁，鸟鸣嘤嘤”“嘤其鸣矣，求其友声”，我这一辈子当老师，工作就是说话，所以喜欢说话。说这些话，但是希望求其和声，求其友声。我觉得丁博士能够请我到这个地方来，跟大家讲我的这本书，我感到非常高兴和荣幸，那证明我们就是友声。他了解我、理解我，其实我更希望我的儿子能够理解我。本来我的儿子也应该到现场来听，来讨论，但是他没有来，因为实际上他并不了解我，并不理解我。最近三年来，我出的这四本书，都是我一个字、一个字敲出来的。我这么大年纪的人，用电脑写书也是很不容易的。敲出的这四本书，他感觉最好的是这两本精装书，这两本书是湖北省学术著作出版基金资助出版的，他认为这真是高水平的学术著作。其实，这种学术著作只是一种技术著作，这种技术很快就会被技术人员掌握，而一旦他们掌握了，这个技术就会成为一种程式化的东西。另外两本书，一本是《可持续发展城市（镇）化道路——美国佛罗里达州道路考略》（以下简称《可持续发展城市（镇）化道路》），这是我从美国佛罗里达州回来以后写的一本书，我儿子说，这本书可能还有人看。到美国旅游的人可以看一看，因为确实它讲到城市、农村的道路、商店等，内容很全。其实，我在书里面隐含了很多城市规划的高端思想和观点，他并没有看出来。谁看出来了这本书的价值呢？我们的任周宇老院长。任院长80多岁了，他是在医院的病床上看了这本书的。他老人家非常激动，给我写了很长的一段话，他还说湖北省武汉市主管城市规划的领导一定要看看这本书，并且还给我提了一些建议。清华大学的一位教授，姓李，他看了这本书以后，写了很长的一段评论。他说他很多年没有一天看完一本书的经历了。他是一口气看完这本书的，有很多感想。所以我儿子说这本书是旅游的人看的，他根本没有看懂，或根本不想看懂这本书。其实，《可持续发展城市（镇）化道路》是一本专业性很强的书，但写得文字活泼，深入浅出，人人都可看。任周宇先生是湖北省最早的高级规划师之一，今年已经80多岁了。对于这本《大城净言》，我儿子说：这本书没有人看。但恰恰这本书看的人多，我的儿子仍旧看不上我，看不上我写的这本书和这本书的精彩之处。而恰巧正是这本书，阮仪三先生喜欢看。我到上海的时候，将这本书送给丁博士的导师阮仪三教授，阮先生也是我儿子的导师。我当时送给他两本书，他回赠给我一本《留住乡愁：阮仪三护城之路口述实录》。阮先生拿到这两本书以后，把《可持续发展城市（镇）化道路》就放在办公室里，而将这本《大城净言》拿回家去，说："这本书我得拿回去好好看看。"看了名字，翻了目录之后，他就看上了这本书。

《大城净言》这本书我觉得不错。其实我用了一种文学的方式，里面的内容实际上就是我过去写的微博，然后加上我报告集的剪辑。这本书里面同样蕴藏了一些我认为很重要的城市规划和建设的理念。当然，对这本书，非专业人士也感兴趣。一位姓赵的朋友把我的这本书买了以后，认真看，还勾勾画画，做笔记。他不是城市规划与建设专业人士，但是他都看了，还做记号、做笔记。刚才一位朋友说，《大城净言》网上可以看到。前些日子，一位从加拿大回来的朋友告诉我，他说在网上看了这本书。这位加拿大专家对我说："我在网上看了你的书。"他说他本来要写一个报告，就是申请一个课题，在写的过程中网上查找资料，一找就找到这本《大城净言》。结果他晚上没有来得及写课题，就把这本书看完了，这就证明这本书还是有吸引力的。

这本书为什么有意义呢？这本书的名字就说明有特殊的意义。"大城净言"跟"大城真言"还不完全一样，因为最早这本书的名字我想叫它"大城真言"，我就是想说，我这是一本说真话的书。这本书前面有一个前言，我就说了"要说真话，一个规划师要说真话，一个人要说真话"。这本书受欢迎就是因为它说的是真话，没有假话、没有空话、没有套话、没有虚话。我觉得它好，就好在这个地方。刚才还没有开始讲的时候，丁博士看了PPT，就有一个顾虑，因为我这次讲，是要讲这个书的题外真话，这个"题外真言"要讲什么呢？我要从佛家"五戒"讲到儒家"五常"。丁博士担心我这样一讲，就成了社会学讲座了，就不是城市规划与建设专家讲座了，我又不是文学工作者。对待城市规划与建设科学，这两年来，我最大的体会，就是我们的规划出现的所有问题，都起源于我们对文化的重视和理解不够。而未来的规划要走向一个新的历程，必须得重视文化，尤其是中华传统文化。所以这次我讲的是文化，讲的是五戒、五常，实际上我正是要告诉规划工作者们，文化对规划思想是有巨大影响的。如果我们没有学习这些文化，没有思考这些文化，那就很难找出我们原来规划所出现的一些问题的原因。学习了，思考了，才能总结经验教训，然后计划如何提高。所以我讲的这些文化思考，恰巧是规划上最重要的，我们过去所忽视的科学理念，并不仅是务虚。这不是一个虚的东西，而它本身就是规划科学的一个研究方向。

比如说这本书的名字里面有一个字“诤”，我觉得这本书之所以能够受到欢迎，是因为这本书讲出了一些城市规划建设当中存在的普遍问题，就是因为我说的是真话。大家别看说真话这件事简单，其实说真话是不容易的。季羡林先生有一本书叫《真话能走多远》，甚至他也说，“我不说假话”，但他又说，“真话不说完”。就是说，有的时候真话还不能说完。可见说真话不是一件容易的事情。我认为城市规划，到底是一门涉及社会科学、经济学、哲学的一种技术和艺术相结合的学科。规划学科绝不仅是一门技术，比如说确定容积率，确定建筑密度，不仅是这些，这也不仅仅只是哲学，只是政治经济学。你讲规划，不懂经济，不懂地理是不行的。我们原来说，怎么北大地理系也做起规划来了？经济系也做起规划来了呢？因为不懂经济、不懂地理，规划也是做不好的。同时，不懂文化，也是做不好的，这种例子太多了。所以我觉得文化对于我们研究城市规划是非常重要的。而就文化而言，非常重要的就是“讲真话”，真本身就是一种文化。比如社会主义核心价值观里就有诚信，诚信就是要真诚，就是要讲真话。这是一种精神层面上的东西。真话跟诤言还不一样，真话也是真，诤言也是真，但是诤言是对上，过去是对皇帝，现在我们可以说是对领导。从规划的角度来说，跟领导意见不一样的真话才叫诤言。而坚持做到这一点特别重要，没有这种思想，规划就做不好，规划就会出现问题。

毛主席说过：人是要有点精神的。精神是人最宝贵的东西，精神是什么呢？精神就是一种思想信仰、一种品格修养、一种道德理念、一种人生态度、一种气概情怀、一种文化传承，因此这个真话、诤言就可以上升到文化层次上。而我们做规划设计，做建筑设计，它是一种艺术，也是一种哲学。艺术、美学是哲学的构成部分，美学是哲学，而哲学里面最高的学问，我觉得可能就是美，哲学最终不是研究美的吗？最重要的就是真、善、美，因此“真”也就属于哲学的概念。真，就是知识的价值；善，就是道德的价值；美，就是审美的价值。所以城市规划设计师只有具有这样的一些文化层面的思想，才能有正确的规划思想、规划理念。

对于领导来说，“君子信而后劳其民”，君子，也就是我们的领导，只有领导取得了老百姓的信任，才能动员百姓。我们作为规划师，要出诤言，很重要的是，你得取得他的信任。“信而后谏，未信，则以为谤己也。”你如果没有取得他的信任，你跟他提意见，他可能以为你在诽谤他，他就会忽视你的意见。怎样取得领导的信任呢？对他说真话。你要常对领导说真话，任何一个领导绝不会不信任你。我坚信这一点，所以我们规划界的人士就应该坚持说真话。

下面我举三个例子，这两年，对于武汉市的城市规划与建设，我对市领导说了三次重要的真话，诤言。第一个就是对长江新城规划。长江新城是武汉上一任市领导强力推行的一个非常大胆的规划项目。我觉得他并没有错，上任以后，他想做出一个大的政绩，提出一个大胆的理念，想大力发展武汉，他想到要规划建设一个长江新城，想把它作为一个国家级经济开发区发展起来，他当然没有错。但是我们搞规划设计的人，当得知领导的这个想法以后，就要思考一下，从科学的角度考虑一下长江新城到底应该怎么规划。我们和市领导的想法是完全不一样的。首先，我们认为他的思路可能不对，他想建立一个国家级经济开发区，想抓紧机会再报批一个开发区，然后这里要容纳200多万人，武汉要成为历史之城、现代之城、未来之城：南岸嘴是历史之城，市中心是现代之城，长江新城是未来之城。这个理念在规划上是错误的。那么对于这个事，从事规划的人就应该表达自己的真实意见，就要说真话，就要对市领导说，当然，如果他信任你，就好办了。但是，市领导刚来，我们不认识他，他信不信任我们，不知道。但是我们首先要说真话，这是第一件事。第二件事是市领导提出的长江左右岸大道，沿长江主轴，从一环到五环连接起四层的道路系统规划设计：第四层是高架桥快速路，第三层是轨道交通，悬挂式轨道交通，第二层是自行车专用道，地面层走行人。这个方案在报纸上登了，电台播出了。对这个规划方案，我们从专业角度看，显然是错误的。这个时候，就需要说真话的规划师，于是我们五位老教授就站出来说了真话。这是第二个真话。

我说的这两个例子不是跟武汉市城市规划无关，它跟城市规划有非常大的关系。我们为什么要说真话呢？过去有人说我们的规划是“鬼话”，规划规划，墙上挂挂。就是因为我们的规划朝令夕改，自己也不相信规划，因为我们没有把它当成一门科学来认真对待。这两件事情大概没有什么疑问，可以说，在武汉市，甚至在全国专业范围内，都是取得了共识的，都认为我们的建议大致是对的。我说“我们”，是因为有五个老同志，我们自称是华中科技大学的“城建五老”，平均年龄80岁。我们五个人讲的这个真话，大家都认为是对的。而当时，市领导刚提出来这个方案的时候，并没有一个人提出反对意见，规划院长、规划局局长都跟着画了很多图，我也得到了一些消息，说当时画图的时候领导就在旁边盯着，说这里怎么画，那里怎么画，你规划人员不同意，也得那样画。大家想想，这个不是规划原理的本原，这样做出来的规划是不切实际的。这就是“规划规划，墙上挂挂，领导走了，以后重新再画”的原因所在。所以我觉得规划专业的同志要非常坚持的一点，就是说真话。

第三件事，是长江左岸大道，就是汉口的沿江大道。你们到长江左岸大道看一看，关于这个工程，曾经做了一个两层的方案，自行车在上面走，骑着自行车可以看长江，万里长江滚滚来。实际上肯定也是不行的，那只是四层左右岸大道的初级版。当时据我了解，实际上规划人员明知道四层的方案不现实，他就说，我们做一个初级的，先做两层怎么样？领导说，那就先做两层吧。其实，领导调走以后，专家一评审，两层通不过，也不让做，6 亿的工程减少到了 2.8 亿。后来又来了新的领导，又把它提出来，想做一个 10 亿的工程方案。我当时到现场一看，觉得这是非常不应该的。于是我们几个人又跟市长、书记写信，这个过程我就不说了，以后总结的时候再看。当然毫无疑问，我们的看法是正确的，这个工程不用花 10 亿，应该花 1 亿就差不多了。这种例子还很多。这就说明说真话是跟规划有关的，因为你的规划不是为了挂在墙上的，规划是为了要实践的，是为了有利于这个城市发展的，是为了好好利用城市的发展资金的。

为什么一个人要说真话？我们从文化说说。文化和规划有关。为什么有关呢？我们以前是不学习佛教文化的，我这么大岁数的人，是在批判儒家文化、批判佛家文化中长大的。我们曾经批判佛教是迷信，认为儒教是愚弄人民的工具，我们都曾经是批判者。那我什么时候敢去理直气壮地学习呢？是因为三位法师，第一位法师是龙醒大和尚，宝通寺方丈，湖北省佛教协会常务副会长，因为我老伴的遗像供奉在宝通寺，我常去宝通寺怀念老伴，就认识了大和尚。他对我说了一句话，我的感触很深，他说信佛一个非常重要的理念，就是你要相信因果报应。他说：世人重果，佛徒重因。我一想，这非常对。我们搞科学研究的人就是一直在寻因问果。比如说我研究堵车问题，看看武汉市哪里又堵车了，堵了多少交叉口；环境又污染了，天又不蓝了，大家重视交通拥堵和环境污染。但是真正重视的应该是因，为什么会堵车？天为什么不蓝了？这确实是非常重要的思想方法，这对我们科学研究、对我们解决城市问题非常重要。要是光看表面现象，那你永远也解决不了存在的问题。比如，我们现在都知道，停车非常困难，你光想到停车困难，头痛医头，脚痛医脚，就永远永远解决不了停车难问题。你只有找出了停车难的原因，才能够找到解决问题的方案。即使知道了这个道理，我也不敢理直气壮地学，我总觉得一个共产党员学佛，成何体统？后来，法晗法师告诉我，他说：赵教授你看看习近平主席在法国巴黎教科文组织会议上的讲话，习主席几次提到，儒家、道家和佛教是中华民族优秀文化传承的根基。大概就是这么一个意思。就是说中华传统文化的根基就是这三个：儒家、道家、佛家。所以佛教并不是迷信，你不要把它看成是迷信，它有很多精华，博大精深。你不要去学它的糟粕，你学它的精华。任何东西一定是有糟粕的。比如我这本书，你要找，肯定也可以找到一些错误的东西，但你要取其精华。所以我觉得传统文化是应该学的，比如说佛家的五戒：不杀生、不偷盗、不邪淫、不妄语、不饮酒。比如说不妄语对应“信”,“信”跟我们国家的核心价值观有关——诚信。佛家、儒家和我们现在习近平新时代中国特色社会主义核心价值观是吻合的。

佛家说到的五毒是贪、嗔、痴、慢、疑。各位要思考,你就会发现问题所在。比如说“贪”。我们很多研究人员发现,在城市建设中贪大求快,这是贪的表现。我记得原来城市规划法里面有非常清楚的一句话,叫“严格限制大城市发展,大力发展中小城市,促进产业和人口的合理布局”。我至今认为这个话讲得是非常经典的。当然,现在有一些规划专家也不认同这句话了。他为什么不认同?他认为城市有聚集效应,城市越大,GDP越高。就好像咱们大学合并一样,我们把原同济医科大学、武汉市城市建设学院与华中理工大学合并起来,成了华中科技大学。其实我有时候想,那不外乎是把几个肉饺子合在一块,做成了一个肉包子,还是这么一个东西。人家麻省理工学院小,但是人家也获得了几个诺贝尔奖。所以问题不在这里,贪大是没有用的。

再一个是“嗔”,嗔就是遇到了问题自己不满意,不满意就心里发怒,想采取一些极端的措施。你看我们城市里面拆了多少历史文化建筑,具体的例子我就不说了。要讲武汉市城市拆除的历史,我跟大家讲例子,可以讲一天一夜。像当年把武汉展览馆拆了,两广总督府也拆了,连武汉大学的教学大楼也拆了。那栋武汉大学最大的教学楼是何镜堂院士主持设计的,因为我在中央台为他说了句公道话,何镜堂先生给我来了一封信,他说:赵教授,谢谢您,终于有人为我们说话了。这个具体的事由我就不说了。这个就是嗔的表现。

“痴”,我觉得有三个意思:一个是痴心,一个是愚痴,再一个就是痴迷于某一件事。比如说领导痴迷于GDP，一上任就讲GDP。我有一次讲了，我说GDP算什么？GDP跟老百姓有多大的关系？GDP与这个美丽的家园有什么关系？如果没有关系，就不应该以GDP作为衡量城市发展的唯一标准。

“慢”，傲慢，目中无人。之所以来一个领导就提出一个方案，他就是觉得别的领导无能，上一任领导无能，我来了，非要提出一个新的东西来不可。因此就“疑”，怀疑别人的方案，怀疑既有的规划，就可能出现规划变更。习近平主席一直强调：要一张图纸干到底，撸起袖子干。一张图纸干到底，这个话讲得非常好，你看我们的规划三天两头在变，三天两头在做规划，谁最得利呢？规划院。规划局做了大光谷规划、大临空规划、大临港规划、大车都规划、中法城规划，又要做一个长江新城规划。这就是疑。好在现在国家基本上停下来，不再批开发区了。原来的想法是长江新城规划编好以后，就纳入新的修编规划中去。现在看来，国土规划、空间规划可能会出现一种全新的理念，待会儿我再说。所以大家看一看，克服这些问题就要用佛教上说的戒、定、慧、解、知，才能克服贪、嗔、痴、慢、疑，很多规划问题就迎刃而解了。丁博士，您看这跟规划有没有关系啊？是有的，规划一定是跟这个理念有关的。我们的规划专业，上课时如果能讲到这些文化问题，我觉得是高水平的。我要做一个讲座，就是讲规划是文化，或者文化也是规划。没有文化，做什么规划？

我刚才说的那些话，是仙桃市佛教协会会长，观音寺住持本超法师开示的。本超法师对我详细地讲解持“五戒”，破“五毒”的道理。她说，你们要照着这样做了，就会成为一个高尚的人，一个纯粹的人，一个有道德的人，一个脱离了低级趣味的人，一个有益于人民的人。我以为，这就是毛主席教导我们要做的“五德”之人，这就是“新五德”，儒家的老五德是温、良、恭、俭、让，也是我们要去实践的。

并不是有一定社会地位和知名度的人，才能够成为这种具有五德精神的人。跟大家提一个人，黄群，他是我们学校交通学院的一个毕业生，他在海上为了抢救国家财产牺牲在工作岗位上，是个英雄。他是一个很平常的人，是我们学校很平常的一位大学毕业生，分配到一个很平常的岗位上，做的是很平常的工作，是一位研究所的副所长。我们学校毕业出去的大学生，当副所长的多得很，当市长，当省长的有的是，但黄群是大家的榜样。

我们五个说真话的老教授，其中有我们学校规划建筑设计院的老院长严乾开先生，他可以说是技术权威，敢说真话。我也敢说真话，有时还倚老卖老。倚老卖老虽然不好，但是有的时候还是有用的，你不倚老卖老，人家不听你的。还有朱佳林先生，朱教授非常有才干，有政治远见，敢说真话，他是我们国家最早的房地产管理专家。韩振华先生，中国城市规划设计院的老专家。最后一位是我们原来的纪委书记徐金鑫教授，我们五个教授被称为华中科技大学“城建五老”。我 78 岁，年轻些，身体好些，是这“城建五老”的联络员。给市领导写的信，别以为是我一个人写的，而是我们“城建五老”一起讨论写的，我只是送信的联络员。这两次建言信，都是市委书记委派主管规划和建设的市领导到我们学校党委会议室见我们，听取我们的意见。张文彤副市长这次来我们学校给我布置研究任务，还问起另外四位老同志，并且当着规划局杨副局长的面说：“你们要多征求一下老先生们的意见。”有句话他没有说，但是意思很清楚，这几位说真话、有水平的老同志老了，也许时日也不多了。我不知道杨副局长对这个话，是不是能够听得进去。确确实实，我们没有太大的本领，但是最大的本领就是敢于说真话，有一说一。

作为城市规划建设管理专家，光说真话还不够，说话得讲科学。我们五个人说话是讲科学的。今年是“五四”运动 100 周年，从研究历史文化的角度来看，当时我们在“五四”运动的时候做了两件事。第一件是打倒孔家店。你们没有亲身经历，一直到改革开放以前都还在喊“打倒孔家店”，把孔老夫子说得一钱不值。其实，这样对待我们的儒家文化是不合适的，我们当时没有想到要取其精华。第二个是我们宣传德先生和赛先生，不错，但不完整。当时宣传民主，提倡科学，是对的。但是没有宣传自由、平等、博爱。

我们还批判资产阶级的自由、平等和博爱。现在想起来，自由、平等、博爱有什么不好呢？你只有具有这种精神，比如说清华大学提倡的独立之精神，自由之思想，你才能创造，创新，讲科学，说真话。独立之精神来源于什么呢？来源于平等。我们和领导是平等的。没有平等精神，就不可能有独立精神。否则，书记、市长做的决定，局长做的决定，办公室主任改的方案，你都不敢跟他说不同意见，那怎么创新，怎么发展科技呢？所以领导们别以为我这是鼓动你们下面的技术人员、工程师不同意你们的意见。他们能说出不同的方案、意见才好。他们敢于拿出跟你们不同的方案和意见，你这个领导才是很棒的。你只有这样，有自由之思想，你才能有创意，否则因循守旧，书上怎么说你怎么说，领导怎么说你也怎么说，那还有什么创意？前天，我到学校我儿子的工作室一看，他今年招了 6 个研究生。我说儿子比我强，我当年最多招

2个,他招了6个,说明他比我强。我就跟他的研究生倚老卖老地说了一下。我说儿子比爸爸强,那是天经地义的,儿子要是不比爸爸强,那国家完了,一代不如一代。学生超过老师,这都是天经地义的。但是你再超过,老师还是老师,爸爸还是爸爸,还是得尊敬他们,我觉得这是非常重要的。

大家都知道道家五行相生相克。我们讲城市规划学,就要了解相克相生的道理,规划就会有很多思想可以遵循。这个是道家的思想,金、木、水、火、土,它们是相生相克的。金生水、水生木、木生火、火生土、土生金;金克木,木克土,土克水,水克火,火克金,相生相克。研究城市规划学,你要懂得了这个辩证的道理,规划城市的时候就不会片面。城市规划理念图是一个非常和谐的整体。太阳城是英国霍华德提出的规划理念:一个城市的中心发展到一定的规模,就会辐射出去,发展若干个小些的城市。各个卫星城都各具有自己的特点,相生相克,这是互相依存的关系。在武汉市的规划图中武汉市东北角最大的一块绿楔,与西南角另一块绿楔贯通,沿着长江给武汉市带来一条生生不息的生态带,一条绿带,一条蓝带,一条城市的生命带,一条城市人民美丽家园、幸福生活的天然保障带!

我常提到"五"这个数字。在我的几本书中,研究规划建设问题,常需要对研究对象分门别类,我都用到了"五"。为什么是五呢?是有道理的。九五之尊,五是一至九中间的一个数,五两边一定有左右,这个数字是非常有意思的。你们看看城市规划是不是要考虑这五个要素:生活、生产、资源、环境、发展。人们规划城市、建设城市的根本目的是什么?为了生活,为了美好的生活。我们建设城市,就是为了市民的幸福生活。说到底就是为了生活，吃喝玩乐，玩包括精神层面的享受，读书看戏，游山玩水，而不是一天到晚看手机，玩游戏，追星，醉生梦死。要过上美好的生活，就必须要生产，必须创造更多的财富；想增加工资，房子大一点，车子好一点，吃得有营养一些，就要多生产。生产，就需要耗费资源，建房子，就需要耗费土地资源，就需要砖、瓦、灰、砂、石，需要砍伐树木。耗费资源就可能会破坏环境。湖北现在有几个资源枯竭型城市，大冶就是其中之一。各位知道吧，大冶市的铜矿、铁矿、石灰石矿过度开采，使得大冶市成了资源枯竭型城市，何其痛心。我们国家有多少座资源枯竭型城市，我不记得了，大概有 200 个左右吧，就是因为我们太贪。我们以为生产得更多，会生活得更好，却不知这样做的结果就是影响人们长远的发展和子子孙孙的长远生活。你要发展，就要生产，生产跟环境是有关系的。排放的污染物过多，就有雾霾。大家都知道空气污染是指雾霾，其实，我们的水体污染也很严重，土体污染更严重。我曾经说过，空气污染、雾霾三五年可以治理，水体污染就得十五年治理，土壤污染五十年可能也难以治理。因此一定要协调发展，所以说，生活、生产、资源、环境、发展，是相生相克的。按照道家的原理，金木水火土讲的是哲学道理，按照这个道理思考，就会妥善处理这五个方面的关系。创建生活幸福、生产创新、资源节省、环境友好、发展协调的可持续发展的城市和乡村。

我认为雄安新区的规划就比较好，待会儿我再具体说这个规划，这个规划跟长江新城的规划是完全不一样的。我们也有一张长江新城规划图，这张规划图很好。这些很好的规划图纸真是何其相似。所以说文化一定是跟规划有关系的。

下面讲到的这些事可能比较枯燥一些，因为技术性强。大家知道现在规划要有一个巨大的改变，它的重大意义不是把规划工作从建设口收到了自然资源部门。武汉市把规划局合并到土地管理部门，成立了一个自然资源和规划局。如果仅仅把规划从形式上合并，而不是真正从规划理念上解决问题，就辜负了这次中央所做出的巨大调整。前不久，我到海南开会的时候，遇到了海南规划界原来的一些老朋友，当年他们是办事员、科长，现在都成为局长、市长了。我说规划设计编制和管理的这个变动，是出乎意料的事。但后来我们讨论，其实一点也不意外，而是必须得有现在这个改变。一个重大的改变是一定要把空间规划做好。而这个空间规划理念，应该说，我在2013年就有了这个理念。就是说，整个城市的空间，可以分成三个空间，比如说武汉8500 km^2，不到9000 km^2的土地是武汉市的空间。在这个空间里面有三类空间。一类是生活空间，比如说我们现在开会的地方，我们在这里住，在这里娱乐，在这里学习。第二类是生产空间，生产空间包括三个小类，分别对应三类产业。第三类空间是山林河湖，绿色和蓝色，属于生态空间。过去我们没有把生态空间提到一个非常显著的地位，我觉得这次改变，一定要非常响亮地提出这三个空间互依、互融、互补的理念。而城市规划，最重要的就是这三个空间的规划要有适当的比例。如果这三个空间没有适当的比例，就会出现严重问题。

因此，我就提出来我们的规划应该是注重文化的规划，提出来长江新城的规划要按照我这个规划理念来做。这个布局模式跟细胞结构的模式相似。这个世界就是这么奇妙，一个城市群、一个国家的空间规划，它就跟生物、跟人体、跟细胞一样，都是相似的。只有按照这样的方式来做规划和建设，才可能建设一个可持续发展的城市。所以我们就提出长江新城的规划布局应该是由两个中心城区，十几个特色小镇，数十个田园综合体，上百座家庭农场构成的有机生命体，就如同细胞一样。不过你们到规划局看一看，上海同济城市规划设计研究院提的规划方案与这个规划理念是不一样的。但我相信，只有按照我们这个规划理念，长江新城这 550 km^2 的土地，才能建成一个和谐发展的城市。

我这里提出一个公式，是预测，或者说是合理规划长江新城这片土地空间上的人口规模。大家知道，在这块用地里面现在大概居住着 40 万人。同济规划院规划的人口数量中期是 200 万人，远期还要发展，因为当时我们市领导要求容纳多一些人口，250 万～300 万人。上海同济城市规划设计研究院那位院士虽然大胆，但是也没有那么大胆，他说大概容纳 200 万人。是的，它是能容纳 200 万人，就是将来容纳 300 万人、500 万人也可以。上次有一个研究人员说，研究北京的公交汽车每平方米最多可以挤 6 个人。一辆小汽车居然能挤 16 个人。但是，那是一个什么环境呢？所以我提出一个理论，就是一个城市的城市环境质量一定要分等级。你是想把自己的城市建设成一个环境质量等级高的还是等级低的城市。我仍旧把它们分成优秀、良好、中、及格和劣这五个等级。这五个等级我分别给它一个指标值。这个指标就是生态空间加上第一产业的生产空间除以区域空间总面积的比值 h。当 h 值大于 0.92，城市环境质量等级是优秀等级；当 h 值为 0.88 到 0.92 时，是良好级别；当 h 值为 0.82 到 0.88 时，是中等级别；及格级别的 h 值是 0.75 到 0.82。大家不要以为这些等级指标数字是随便写的，不是的。我经常提出，我们的城市规划一定要从定性规划向定量规划发展。向定量规划发展就一定要有量的指标来衡量。且不说城市将来建成以后环境质量水平有多高，要发展，光靠 GDP 不行。现在说武汉要发展到 2000 万人，武汉大学有一个教授说武汉要发展到 2500 万人。那是不行的。我认识一位北京的专家，姓罗，他说武汉市要发展到 3000 万人，北大一个教授说武汉要发展到 3500 万人。那次北京的罗教授在武汉图书馆做报告的时候，说武汉能发展到 3000 万人，能超过北京。当时市政府有一个想法，想让武汉 GDP 超过北京。北京是 3000 万人，GDP 是 3 万亿元；我们武汉是 1000 多万人，GDP 只有 1 万亿元。专家的想法很简单，武汉市的人口超过 3000 万人，GDP 就超过了北京。我们武汉人均 GDP 与北京是大致相同的。但是大家想一想，现在北京人口在往外疏散，疏解到通州和雄安去。我们还要扩大武汉人口，大家想一想对不对？湖北省有 18 万平方千米的土地，6000 万的人口，武汉市有 8500 km^2 的土地，只有湖北省总面积的 4.7%。4.7%的土地要容纳 50%的人口。北京这位教授是不是不切实际？我问你们，你们愿不愿意把湖北省一半的人都放到湖北省这 4.7%的土地上？肯定不愿意。放不放得下呢？放得下，不外乎车更堵、房价更贵，有什么好处呢？与我们武汉市人民的幸福生活，与我们这一块美丽的土地没有关系。所以这个概念我觉得一定要搞清楚。

我下面说的问题，大家都知道。武汉市要实现三个跨越：第一个是人口从 1000 万向 2000 万跨越；第二个是经济实力 GDP 从 1 万亿到 2 万亿跨越；第三是城市地位从区域中心城市向国家中心城市和世界亮点城市跨越。大家看一看，从 1 万亿到 2 万亿，从 1000 万人到 2000 万人。我们现在的 GDP 将近 15000 亿，要达到 20000 亿，是很容易的，四五年就可以达到。GDP 的增长四五年实现跨越，人口跨越肯定也在四五年之内达到，那才叫跨越，否则不是同步的跨越。GDP 跨越了，人口还在 1200 万。人口与 GDP 的增长是不匹配的。

现在武汉市常住人口 1100 万。我们统计了前十年的人口增长量，大概每年增长 20 万，按照这个标准，从 1000 万到 2000 万还得四五十年。这个 GDP 四五年就达到，人口规模四五十年才达到。把两者放到一块，说是跨越，这是不科学的。

武汉市规划空间面积占湖北省规划空间面积的 4.7%，按照市政府的 2000 万人口跨越，那就是用武汉市 4.7%的土地集中湖北省 33.33%的人口。这是不合适的。根据我找的资料，武汉市的人口曾经有两个预测值：一个是北京的研究院做的，认为武汉市人口的极限是 1300 万人；另一个是联合国的预测，1800 万人。要是按照我刚才那个评价环境等级的公式计算，应该是多少人口？如果想让武汉市的环境质量达到良好等级，只能有 1000 多万人，就是现在的规模。要增长经济总量，增加 GDP，怎么办呢？就要在发展生产、工业转型和提高人均国民生产总值上下功夫。要是降低标准，达到中等水平，可能有 1360 万人，这是我按公式算出来的，我不是随便说的。这个数字可以上下浮动，但是一定不能浮动太大。按这个公式计算，30 年后，武汉市规划空间内的人口规模就可能达到 1700 万人，环境质量等级是及格的水平。我们来校核一下，按照年增 20 万人来算，过 30 年正好到 2050 年，按照自然增长人口加上机械增长人口，是可能的，可以达到 1700 万人了。过了 2050 年武汉就不应再增加人口了。否则，武汉市的环境质量水平是不可接受的，城市的发展也是不可持续的。

将来武汉市应该采取怎样的增长模式？我们应该在自然增长和机械增长中，主要重视或者依赖自然增长，不再依赖机械增长了。我们的开发区已经够多、够大了。譬如报批的东湖高新技术开发区将近 600 km^2 的土地，真正规划出来的建设用地有两三百平方千米，而真正建成的只有 100 多平方千米，进驻的企业所占的面积只有五六十平方千米。这里面还有多大的存量？好好把这几个开发区做好就是了。要在完善城市功能、提高城市品质上下功夫。这样我们的城市才是有活力的，市民才有享受幸福生活的一个美丽家园。当然还有一种思维，叫合并发展，有人说了把鄂州合过来，把仙桃合过来，把孝感合过来，再把潜江也合过来，都合并过来，算什么发展呢？不解决实际问题，这也是不行的。

我刚才说了很多规划的缺点、不足、问题。我经常跟一些老师们或者领导说规划的问题，只有我们这种人讲比较合适。为什么呢？因为我们参加了国家城市化进程的各个阶段。上次我介绍了五个阶段：起步阶段、初步发展阶段、快速发展阶段、稳定发展阶段和成熟发展阶段。如果我现在老是说我们的成绩，那就是“王婆卖瓜，自卖自夸”。成绩都看得到，还用得着我说吗？因此我就要讲存在的问题和我们的思考。但是一定不要低估了我们伟大的成就，你看我这次到这里来开会多么方便，坐了高铁，下来就是地铁，出了地铁站，我就看到了学校。武汉地铁发展真的非常快速。当时建地铁不容易，要报国家批准，我当时说：武汉市的地铁发展得再快也不算快，建得再多也不算多。但是话又说回来，阮成发临走之前说的一句话我特别欣赏，他说要让城市静下来。不知道你们记不记得，阮成发当武汉市市长时还说过一句话：阵痛三年。当时他是市长，我说：阮市长你说的这个话不现实。我说你太乐观了，别说阵痛三年，阵痛三届也解决不了。现在你看看，果然三届了，比原来堵得更严重，所以又证明我说对了。阮成发临走的时候说了一句话，让城市静下来。记者采访我，问阮书记说得怎么样？我说这句话说得太好了，大家都说“阮成发满城挖”，我说他不挖谁挖？他不承担这个名，谁承担这个名？这是一位敢于担当的领导。他说要让城市静下来，就感觉到我们发展不能只求快，他觉得施工要有序一些，施工要少一些，影响要小一些，扰民要少一些。结果他调走了，去当省长去了，现在仍旧存在这些问题，城市还没有静下来。还有，不要低估了沉重的代价，这点我不细说了。九个代价多么沉重啊，空气的污染，自然资源的消耗，包括城乡差距的拉大，道德水平的跌落，很多，我就不说了。

再一个就是不要低估了巨大的困难。武汉市的发展面临许多巨大的困难，你们想一想就知道，比如停车困难。武汉的停车问题怎么解决？现在几乎无法解决。记得我在十年前说过，要是再不采取我说的五项措施，那么停车的问题会越来越严重，将来比行车难更难解决。

但是，也不要低估了我们的潜能。世界规划发展技术和水平以及学术水平是在日渐提高的，我们国家的规划师也有很强的本领，我们创新能力也在渐渐加强。我相信，我们的规划会走上科学的发展道路。

最后，不要低估了我们美好的未来。我们建设的城市一定会成为我们美丽的家乡，为了我们幸福的生活。规划就是为了美丽家乡、幸福生活，不是GDP，也不是城市人口的扩大。

我说完了,谢谢大家!

主持人:感谢赵教授的精彩发言,现在大家可以提一些问题跟赵老师交流一下。

嘉宾:我有一个问题,关于停车难的问题,我家在丁字桥附近,丁字桥附近有一些人行道,比如中百超市门口有很大的一块空地,是给行人走的,但是一到晚上那块空地基本上就没有走人了,有一些车就在那里停着。但是那些车停在那里,就不停地被贴罚单。我觉得晚上停在那里也没有什么影响,因为车位实在太紧张了,真没有地方停车,只能停在那里。所以这个矛盾确实很大。我觉得如果以后晚上走路的行人不多的话,可以停车。这样的方法可行不可行,科学不科学?

赵宪尧:你说的办法是可行的、科学的。说到停车的问题,我稍微多说一点。因为停车问题确实每一个人都遇到过,是很大的问题。要解决停车问题,我说了几个重要的观点,一是要贯彻实行一车一位的制度。当时大家听了以后,觉得怎么能做到呢?国外是做得到的。那一年我去美国两个月,我跟武汉市交通管理局局长说,我到美国去看一看人家违章停车是怎么处理的。结果我在美国待了这么长时间,有两个多月,我没有看到一个违规停车的。为什么呢?因为美国的车位是充足的,他们的车位是按照1∶1.5来设计的,而我国的车位数是远远不够的。美国的停车包括夜间路上停车。我国现在也在路边画了很多停车位,可以在夜间停车,但是白天要走车的时候,车子要挪走。我在美国没有看到别人违章,但是自己违章了。我们开车就停在那个地方,旁边有停车标识,但是上面写了停车时间,我们没有看到,于是大概被罚了100美金。这就证明停车要加强管理、加强规划，办法总是有的，但是一定要去做。我们中国的一车一位为什么实行不了？因为管理的问题导致好的制度没有有效执行。我告诉大家一件事情，北京有一个交通管理局副局长，是我们国家武汉大学物理系第一个毕业的，叫段里仁，专家型的领导。他们当时制定了一个规则：买车必须得有一个车位。结果没有想到开发商把同一个车位卖给了几台车，后来连居委会的老太太画的车位也卖给了几台车。

我觉得刚才你说的事情是对的，是可以做的。并且我告诉大家一个对我来说的好消息，我们跟市长提了意见以后，张市长交给我一个任务：基于交通管理的武汉市道路交通规划设计研究。一切东西要从使用者出发，谁最接近使用者？管理要从老百姓的需求出发，但是管理一定需要规划和建设的配合。所以我觉得张市长给我的题目非常好，我们也正在做研究，希望做好了以后，能够为武汉市道路交通的和谐可持续发展铺平道路，这也得感谢领导的支持。

嘉宾：赵教授，我有一个问题想请教一下。按照您的公式，城市环境质量达到优秀的级别，在中国的大城市是不是无法实现？因为我们到美国和其他一些国家参观的时候，出乎意料的是，基本上看不到很多高楼大厦，包括最繁华的纽约、曼哈顿。实际上那些楼房都是1929年前后建的，距今将近100年了，就是最近一些新建的建筑，也很少有建摩天大楼。根据我自己的观察，加拿大的人口是3500万，约是湖北省的一半，它的国土面积比中国还大，所以可以做到低密度的空间规划。但是中国城市环境质量是不是永远也无法实现优秀的级别呢？另外，我参观过华盛顿，很出乎意料的是，那里100年以上的建筑居然有几万栋，像国家广场附近的博物馆之类的建筑都有上百年的历史，但是全部都完整地保留着。这是因为中国的人口基数太大造成的，还是因为中国人喜欢住高楼大厦？从全世界来看，中国可能是一个特例，就是高楼大厦如此之多。而且如此多的城市修建了如此多的高密度的居住空间，城市环境是否无法达到这种优秀的级别？

赵宪尧：我们国家的人口众多，因此在我们国家再小的问题乘上人口数也成了一个大问题；正因为我们国家人口众多，我们再大的成绩除上一个人口数，就是一个小成绩。这个观点有对的一面，但是也有不对的一面，就是很多领导的想法跟你一样，我们中国人口众多，我们做不到优秀。我为了对这个说法提出批评观点，让我们用数字说话。这不是批判，而是讨论。我调查了世界很多国家的城市，不要认为我们国家人口拥挤，就原谅我们做得不够好。大家看看每千人所拥有的土地面积，我们国家是7.1 km^2。我们比谁小呢？肯定比俄罗斯小，俄罗斯是122 km^2，美国是31 km^2，英国是11 km^2，但是大家知道吗？法国只有9.6 km^2，比我们多不了多少。大家再看德国，只有4.5 km^2，比我们少了60%，大家再看一看日本，它只有3.1 km^2，印度只有2.7 km^2。我们千人所拥有的土地面积在世界上比俄罗斯、美国、英国要少，但是比德国、日本、印度要多。德国和日本没有我们这样的交通拥堵、环境污染和高楼大厦。这还是城市发展的理念问题，实际上我们国家是完全可以做到的。我们国家有没有城市做到呢？有，我到许多小城市去过，像十堰市的竹溪县是多么美丽的一个小城市。说实在的，那个城市如果规划建设得好，就用不着建高楼大厦，那个地方是生活很舒适的地方。但是竹溪县的规划又非要扩张，这就不对了。你只有转化理念，回归城市规划建设的目的——美丽家园，幸福生活，而不是为了 GDP，不是为了城市人口增长，不是为了政绩。我记得一个领导说的话很对：如果政绩跟人民幸福生活密切挂钩，这个是值得提倡的。政绩跟人民的生活没有关系，或者脱钩，这种政绩要它有什么用？我比较了美国的佛罗里达州和我国的湖北省，人口和人均产值相比，佛罗里达州城市首位度所占的比例跟湖北省城市首位度所占的比例，以及前五位城市所占的比例，完全是不一样的。佛罗里达州的城市首位度很小，前五位占的比例也小。我们为什么不走这个路子呢？为什么非要集中在一个巨型城市呢？为什么非要 3000 万人集中在武汉市呢？我觉得我的这个公式和今天讲的道理你们一定会同意的。我相信这些话跟市领导说了之后，他会同意我的意见的。我觉得我们可以做到。

主持人：谢谢赵教授，我们今天的读书会就告一段落。

扫码听本次讲座音频

改革开放四十年城市发展与经验

——“武汉光谷三十年”主题讲座

尊敬的主持人、各位领导、各位嘉宾：

上午好！

“光谷从不毛之地，逆袭成世界光谷”是举办方给我出的题目。从一个学者的角度来说，这个题目是片面的，或许题目可以改为“光谷建设与规划”。但光谷就是东湖新技术开发区。这片美丽的土地一直以来并不是不毛之地。这里有华中科技大学，当年曾矗立在这片土地上的还有武汉汽轮发动机厂，那是我们国家在1958年建立起来的，是我们国家的重型企业，属于关东工业区。咱们不能用现在的30年去否定过去的30年。

这30年所取得的成就，都是在之前的基础之上完成的。我一直参加我们国家的城市建设，我1964年参加工作，进入城市建设领域，可以说我们国家的城市建设日新月异，蓬勃发展，并不是这30年才得到了发展。当然，这30年我国的城市建设得到了巨大的发展，我参与其中规划、建设，深感骄傲。但是话又说回来，我也知道，我们付出了沉重的代价。如果我们今天仅仅看到了这30年里取得的巨大成就，而忘记了我们过去30年，甚至过去60年的成就，我们就忘掉了我们的祖先，忘掉了我们的前辈为之艰苦奋斗的历史，这是不应该的、不负责任的，也不是实事求是的。所以我不赞成宣传光谷是不毛之地。

“世界光谷”一词，说实在的，这是一个很典型的言之无物的词汇。宣传可以用，但是我讲规划科学不能用，因为它是典型的“假大空”。我们说话要实事求是，不要盲目自夸。我认为实事求是才是正确的态度。这里就是我们光谷人民学习、工作、幸福生活的空间载体。

所以，我提出了一个观点：什么是我们所追求的目标？我们追求的不是 GDP，而是美丽家园、幸福生活。什么才是美丽家园、幸福生活呢？长江新城的规划中曾经提出了一个名词，叫未来之城。未来之城是个生态之城，是个智慧之城，是个可持续发展之城。

最近在我们国家城市规划领域，有人提出了一个概念：上半场城市化。在北京的学术会议上，我跟他们说，这个这个概念我理解，但是我不完全同意这个提法。但是在我们国家，有一批理智的高端规划师们在思考一个课题，叫作上半场城市化发展。他们认为，我国现在已经处在下半场城市化发展阶段。大概在 2003 年前后，他们认为，我们国家的城市化率达到了 50%，因此我国应该进入下半场城市化阶段。大家想想，这个意味着什么呢？这意味着从 2003 年以后，我们在做城市规划和建设时，不能像前半场那样了。前半场城市化进程有一个重要的特点，是什么呢？就是开发区。但是到了 2003 年的时候，我们国家的领导人和一些有远见的规划界的领军人物，他们意识到国家的城市化进程进入下半场。而下半场的规则与上半场有所不同。我不同意下半场这个词，但是我同意这个理念。也就是说，从 2003 年以后，我们国家的城市规划、城市建设不能再按照原来的路子走，要有新的思路、新的理念。我为什么要用下一轮这个概念而不用下半场这个概念呢？因为我所说的城市上一轮城市化进程，是指改革开放后的那个 30 年。但是别忘了，那个 30 年之前还有上一轮，1949 年到 1979 年的 30 年。那个 30 年我们不能够抹杀掉，那是一个朝气勃勃的 30 年，那是一个风华正茂的 30 年，那是一个激动人心的 30 年，那是我们国家蒸蒸日上的 30 年，不能忘记的 30 年。因此，我觉得用一轮来表示比较好。那么，这两轮城市化运动的分界是哪一年呢？是不是可以以城市化率作为指标来划分呢？全国各地是否都整齐划一呢？我并不完全认可。其实，这一轮以后还会有下一轮的。是不是还是以30年为时间长度呢？尚未可知。

城市规划建设应该遵循一种自然有序、渐进民主的文化和文明理念，符合人法地、地法天、天法道、道法自然的文化理念和道教法则。如果我们秉承为人民服务的理念，我们城市化进程就会步入自然有序、渐进、可持续发展的道路。否则我们的建设就会有问题。我们的这30年，取得了巨大成就，但是我们可以做得更好。

我们要知道，所有的成就都是在大背景之下成功的，不要忘记了时代背景。看看光谷的发展就知道了。1984年，我们有了初步的想法，我当年刚从北京调到这里。1988年我们有了24 km^2 的规划，1992年，邓小平同志到了湖北、深圳、珠海、上海以后，发表了一个讲话。如果没有这个讲话，光谷没有今天。当邓小平讲话的时候，我受学校党委的委托，到了我们国家最大的经济开发区海南岛。为什么？我想应该是为了学习改革开放如何建立，如何吸取国外的先进经验，建设我们国家现代化城市。

光谷的规划，是我们共同努力的结果。我77岁，仍旧为光谷建设贡献我绵薄的力量。大家看武汉东湖新技术开发区某工程的论证，这个会有五个专家参与，这五个专家签字，论证才能顺利通过。组长是湖北省住房和城乡建设厅原来的总规划师。在这个会上，我们认真论证了这个项目的合理性、必要性、可能性、科学性和法定性。如果我们这些专家不能认定这几个问题，如果不签字，这个项目就不能马上开工。我仅仅是一个很普通的光谷人，一直在为光谷发展努力。

城市建设的交通预测与环境、土地开发之间关系的数学模型预测，主要是由从北美和西欧回来的一批青年俊才提出的。他们把国外的先进技术引进来，用在我们国家的建设和光谷的建设上。我说过在建设光谷上，我有这样的情怀，但是我的技术已经不如这些后起之秀。当年大家让我当法人代表，是因为看到我是一个正直的专家，是一个正直的科技工作者。

上个月我在华中科技大学为城市规划专业和交通工程专业的学生开了一堂讲座，中间我用不到一半的时间讲了大学生的素质教育，大学生要培养成什么样的人。上个星期在武汉轻工大学，同学们就问我到底应该成为一个什么样的人？我讲同样一个话题。我说了，五爱。五爱是什么？爱祖国、爱人民、爱科学、爱劳动、爱公共财产。我说你们要把这个作为自己的理想。

光谷每天不一样，大家认为典型的光谷就是光谷广场。我是武汉市第一个轨道交通 2 号线专家认证委员会专家。武汉市这样的城市交通一定是以轨道交通为骨架，以常规交通为补充，只有建成这样一个公共交通系统，武汉才能得到可持续发展。

习近平主席曾说：我们既要绿水青山，也要金山银山，宁要绿水青山，不要金山银山，而且绿水青山就是金山银山。我觉得我们市民应该谨记习主席的谆谆教导，一个市民应该怎么做？请向我们华中科技大学五位老同志学习。我说过，华中科技大学的发展就是武汉光谷的发展，我们有骄人的成绩。看看光谷最为骄傲的华工科技，看看我们国家最为骄傲的武汉光电国家实验室。你们只看到了光电国家实验室的一期，你没有看到第二期，设备多么先进，专家多么高端，目的是如何高尚。但也有不尽如人意的地方，东校区的一条小河已变成臭水沟，环境恶劣。我们多次向市里反映，最后我们五个老同志写了一个很重要的报告。列举了这条臭河的过去、现在的情况和将来的发展，并且讲了这条臭气熏天的河道给我们带来了多少危害，我们东校区的教师癌症的死亡率远远大于国家的平均指数。于是我们要求市政府必须治理这种河流。这个报告我们多次递上去，我觉得作为市民就应该这样做。后来领导派了另外一个副市长带着公证员到我们学校进行了调查，召开了座谈会，布置了任务，一定要把这条河治理好。于是副市长到设计院征求我们的意见，特别征求我们五位老专家的意见。武汉市政府最后决定给我们七个亿，我们学校丁烈云校长又退了一个亿，这条河也是我参与设计的。我们华中科技大学是高等学府，我们想使这里形成华中科技大学的一景。若干年以后，大家看到华中科技大学有桥梁，我觉得我们在爱护我们的家园，把我们家园建设得更美好。

相信我们的政府是人民的政府，我们的市领导是为人民服务的市领导，我们的意见和想法要反映，不要老觉得这些意见没有采纳，想法没有实现，就不去做。只要我们市民这样做，我们专家这样做，我们这个城市就能够成为武汉市民的美丽家园。我们的光谷就能够成为光谷人的美丽家园，让我们能在这里生活、工作和学习。

主持人：让我们再次用热烈的掌声感谢赵宪尧教授充满感情的精彩演讲。我觉得赵宪尧教授讲到的内容会让我们终生难忘。我汇报一下，我本人在华中科技大学学习了三年，学习公共管理，在学校学习的这几年时间，咱们学校可以说是青山绿水风光无限，不仅有绿茵茵的草坪，有非常漂亮的操场，也有我们赵教授所说的小桥流水，也有河畔。在这样环境优美的校园里学习和生活，应该说给我们一生留下深刻而美好的印象。但是我想说华工人最重要的就是走出校园，走上社会，就如赵教授所说的，不是做大官，不是做大明星，不是做大款，而是本着有五爱，爱祖国、爱人民、爱科学、爱劳动、爱护公共财物，做普通人，有这五爱的普通人何愁自己事业不辉煌，何愁自己不能够朝着的理想目标而迈进，让我们再次用热烈掌声感谢赵教授。可以说是赵教授的谆谆教诲，仿佛让我又回到了华中科技大学学习的课堂上，非常感谢赵教授。

提问：我问赵教授一个问题，这个地方的房子现在都在销售，我要不要买这里的房子？要不要搬过来住？

赵教授：这个问题问得很好，我告诉大家，我的房子 200 多平方米，卖给我们学校一个非常有才华的老师，总价 400 多万。谁买这里的房子比较合适呢。说实在的，比较有钱的。但是更应该住在这里的，应该是汽发厂的职工，他们的房子被拆迁了，他们更应该住在这里。因为我们国家有一个政策，拆迁的房子要就近安排。你能不能买在这儿，我建议不受别人话的忽悠。不要以为这里挨着一流高等学校，你的孩子有没有前景，不在于你住不住在这里。你可以住在穷乡僻壤，只要你的孩子有向上之心，有五爱之心，他将来就是国家的人才。

提问：目前我们该如何来保护光谷的环境。

赵教授：我想请主持人尽量能够给提问题者多一些时间。我先回答一下这个问题，我先说创业的问题和我的感受。李萍小姐是创业成功人士之一。但是我可以告诉你，实际上在光谷创业成功的人士比例是很小的。你是佼佼者，不要让大家觉得到光谷就能发财，就能创业成功。你的创业成功得益于你们的艰苦奋斗和与时俱进，符合了时代的潮流，创业不成功的人是很多的，因此大家来光谷不要认为这里遍地有黄金。你要做的是艰苦奋斗，承担很多的艰难险阻。这个话本来我还要说的，我不说，说多了不好。

刚才提到怎样保护光谷的环境，这也很简单。按照习近平主席的话去想，按照习近平主席的话去做。不但你这样想，而且你要影响你的领导，影响市里的领导，甚至于影响国家的领导人。大家知道，现在的规划已经把权力从规划部门剥离出去，交给了国家资源部。为什么要剥离出去？这个说来话长，这个话题我不说。为什么规划给国家资源部，我刚才说的这个意思就是不要污染环境。现在的工业我不知道污不污染环境，工业要是污染环境，企业就别来，或者有污染，要把污染降得更低，同时开发区的房子不是盖得越高越好，房子不是盖得越密越好。容积率不是越大越好，而是越小越好，光谷容纳的人不是越多越好，而是适宜才好。我说最多容纳 200 万人，不要太多了，好好保护自己的环境。生活污水不要往小河流里排放，垃圾不要乱扔，最好是生活在一个无垃圾的生活模式中间，尽量少用塑料袋，尽量少浪费水资源。爱护资源，爱护生态，从我做起。我觉得就做到这些就好了。

提问：我今天来参加讲座，我觉得收获非常大。对赵教授的印象，第一个就是知识渊博，第二敢讲真话，而且赵教授一再强调不要老说成绩，要谈点问题，我先提两个问题。第一个，赵教授，你是搞轨道交通的，我很关心 9 号线，9 号线好像至今都没有，还有城际铁路的存在到底是利大于弊还是弊大于利？第二我觉得我们提出美丽家园和幸福生活。东湖从前是一条臭水湖，现在治理得很好，其实我现在更关心的是汤逊湖，汤逊湖据说面积比东湖要大五倍，而且先污染后治理的成本太大，对汤逊湖这种规划我不知道考虑过没有，谢谢。

赵教授：你刚才问这个问题我考虑到没有，大家看这个，我刚才说，这是东湖高新生态主义论证。我有一定的发言权。但是发言权甚小，因为最有发言权的是执政者，也就是政府的领导，我仅仅是提一个建议，我是个专家，是个参谋。但是我跟有些领导说过，我说如果你的参谋总是同意你的意见，你说什么他就说什么，你要这样的参谋有什么用，参谋就应该提出不同的意见。汤逊湖的规划我们做得很好。不是我做的，可以说是我的学生做的。这个规划划有绿线和蓝线，蓝线是水面线，绿线是绿地线，这是不许超越的，保护得很好。绿线画得好与不好，我相信我的学生们，他们一定比我更有知识，我相信他们画得好，关键是能不能够执行。

武汉的六个绿线范围有一个是我们东北部最大的一个，就是现在长江新城的所在地。如果我们这一届政府不能够制止在把长江新城变成一个所谓的未来之城。未来之城的规划是多少？它要容纳 250 万人，容纳了 250 万人，我们还有绿线吗，没有了。要容纳 250 万人，我找规划人员私下里谈过它的规划。武汉市的领导不太愿意我跟他们接触，怕我的思想影响了他们。他们说赵教授怎么不早跟我说。这是规划人员的原话，他们意思是说我要早跟他们说，他们可能有另外一个规划思想。当时要求一个院士牵头做一个容纳 250 万人的规划，这 250 万人中，还要从光谷东湖新技术开发区里面分流出去 60 万人。把原来的绿线填进去，我认为这样做不合适，这是我们武汉市的绿线，不能在这规划这么多人。那里应该如何求发展？赵教授的建议方案是504 km^2 里面有两个中心，十几个特色小镇，一百个社会主义新农村，是这样的一个生命体。这个问题我觉得是这样，不知道你满不满意。

扫码听本次讲座音频

我国当代城市规划与交通问题思考

——在山东建筑大学学术讲座

尊敬的各位老师们、同学们：

大家好！

城市规划专业和交通工程专业可以说是我们国家城市建设中最为关键的两个专业。这两个专业一定是支柱专业，而且必须得互相渗透。城市规划专业有一门道路交通课程，但是据我了解，城市规划的同学对道路交通这门课并不太重视。50 年的规划经历、设计经历以及教学和科研经历，我深知，城市规划专业如果没有很好地与交通规划、交通设计相结合，规划一定会出现问题，也可以说现在我们国家城市出现的问题主要就是由规划产生的。我觉得城市规划专业的从业者和城市规划专业的同学们一定要深入了解道路交通在城市规划专业中举足轻重的地位。

由规划专业，或者由道路专业派生出来了另外一个专业，叫交通工程专业。交通工程专业这门课也没有得到应有的重视，甚至有的老师对这门课就不太重视，因此我们城市的交通出现了很多问题。我们老是想解决交通问题，但是我们没有找到问题的根源，或者说没有能够很好地跟规划专业进行对话，所以我们的工作没有得到很好的落实。

我今天讲的是大家看到的规划问题、交通问题，归结起来可以说是我国城市规划和交通中存在的问题。解决这些问题，主要得靠你们这些老师和学生。所以我作为一个城市规划建设先行者，迫切地希望各位通过努力学习和努力工作，来解决我今天所讲到的城市规划和交通的问题。

问题为什么会出现呢？

可以说，所有问题的产生就是因为我们忘记了初心。城市建设和规划也是因为我们忘记了初心，所以才出现了这些问题。那我们的初心是什么呢？这几年来，我总说城市规划和建设的初心就是八个字——美丽家园，幸福生活。

我们的城市和城市交通面临哪些问题呢？概括来讲，就是九大城市问题、五大交通问题。我想对大家提出几点要求。

第一条，不要用简单城市化的规划原理和方式对待规划的城市。各位城市规划专业的学生和老师以及规划技术人员都要做到。

我国原本的许多历史文化名城，如武汉、济南，并没有得到保护。武汉市的中苏友好宫，也叫武汉展览馆，是当年我们国家在那个历史发展阶段非常经典的一座建筑物。这种建筑物在全国共有四座，其他三座在北京、广州、上海。但是武汉展览馆竟然被炸了，武汉人民真是痛心。即使新的建筑比历史建筑要好看些，也不能炸，因为那是我们的前辈留下来的优秀历史文化遗产。城市建筑是城市历史的记忆，是一个国家发展的历史记忆。

第二条，不要任意扩大用地规模，人为做大人口规模。

城市规划有一个非常重要的理论，就是要预测规划城市的发展规模，最重要的就是预测城市人口规模。城市人口规模的发展源于产业发展规模。城市人口怎么来的？是从农村来的。由于生产工具进步了，生产力发展了，农村从事第一产业的劳动力过剩，进入第二、第三产业的工作岗位，于是第一产业人口变成第二、第三产业人口，这就是城市人口的来源。因此，一个城市人口的增长只有两个驱动。一个是自然增长，出生人数减去死亡人数。另一个是机械增长，这就需要从其他的地方吸引人口。“要严格限制大城市发展，大力发展中小城市，促进产业和人口的合理布局。”你们想想，这是非常重要的规划原理。

如果我们按照这个规划原理执行，那么我们国家的城市就是分布均衡、发展和谐的一个城乡综合体，让城市有序发展、可持续发展、渐进发展、健康发展。现在城市发展出现问题，就是因为在上一轮城市化运动中，我们没有真正为进入城市的人口提供生活、工作、娱乐等各个方面的环境，包括教育、医疗等方面。

第三条，不准破坏乡村的田园风貌，不准做无谓的、无用的规划。

在上一轮城市化进程中，一个非常大的问题就是我们的小城镇，特别是乡村，凋零、败落了。当然也有像工业新区那样建设起来的农村，也有发展起来的农村，但是从普遍意义上来讲，我们的乡村规划和建设是有问题的。与城市发展不同，农村并没有依自身特色建设，照抄照搬的模式浪费了资源，破坏了环境。规划专业的从业人员要努力去弥补过失，要让城市回馈农村，要把农村真正建成一个宜居的、美丽的、幸福生活的农村。“不准用城市规划的办法去规划农村”，这个话我是深有体会的，我们做了很多城市规划、农村规划，我们用城市规划的办法把农民集中起来，做成工人新村。这样的规划和建设状况让人心痛，我深深地感受到城市规划和建设工作者的过失。我们在建设城市的时候，一定要想到，城市是个综合体，城市本身就包括一些小城、小镇和乡村，要花大力气对待主城区以外的那些小城、小镇和乡村，要重视它们的规划。否则，只是主城区现代化，但是小城市和农村却非常破败，是不合理的。

我们这一代原来所做的城市规划建设所遗留下来的问题，一个是城市九困，一个是五大交通问题，我们规划人员和交通工程专业的技术人员所应该追求的目标，就是要解决这些问题。

第一，就是要进行科学研究。重视科学研究，就要结合中国的实际，结合中国的特点，结合省市的特点，不同城乡的地理位置、自然环境、文化特点、人口布局等都不一样。因此，我们就要有针对性地进行科学研究，才能够为我们国家所有的城市和乡村、大大小小的城镇提供科学的规划理论依据。我想，这个任务肯定就要靠我们城市规划建设领域的高等学校。所以这是第一项工作，不要忽视它。

第二个是规划设计。将来，你们绝大部分同学很可能从事规划设计工作，但是你做规划设计的时候，你一定要记住那七个“不准”。你们一定做到“不要”，低标准是“不要”，高标准是“抵制”。这七个“不准”可能使我们国家的城市规划走上健康的轨道。

第三是要建设。我们规划人员有一个缺点，就是不太重视规划的实施。我们做了很多无用的规划，包括城市总体规划、城市控制性详细规划和城市设计。我跟大家说说乡村规划，我非常佩服的是以孙君先生和崔德基先生为代表的这一批农村规划工作者。他们是另类规划，完全无视我们现在规划方面的条文、方法、方式。但是就是他们这些被我们主流规划界视为不入流的规划工作者，建成了我们国家这么多美丽的乡村，这些乡村分布在山东、河南、湖北、陕西。他们不画我们这种专业图纸，就是到现场指导农民把房子盖起来，把路修起来。崔德基先生还是韩国人，到了中国，去了农村，他就想要建设美丽农村。他确确实实是一心一意要建设我们国家的美丽农村。看到他所做的规划建设的农村，你不得不敬佩。农村规划，我觉得应该向孙君先生他们学习。总之，我觉得规划建设一定要落地。

最后一个是管理。你们将来完全有可能成为政府官员。那时你们从事管理,就得要按照城市规划建设的规律进行科学管理。城市规划要有延续性,不应该因领导的更换而更换,这是规划的严肃性、规划的可持续性、规划的科学性、规划的权威性所决定的。同样的道理,我们作为规划工作者,不能够去做这样不符合规划法理、规划原理的事情,一次一次扩大城市规模,扩大用地范围。

我们要敬畏这个城市,城市就是一个生命,城市有一个发展过程。

我们在城市规划和交通规划中需要做城市道路系统规划,要对所有的道路进行分类分级。我们做任何事情都得有个标准,有个规范,有个规定,有个规程。我们国家对道路交通都做了规定:城市道路分为快速路、主干道、次干道、支路四级;公路分为高速公路、一级公路、二级公路、三级公路、四级公路等。这样我们国家首先引进了快速路和高速公路的概念。

我们把城市道路、公路这样细分,还出现了这些交通问题。我们就琢磨,快速路和主干道中间有没有可能再分出一个连续交通道路。这个等级的道路的标准是什么呢?是连续道路。连续道路的特点是强调在其上行驶的车辆能够基本连续通行,而不强调快速或高速。按照车速来划分,高速公路的设计车速为80～120 km/h,城市快速路为60～80 km/h。连续交通道路的设计车速是不是定位在40～60 km/h就行了?行驶车速为40～60 km/h有什么好处呢?

第一,车头时距最短时候的车速叫作最佳车速,也就是说通行能力最大的车速叫最佳车速,最佳车速是50 km/h。那既然这样,就可以看得出来拟定的设计车速如果是50 km/h左右,道路通行能力可能最大，这是第一个好处。

第二，大家看看交通安全方面的问题，交通风险往往是随车速的提高而增加的。如果我们定的车速不是60～80 km/h，而是40～60 km/h，那么交通事故率就有可能下降，交通事故的严重程度就有可能下降。因此，我们觉得应该增加这样一个等级的道路。连续交通道路的特点就是车辆基本可以连续通行。要实现这样的道路状况：第一，要做些道路工程技术，在道路横断面、道路交叉口等处做一些技术性的设计工作；第二，可以在智慧化交通技术上做些工作；第三，行人、自行车、机动车这些不同的交通使用者能够同时在这种道路上畅通通行。当然，只要掌握了下面我说到的这五项关键技术，就可以实现。

第一项是连续交通道路规划与工程设计技术。这个道路系统包括道路网络、道路平面、横断面线型、道路交叉口和产生这些交通的建设用地，为连续交通道路的实现提供技术支撑。大家可以从"点、线、网、面"这四个方面去做。

第二项是连续交通控制管理技术。交通设计对交通工程专业非常重要。连续交通控制管理技术把原来通常认为的交通标志标线、交通管理、交通控制放在一起，提供一个完整的、优质的设计，这就是交通设计。我在武汉市当专家评审项目的时候，就要求我们武汉市的设计单位，设计任何一条道路都需要增加交通设计的内容。交通设计过去叫交通工程设计，主要是交通标志标线设计，现在应该有新的交通设计，交通设计里面应有绿波交通等连续交通的内容。

第三项是基于大数据的实时交通预测技术。我们现在做的都是按照四阶段交通预测法原理设计出来的交通生成、交通分布、交通方式、交通量分配的几个模型，这是远远不够的。大家知道，虽然四阶段交通预测法包括各个模型，是交通工程专业的核心技术。但这个四阶段交通预测法有很多缺陷，需要进一步改进。其中一个改进就是我提出的这个实时交通预测模型。也就是说这个交通模型要能够根据现在可以比较容易得到的各种大数据，包括手机信令数据，包括各个检测设备的数据，用这些综合大数据，能够得出一天的实时交通量，能够得出一天中各个时段的交通量。为什么要有这个实时的交通量呢？因为当我们进行工程设计和交通设计的时候，如果没有实时交通预测技术得到的交通量（又叫流量流向）作为支撑，这个交通执行的方案是不科学的。我们不能离开交通量去制定管理措施，而这个交通量又一定得是实时的、准确的。因为任何一个管理措施，它一定适合某一种交通量数据。

第四项是基于实时交通量分配的车辆导航技术。据研究导航的科技人员所说，这个技术我们完全可以做到，那就是实时把交通量分配反映给驾驶员，给驾驶员指出最佳的连续交通线路，让整个城市、整个区域、整个路段不堵车或者基本不堵车，而能够连续运行。

最后一项技术就是基于实时交通情景的仿真修复技术。英国、法国、印度都有类似的成功案例。

为实现连续交通，需要做到以下几点。

第一，为城市规划一个连续交通的道路网系统。这个城市的总体规划是中国城市规划设计研究院做的，再增加一个连续交通道路系统，也可以叫准快速路系统。就是从快速路和交通主干道中选出几条做连续交通道路系统。因为这个城市的老城区比较多，要想实现全城的连续交通相当困难，但是要实现一个路网的连续交通系统，实现一个层次的连续交通是可能的。它不是高速公路，也不是快速路，这是可以做到的。这是要做的第一件事情，即做出一个连续交通路网。

第二，我们对连续交通道路的横断面做了调整，这是实现连续交通系统的一个很有力的技术手段。中央要有分隔带，这个分隔带尽量宽，最好不小于 6 m。主要矛盾是机动车之间的矛盾，是对向机动车之间的矛盾。因为当速度过大，对向机动车一旦出现什么状况，就会出现恶性交通事故，车毁人亡。我们国家实行改革开放以后，大概是 1984 年，在我们修了第一条沈大高速公路的时候，这条公路最大的特点就是有中央分隔带，两边还有应急停车带，主要是引进了日本高速公路的横断面设计形式，并且把它广泛地应用在一级公路上。但是这个理念并没有推广开，后来在城市快速路的设计中，中央分隔带和应急停车带也没有得到足够的重视，其他交通性干道上的中央分隔带更没有得到重视。所以说产生了经十路没有设中央分隔带这样的一个遗憾，出现了这么多交通事故，并且跟现在的交通组织和未来的交通改造带来了困难。因此，连续交通系统应强调中央分隔带的设置。

第三，交叉口系统设计应得到重视。我要讲一个问题，就是大家对环形交叉口的认识有误区。对于环形交叉口，我们要突破现在国家规范的要求。小环形交叉口让行设计理论在英国、北美得到运用，交叉口的半径不用大于 30 m，可以是 7 m，也可以是 5 m，甚至可以更小。我们国家也做过这种环形交叉口，它的半径就是 7.5 m，运行了 30 多年。我们还要改变一个概念，环形交叉口的中心岛不一定是圆形，它也可以是椭圆形。比如一个主干道和一个次干道相交，如果是环形交叉口，不要设个圆岛，应在主干道上把长轴拉长。我说另外一个大家要注意的事情，就是环形交叉口在不同时间段可以采取不同的管理方法。比如设置了一个半径是 7.5 m 的小环形交叉口，在绝大部分低峰、平峰的时段，让它自行运转，高峰时段再启动红绿灯灯控。但是要注意，这种环形交叉口的设计还有个特点，它还有个边沿，大概宽 3.5 m，大型车辆还可以压边沿行驶。关于环形交叉口，这些就是我要说的新理念。

第四，连续交通设计和绿波交通的实现，需要一个很重要的条件，就是道路交叉口的间距大致相等。但是绿波交通就是连续交通理念，其实，虽然不能实现双向的绿波交通，但可以实现单向的绿波交通。即使一系列道路交叉口的间距不一样，按单向绿波交通设计是完全能够实现的。同时在不同的时间段，采取不同的交通设计、交通管理、交通控制的措施，在一定的交通量之下可以做到绿波交通。

最后一个就是交通情景规划理念了。我给大家说说交通情景规划的作用。交通情景规划在湖北省十堰市取得了很好的效果。我们在十堰市综合交通体系规划招标时中标了，其中一个原因是我们提出了一个交通情景规划理念。我下面介绍的就是它。我觉得将来各位就可以按照这个思路用科学的交通规划给领导当好参谋，我们拟定了两个道路情景：一个道路情景是原来中国城市规划设计研究院规划的这个道路系统完全不改动；另一个道路情景是按照连续交通系统的规划做的道路系统。接着又拟定了人口规模情景——100 万人口的情景、125 万人口的情景、150 万人口的情景、200 万人口的情景和 250 万人口的情景。结合综合情景，经过交通出行调查，然后运用四阶段交通预测法做出预测模型，分别对交通服务水平进行展示，展示了不同情景、不同交通服务水平预测结果。我们觉得用交通情景规划的方法推荐的这个方案比较科学，为当地的市领导做好了参谋。这个十堰市综合交通体系规划第二年获得了我们全国优秀城市规划设计奖。这个规划就是要实现我们课题组的一个初衷，要给这个城市提供一个和谐的交通服务状况。

讲到这里，就是希望同学们将来能用自己学到的知识，真心实意为城市人民服务，为城市领导做好参谋，做好我们的工作，实现我们国家城乡的和谐交通，实现美丽家园，幸福生活。

谢谢大家！

附：交流环节赵教授回答问题记录

提问：济南现在在建 CBD（中央商务区），交通规划的形式是密路网小街区，但是该如何与周边片区衔接呢？其他片区在编制控制规划的时候，不会像 CBD 道路网那么密。

赵教授：其实，密路网小街区包括两个层次：一是对现在已经建成的地方，要努力打开街区；二是在规划的街区里要贯彻这个方针。但是做到这两点有些困难。我觉得这些困难不是来自技术，而是来自管理体制。你刚才提得很对，比如说一个整体的街区路网并不是这么一个状况，所以一定要跟原来的路网结合起来，不能凭空来一个小街区插进去。这个所谓的小街区，并没有提到它具体的道路间距，但是对道路的面积率应该有一定的控制，用地总是有一定的要求。正常来讲，能够小到什么程度？各个大、中、小城市应该是不一样的。我想理想的状态，应该是 100

m 左右。也就是说快速路的间距建议是 800～1000 m，干道的间距应该是 400～500 m，支路的间距应该是 200～250 m，次支路的间距，特别是在特大城市和小城市，一定要有另外低一级的次支路，这个次支路的间距，就应该是 100 m 左右。这样才是合理的。国外有很多好的城市规划，城市道路间距就只有 100 m 左右。我在香港一些街区步量了一下，那边很多街区道路间距就是 75 m，道路是不能封闭的。

老城区在改建的过程中，要打开住宅区非常困难。这个困难也可以说是政府管理造成的，是开发商造成的，有的是街区里面的居民不太了解具体情况或者没有大局观造成的。在我们国家，城市里面的围墙应该被拆掉，将道路解放出来。这个目标我们应该追求，但是在执行的过程中得结合实际，是一个逐渐实现的过程。

提问：赵老师，您好！您提到了城市道路交通安全的问题。我们这些城市交通规划工作者、城市规划工作者，我们对城市道路交通安全的研究应该从哪些方面入手，能讲一下吗？

赵教授：我以为，要解决好道路交通安全问题，大概有四个方面需要思考。

第一，对待道路的工程设计要给予反思。所有交通安全事故的死亡都是不应该的，所以在上海的会议上我提出了一个交通事故零死亡率目标。我们的交通设计、道路设计，要好好地去考虑交通安全问题，拒绝交通死亡事故。

第二是交通设施，包括多方面的安全设施、标志标线、设置距离以及雾天应该怎么防护、车速如何限制等方面的技术问题，可能我们都没有考虑周到。

第三是救护措施。救护体制上，一定要设立无条件抢救优先的体制。

第四是交通死亡事故追责。我觉得应该从法律体系上制定一个科学合理的交通安全事故，尤其是交通死亡事故法律追责的法规。

提问：总体规划里很重要的指标，就是道路网密度、道路面积率等。在我们做交通规划的时候，也要考虑这些指标。但实际上，在城市规划这个阶段，道路的这几个指标其实往往只是反映了对交通的供给，城市的土地利用则反映的是交通的需求。我就觉得有一点没有考虑好，现在规范给出的这些指标主要是参考值。根据我们这几年的经验，这些指标没有很好地保证整个城市规划的土地用地系统和道路系统之间的平衡。赵教授在这个方面有没有一些心得体会跟我们分享一下？

赵教授：这个问题，其实是交通工程专业中非常重要的一个问题。因为所有交通量的产生都来源于土地开发强度和土地利用布局。我们现在采取的交通出行指标，包括调查的指标，可以说都有一些问题。中国城市规划设计研究院给出的那些指标，在不同城市和场合的应用应该是不同的。其中交通方式不太适合具体情况，这也正是我们要研究的问题。因此我们提出运用大数据进行实时交通量预测，推行交通情景控制规划，就是为了不再原封不动地用传统的四阶段交通预测与规划模式。

扫码听本次讲座音频

高速公路与武汉长江主轴和长江新城

——湖北省交通厅高速公路部门
干部培训学术讲座

华中科技大学学术报告厅
2018 年 8 月 14 日

各位交通战线上的同仁们和武汉市民朋友们：

下午好！

我之所以说交通战线上的同仁们，是因为今天讲座的主要内容涉及道路交通科学的一些问题。之所以说武汉市民朋友们，是因为这个题目可能跟武汉市民的工作和生活关系很大。不管你认识到没有，这两个课题对武汉市民的生活，对武汉市的生产，对武汉市的发展，是有影响的。因此我觉得我今天面对的听众是两个群体：一个是交通战线上的同仁们，一个是武汉市民朋友们。

接受这个讲座的任务，我一开始非常高兴。为什么呢？我回忆，自从1965年，也就是在53年前，我设计的第一条道路——济南市文化西路，我设计的第一座桥梁——山东省501战备桥梁以后，在这50多年的工作实践中，我在国家的交通战线、规划战线和道路战线上，在教学、研究以及工程设计和管理实践中，可以说，都是站在第一线的。我对国家的道路交通、城市规划的发展不说是了如指掌，也可以说是一清二楚的。我经历了新中国成立后发展的各个阶段，种种的经验和教训说也说不完。我今年已经77岁了。我65岁退休，但真正从第一线工作退下来那年我72。72岁以后，我还能干什么事呢？说实在的，我的初心就是献给我们国家的道路交通和规划事业。有这样的初心，我还能干些什么呢？我不能再翻山越岭去选线定线，我也不能再日夜加班去画图了，我也不能像过去那样和同学、老师们在一起加班加点，做道路交通规划、设计和科学研究方面的工作了。我想我也就只能够动动嘴巴。说实在话，我能够向工作上的同仁们和武汉市民朋友们讲一讲关于交通、道路和规划上的一些体会，还有我现在的一些想法，其实这是我非常荣幸的事情，是我非常高兴做的事情。

按说我的学生，学生的学生，现在都在规划、设计和建设战线上处于一定领导地位、骨干地位。有些话我可以跟他们讲，但是我更想跟交通战线上的广大同仁们讲。所以说，当我听到要在这里跟大家分享经验，我非常高兴。

我今天要讲的实际上是三个内容。第一个是特别想对你们讲的交通上的问题；第二个是讲你们要求我讲的长江新城；第三个内容可能跟你们的工作有一定关系，是长江主轴中的交通主轴。

首先我想讲讲我特别想给大家讲的这个问题——交通安全问题。我国的交通安全事故非常严重，对人民的生命财产的危害非常严重。一旦发生了严重交通事故，对交通战线上的同志们来说，处分也非常严重，不但要处分交通厅系统的干部和职工，而且还会处分交通管理、公安交通管理部门的干部和警官。但是，这样一个严重的问题，实际上并没有真正引起广大干部和人民群众的警惕。

去年，在东湖宾馆，全国人大常委会副委员长吉炳轩先生，在湖北省做道路交通安全调研的时候，我作为专家在那里参加了会议。我讲的内容有交通安全问题，交通安全问题的严重性，交通安全死亡事故瞒报的严重性，降低交通安全死亡事故率的必要性，采取什么措施，出现交通事故各部门互相推诿责任的现象等。当我讲完了以后，副委员长立即回应。我的发言传达给大家的目的是希望我们共同探讨，共同努力，提高觉悟，认识到这些问题的严重性、严肃性。从根本上扭转交通安全状况，不仅仅是交通管理人员的责任，道路管理人员的责任和设计人员的责任，也是在座的各位的责任。

下面谈谈长江新城的相关内容。

长江新城在武汉的位置是三环以内的中心城。武汉还有四个大的副城:“大车都”,就是汉阳这一片;“大光谷”,就是武昌这一边;还有“大临空”,就是航空港这一块;“大临港”,就是阳逻这一块。

长江新城的区位是非常清楚的。它在武汉市的东北部,包括黄陂、新洲、江岸区的部分用地。长江新城的东边是倒水河,西边是涉水河,南边是长江,北边是318国道。武汉长江新城的规划设计是进行过国际竞赛的,取得前五名的都是著名的规划设计研究院,第一名和第二名是中国城市规划设计研究院和上海同济城市规划设计研究院。

我觉得起码有两个问题是需要进一步讨论的。

第一个问题就是我们对武汉市规划图上这500多平方千米的土地,怎么给它定位?长江新城的定位是“要启动规划长江新城,以超前理念、世界眼光,打造代表城市发展最高成就的展示区”,“要打造全球未来城市的样板区”。将长江新城发展为未来之城。

所谓未来之城,我认为达到下面三点,才能称为未来城市。

第一是生态城市,未来城市应该是生态城市。就是说未来城市要与大自然共生共赢。未来城市一定是生态城市,一定是个环境优美的城市。

第二是智慧城市。未来城市一定是智慧城市,智能无外乎应用当代先进的科学技术,如互联网技术、自动化技术、信息技术、系统工程技术等,让城市管理、市民的工作和生活更加方便而已。

第三是可持续发展城市。这才是最重要的。可持续发展是个专有名词，它可以延伸到可持续发展城市。什么叫作可持续发展？是“既能满足当代人的需求，又不对后代人满足其需求的能力构成危害的发展”。我认为可持续发展还应不对当代人需求构成危害。

未来城市实际上就应达到上述三点要求。我们在规划建设的时候，都要考虑这三点，不是仅仅在建设长江新城时要考虑。

第二个问题，武汉长江新城如何对标北京雄安新区？我们规划长江新城时，提出了一个理念，叫与北京的雄安新区规划对标。雄安新区规划是封闭的规划，不像长江新城规划从概念开始就利用媒体大力宣传。雄安新区的规划可不是这样，它酝酿了数年之久，组织强有力的班子进行研究，同时封闭规划，连实际主持雄安新区规划的中国城市规划设计研究院的一般领导和规划师都不知道。这是一个专门的工作班子在一个专门的地方进行的规划设计与研究。北京雄安新区的功能定位是什么呢？是疏解非首都功能，这作为一个重要的理念在贯彻。那长江新城应该怎么对标呢？疏解非省会功能？请远远地将武汉市非省会功能的单位和用地迁出去？我们最近要提出一个武汉长江新城的规划方案，因为我现在还没有跟中国城市规划设计研究院等单位的规划专家们接触，不知道现在他们是怎么对标的。我们的规划研究团队，讨论应该怎么对标技术问题，得有理论与实践依据。譬如我那本书《可持续发展城市(镇)化道路——美国佛罗里达州道路考略》中提出的这个指标是 0.1 万～0.2 万人/平方千米。别小看这两个数字，当年我是调查统计了世界很多个可持续发展城市的资料得出的。最好是0.1万人/平方千米。你看，雄安新区采用的标准就是 0.1 万人/平方千米。按我提出的最低标准 0.2 万人/平方千米，也就是说在长江新城这500多平方千米中，最多规划容纳100万人口。其实，从武汉市全局角度考虑，这个数值还应该小些，因为长江新城处于武汉绿楔内，又有一大片湖面，所以这片地的人口密度应该小于0.1万人/平方千米。

那么咱们再对标土地规划布局结构，看看是什么情况。我认为我们的规划方案正好跟雄安新区规划对标，才是对雄安新区规划理念的学习与响应。我们的规划布局方案有两个中心，哑铃式主城，让出绿楔，七八座特色小镇，几十个特色村落，若干新型田园综合体，构成可持续发展的、生态的、美丽的、独具特色的、崭新的城乡协调发展模式的一个新城区。我们的规划方案是有机生态组团结构模式。两个中心，在规划用地上于长江左岸设两个中心城区，以快速交通系统将其连接；将原有历史集镇规划建设成七八个特色小镇；再散点发展几十个特色村落和若干新型田园综合体。全区遍布绿地，建筑在绿地中，而不是建筑中有绿地。全区规划遍布大大小小、形态各异的环形交叉口，机动车、电动自行车、行人分离，形成连续安全的道路交通系统。我们团队就准备提出这个规划方案。话又说回来，也许下一轮长江新城规划与我们这个规划理念相差无几，那当然皆大欢喜。如果不是这样，那我们就要提出我们的方案，跟专家评审通过的方案对比。请武汉市政府和武汉市的规划建设专家们，还有武汉市民们看一看，到底应该采取哪一个规划方案。

按照现在公布的长江新城规划，很多公路要变成城市道路。如果对应得不好，就会出现武汉市在三环线改造时遇到的问题。

武汉市三环线改造曾经有个重大的改变，就是将一级公路改变为城市快速路，但分成两段，采用不同的措施。但武汉市三环线的改造非常奇怪，一条三环线采取了两种改造方案。北三环27.6 km，双向六车道改成了八车道，中央分隔带变窄，但是未设应急停车带。而三环线汉阳段的快速路改造设计得非常好，设计了高架桥，双向八车道，底下有辅道。三环线改造工程采用两种改造方式，并且部分改造是不合规范的，在以后的道路改造中应尽量避免。

最后讲讲大家普遍关心的长江主轴问题，主要讲它的交通主轴功能。这个交通主轴联系一环到五环。五环是绕城高速公路，沿着长江的路段又有一个新名词，叫左右岸大道，也就是长江左岸大道和长江右岸大道。左右岸大道，一共有50多千米。沿着长江两岸，一环到五环规划建设四层立体复合道路交通体系。于是，长江交通主轴实现了。立体复合道路交通怎么构成呢？顶层为机动车快速路，也就是高速公路。高速公路将来要沿着长江左右岸大道，矗立在长江两边；第二层为悬挂式轨道交通，运行轨道交通；第三层为自行车专用道，供非机动车行驶；底下，大概是指地面层，供行人和其他车辆通行。这就是长江的交通主轴。它能不能实现，或者应不应该实现？你们从事道路交通专业，可以自己想一想，也可以讨论讨论。你们也可以问领导，或者给领导提建议。我给你们的建议是什么呢？我作为城市规划与建设专业的教授，从技术上来说，我认为媒体不应该这样宣传。我从宏观、中观和微观角度分析，这个规划方案是完全不可行的。你们是从事技术管理的，一定能够听得进去。

从宏观上来看，这是站在武汉市角度上，长江穿城而过的武汉市，总体规划的骨架系统叫作三环十八射环射式结构。这是武汉市规划科技工作者数十年探索出来的，适宜武汉中心城区可持续发展、交通发展的道路系统结构模式。设环线的目的是既要组织好内内交通，又要层层拦截、疏导外外交通；设置放射性道路是为了方便诱导内外交通和内内交通。环路一个很重要的功能是避免中心城区有外外交通穿越，保护中心城区的环境少受交通污染，减少交通拥堵，依靠射线道路可以尽可能地疏散交通。这些射线道路，有的终结在一环，有的终结在二环，有的终结在三环，环射相通，营造武汉市安全、有序、畅通的交通服务水平。从宏观上来说，我们应不应该破坏这个道路交通系统呢？是不是可以用“破环成网”打乱这个执行多年、行之有效的环射式结构道路系统呢？我认为不可以。且不论这种打破是否符合规划法，且不论它这样做对既有规划的重大变更应该通过什么程序，就科学技术而言，也可以说几乎是荒唐的。

按照环形放射式道路交通系统的规划设计原理，这三环，尤其是外环，是不能让它们径向连通起来的，不能让外外交通穿城而过。这就好像在一个城区里面通了个管道，放开管道，大水漫城。交通“漫城”，有利于武汉城市的交通安全、交通疏解和环境污染治理吗？显然不利。大家想一想就会得出结论，显然在宏观上是不合适的。

再从中观上来说，左右岸大道这么长，底下建了大量的亲水平台、沿江绿地、滨江公园。从中观上来说，我们可以调查武汉市民是不是需要到这个地方去。真要是都涌到江边这个地方，交通问题怎么解决？咱们知道，特别是武昌的滨江大道，现在还是比较好的一种交通服务水平。如果真是按公布的规划去实现，这两个大道的交通会是什么状况？这样的规划，有多大的功能需求预测作为支撑？高峰时段又有多大的交通需求？我们如果都没有预测左右岸大道将来的交通需求，又怎么知道规划立体交通系统到底合不合适，四层立体高架路对沿江大道的街道景观有什么影响。这些中观方面的问题，是必须搞清楚的，否则，数亿、数十亿的资金投入可能就浪费了。规划，不能只有定性的理念，必须要有量化的支撑。

最后，再从微观上来说，规划的四层是高速公路高架桥连接五环，如果每一层按照四五米来算，大概有 15 米高。沿着两岸做 15 米高的高速公路高架桥，请问怎么上去、下来呢？我给你们画个图看看，你们是搞道路交通的，从桥上下来的坡度最多不超过 6%，那你想想，怎么将高架桥衔接到街道上。我觉得这个交通主轴提出四层立体复合道路交通体系从宏观、中观和微观上讲都不合适。我们在座的每个人，包括我自己，都应该按照曾子所说的“吾日三省吾身”来反思自己。是不是真心实意为人民的利益工作？交友是不是真心？是不是诚信？是不是学以致用？只有这样去做，我觉得才是一个不忘初心的人，是一个真正的人，一个有道德的人，一个脱离了低级趣味的人，一个有益于人民的人。我们都这样做了，我们的城市规划建设和道路交通规划建设才能更好地发展，才能够把我们的国家、把我们的城市，建设成为美丽的家园，为人民幸福生活创造一个良好的空间环境。

谢谢大家，祝大家工作顺利，快乐幸福！

扫码听本次讲座音频

我国交通事故真实死亡率与零死亡率目标

——湖南省交通工程学会年会主题报告

（2016 年 11 月 25 日）

各位领导，各位交通管理、道路设计、交通设计领域的同仁们：

大家上午好！

能在这个英雄的省会，英雄的城市给大家做学术讲座，我非常荣幸。在《可持续发展城市（镇）化道路——美国佛罗里达州道路考略》这本书里，我论述了我们国家上一轮城市化运动，我给它起名叫“非典型城市化运动”。在上一轮非典型城市化运动中，我们虽然取得了巨大的成绩，但是付出的代价非常高昂，这个高昂代价就是我在全国各地讲座中提到的“大城市九大困局”。其中有一个就是交通困局，而交通困局中为首的就是交通安全这个困局。

既然说到交通安全，首先来看有关道路交通事故的传统定义。道路交通事故是指：车辆在道路上的行驶途中因过错或者意外造成的人身伤亡或者财产损失的事件。交通事故要素包括：一是由车辆造成；二是在道路上发生；三是在车辆运动中发生的；四是有事态发生；五是人为；六是有损害后果；七是非故意。根据相关资料，大部分交通事故都是人为造成的，也就是由于驾驶员违章、驾驶员判断失误、自行车和行人的原因占了90%以上。

但是大家想一想，这中间可能忽视了一些重大的问题：道路设计出了问题，交通安全设施出了问题，安全救护出了问题。

我们在分析交通事故原因的时候一直认为任何交通事故都涉及人、车、路、环境这四个因素。还特别提出来以人的因素为主，这是无疑的。人的因素主要涉及交通参与者：司机、行人和骑自行车的人等。他们的安全意识薄弱，违章行为占到90%以上。但这并不完全对。虽然人的因素重要，但交通死亡事故中至少有30%的因素是交通安全设计、交通安全设施设计、道路设计不科学造成的。同时还有相当一部分原因是救护系统、援助系统不完善所带来的非当场当时死亡。因此可以说,如果做到交通安全设计、道路交通安全设施设计和道路设计的科学化、人性化和救护体系的科学、完善,那么避免交通事故死亡并不是不可能的。

我作为一个在道路交通建设上工作50多年的教育工作者,我觉得应该提出道路交通安全事故死亡的零忍耐目标。实现道路交通事故零死亡的目标有漫长的路要走,但是这条路我们必须要走。我们一定要将道路交通事故年死亡人数降下来。我想,只有实现了这个目标,我们从事交通工程学科的同仁们才能骄傲地说,我把这一生献给了国家交通安全事业,献给了为人民生命安全的服务的事业。

我们做道路设计的时候,一定要把道路交通安全放在第一位。当我们设计一个曲线半径的时候,要尽可能让它大一些。同时我们不要再用圆曲线半径,而要用螺旋回旋型曲线,缓和曲线的参数要尽量设置得合理一些。加减速车道设计得更合理,出入口位置的交通设施做得更好,这些交通死亡事故才可以避免,因此我觉得把道路交通死亡事故率降为零是能够做到的。

我记得在同济大学召开的某个会上,有一个交警领导提出了一个问题:各位专家,到底治理城市交通拥堵和解决城市交通安全问题有没有治本的办法?主持人杨晓光点到我让我回答。我说:在交通拥堵方面,道路交通设计没有治本的办法,治本的办法在规划上。交通拥堵不能老找交警,应该找规划。规划者规划了城市发展速度、城市规模、开发强度、城市用地性质,规划却没有考虑到交通拥堵,因此交叉口的拥堵和路线上的拥堵的解决办法都只能治标。但是解决交通安全问题,现在最好的一个办法是可以治本的，这就是近五六年来提出的一个交通设计的理念，交通设计可以从根本上解决交通安全问题。

我今年又出了一本书，叫《道路交叉口规划、设计与管理技术》，这本书就是从交通设计角度谈如何解决交通拥堵问题的。但是交通设计对治堵只能治标，不可能治本，治本只能靠规划，只能靠城市的发展理念、发展模式，靠科学的可持续城乡发展模式。但是，交通设计在解决交通安全问题上却是可以治本的。

交通拥堵是次要的。虽然交通拥堵要解决，停车困难要解决，公交优先要解决，但是首先应该想到的是交通安全。而恰巧在这一点上，我觉得同志们所做的研究最少。

解决交通安全问题，我认为应采取以下几个措施：

(1)杜绝交通安全事故瞒报现象，克服上下盲目乐观问题；

(2)加大交通安全科研力度，克服部门封闭问题；

(3)编制交通安全规划；

(4)加大交通安全建设投入；

(5)编写教材，专家进学校与社区，将交通安全遵章守法列入学校素质教育。

我想强调一下加强交通安全科研工作的重要性。如果每一次交通安全事故都请专家去研究，都请交通工程师去研究，一定会找出道路、安全设施、救护方面的原因。针对这些原因，如果我们共同采取措施，那么就可以避免类似的死亡事故。

最后我就想稍微总结一下交通安全方面存在的问题。第一，我们国家的交通安全形势非常严峻，现在公布的交通事故数据弄得我们盲目乐观，相关部门的负责人不能再自欺欺人了，要对人民负责，对党的事业负责。第二，交通安全数据的虚假发布造成上下盲目乐观的现象，必须得到扭转。第三，交通事故追责错位，有效的防范措施失当。

因此我提出五项措施。第一，不忘初心，要执政为民；第二，杜绝造假，加大对交通安全的投入；第三，道路建设，安全第一；第四，设施救援，系统提升；第五，赏罚分明，目标向零。我作为一个老道路交通者，我觉得我们应该遵守这个目标。

谢谢大家。

扫码听本次讲座音频

连续交通、情景控制规划与交通安全技术

——济南市市政工程设计研究院学术讲座

（2017 年 11 月 27 日）

各位朋友：

下午好！

我当年在这里是技术员。1964 年，我分配到当时的济南市规划设计室。对我来说，这次简直是个寻根讲座啊。

我今天就想讲三个内容，因此我提出三项技术：道路连续交通技术、交通安全技术、交通情景规划技术。这三个技术是实用性的前沿技术。我们的目的就八个字——美丽家园、幸福生活。美丽家园的目标就包括交通，一定要为人民提供一个高水平的交通环境。我们的交通应该是什么水平呢？我觉得应该有六个方面：安全、畅通、舒适、宁静、方便、经济。这应该是交通服务的目标，我们应该为我们的事业、为我们的人民，达到这六个标准。

虽然我今年 76 岁，可以说我还在从事这三项工作，或者为国外回来的人才服务，当他们的助手。因为他们从国外回来，他们是杰出青年。国家花费巨额的资金聘请他们回来，话说回来，他们的技术，各位都可以学到。

一个城市应该是什么样子呢？它应该是一个生命体。我们应该爱护城市，爱护这城市周围的小城市和乡村，把它们当成一个整体、一个生命体来看待。现在我们在推行规划时，不仅要做城市的规划，还一定要做整个市域的规划，一定要包括小镇、农村，这才是城市规划应该做的，要为整个城市全部的人服务。城市规划是整体面积规划，而不是局部规划，不能只为城市服务。

这几年我的研究成果就在这几本书里：《可持续发展城市(镇)化道路——美国佛罗里达州道路考略》《连续快速路规划、设计与管理技术》《道路交叉口规划、设计与管理技术》。我觉得我说得比较全面，从点、线、面、网四个方面来思考一下城市道路交通应该做些什么事。

我要说的第一个问题，就是用连续交通这个理念缓解城市的道路交通拥堵。那我觉得解决这个问题，有一个思路就是连续交通系统。国外有这个理念，叫连续交通，就是不能够间断的道路交通。从西方引进高速公路以后，快速路就是依据高速公路的理念结合城市的一些内容提出的辅道的概念。在我们国家，道路系统里要引进一个概念：连续的道路系统。它相对于高速公路或者快速路的技术要点如下。

连续交通的设计车速比高速公路和快速路要小，为 40～60 km，因为快速路的设计车速是 60～80 km。这样就产生了两个非常好的效应。第一是使交通通行能力更强，更加畅通。大家知道，通行能力最大时的速度为 55 km/h，根据车头间距，应是 52～55 km/h，所以把设计车速往下降了，连续通行能力一定是最大的。同时它还有一个特点：交通安全事故率下降。交通安全和车速的关系是线性关系，随着车速的增加，交通安全形势会恶化。因此让高速公路、快速路的速度下降到 50～60 km/h，这对交通安全是有利的。要做到这一点，可以采取道路工程与设计技术、智慧化交通技术、各种交通方式和谐分配路权的技术。

我想只有把握好了这几项技术，才能设计出连续交通系统。这里有个例子，英国伦敦东北部的一个城市叫凯恩斯。我在那里体验它的交通的时候非常感动，从来不需要停车，车辆一直在行驶，那么多交叉口，都没有停车。再一个，所有的道路没有一条直路，全是弯弯曲曲的，这个地方车辆的行驶速度都不可能很高。司机在这里开车的时候，行驶的速度时快时慢，景随车移，到处看到不同的风景，不会疲劳，他会感到很舒适。这是连续交通很好的一个范例。

再举一个例子，印度的昌迪加尔，这个城市是20世纪50年代世界著名规划师柯布西耶规划设计的，这个城市也实现了连续交通。这个城市道路网的布置非常规范，而这个道路网布置非常自由。要实现连续交通，不在于它的形式，而在于它的内涵，在于用什么样的技术。今天我们要设计连续交通，可以说有更好的条件，有更高明的手段。我在济南规划设计院时设计了一条龙昆道，那是济南南北向的一条大通道，中间一个重要的特点就是有个分隔带。我记得当年汇报这个方案的时候，市委书记一听这个道路能够基本按照连续交通组织，中央有个分隔带，有辅道。当时就定下方案。

上个星期我在深圳，深圳有个中外建筑规划设计院，听说我有连续交通这个理念，把我请去了。他们要在海边上建设一个城市，这个城市有20万人，希望交通上能做出特色。我一去，还是说连续交通这个理念，我一讲，他们就决定要这么办。我当场花了两个小时勾画了一个草图。这个草图的特点就是没有一条直路，能够弯弯曲曲就弯弯曲曲，当然也要考虑现状，因为现状就是弯弯曲曲的道路，又何必要把它拉成方格网形状。然后我把交叉口、横断面的特点画在图上，希望他们把它变成一个正式的图。

话说连续交通的城市，也不一定没有红绿灯，这就是技术上要说的了。

第一个就是连续交通的道路工程规划设计技术，这是我们最容易掌握的。最重要的特点就是横断面和交叉口的设计艺术。我觉得在我那本《连续快速路规划、设计与管理技术》中，有一章专门讲的这个内容。这个内容很容易掌握，关键就在于你能不能相信它，能不能够利用好它。

第二个就是采用连续交通的控制管理技术。这是现在交通工程学理论中很基本的理念，就是绿波交通。绿波交通不一定是全天候的绿波交通，它可能只是在某一个时间段，它不一定是双向的绿波交通，可能只是单向的绿波交通。这些都属于绿波交通的范畴。我们的目标可以很高，可以全天 24 个小时双向绿波，但是如果做不到，全天 20 个小时实现绿波交通也行，做不到双向绿波交通，做到单向也行。我们的目标要高，实现过程应该是渐进的。

第三个是基于大数据的实时交通预测技术。要实现连续交通，一定是有条件的。这个条件一定是在某一种横断面的情况下，在某一种路网的情况下，根据交通量分配的状况，实现每一个路段的连续交通。这个交通量不是无限制的。因此，对待交通量，要有一定的预测。我在这交通量中间加了“实时”两个字。至于大数据这个概念，实际上早就有了，不过是近年来频繁提出来了而已。咱们交通工程的交通统计所有的数据都是大数据，不用大数据没法做。当然大数据必须要计算机，现在一定是计算机这种技术才能做到大数据的处理，但是过去交通预测中的大数据没有“实时”两个字。实时是什么概念？一天 24 个小时的交通量都要预测出来，并且能够根据实际情况随时变化。这一点过去能不能做到呢？几乎不可能做到。用以前的交通软件，用传统的四阶段交通预测法都做不到。现在能不能做到呢？能！因为有大数据。我正在协助几位从美国、加拿大回来的专家，用他们掌握的大数据的实时平台，做一个实时交通预测。有了这个，那么连续交通的对象就更加明确。

第四个是基于实时交通量分配的车辆导航技术。我们国家的导航技术发展很快。这在以前是不可想象的。我记得我第一次到欧洲的时候，看到司机打开了导航就能指引路线到达另外一个国家的一个酒店。现在我们国家这种技术已经做得比欧洲更好了。我们只要有实时的交通量分配，再打开导航，就会实时提供一个最佳的路线。这个最佳路线接近连续交通，让你不停行驶。这种技术不是天方夜谭，是完全可以做到的。

第五个是华中科技大学和武汉理工大学的教授、专家组成的团队要研究的，那就是基于实时交通情景的仿真评估修复技术。这里有几个关键词：实时、情景、仿真、评估和修复。综合放在一起，我们就能实现城市的连续交通，这完全可以做到。

就刚才说的这几个方面的技术，在规划设计上需要做些什么呢？我举一个例子，就是十堰市的连续交通系统规划设计。虽然它做得不够完备，没有完全做到我刚才讲的五项技术，但是思路一样。这个十堰市的交通规划设计，是我这一生所主持的最后一项规划设计，2012 年完成，2013 年获得全国优秀城乡规划设计奖。这大概是交通规划中为数不多的一个奖项。十堰市的这个设计里就有连续交通，做到了这五项工作。

第一，做了连续交通道路网系统，把道路网络重新划分了级别，增加了连续交通道路网。连续道路主干道、次干道、支路、快速路增加了主骨架连续交通行驶道路。

第二，对这个连续交通道路的横断面系统做了个统一布置。

第三，对连续道路交通系统的交叉口做了个统一规划。不同意原来城市规划中把道路交叉口分成立交和平交的做法，而是对立交和平交做了等级和形式的规划，具体我不详说。

第四，做了一个连续交通设计。交通设计是近年来同济大学，特别是杨晓光教授，费了很大的心血和精力所提出的一个理念。过去我们没有对交通设计进行系统化研究，没有重视它。而连续交通是离不开交通设计的。

第五，做了连续交通的情景规划设计。

下面来讲有关交通安全方面的问题。我希望能够重视交通安全，能够开设交通安全的课。因为我们国家对交通安全的研究远远不够。相关内容几乎被道路交通专业忽略。请大家想一想，道路设计的哪一个公式不是起源于交通安全？车头时距、车道宽度、平曲线半径、凸曲线半径、数据三角形。交通设施、护栏、防眩、防撞、防撞桶的设置都是为了交通安全。但是在这种情况下，我们国内的交通安全问题还这么严重，我们应不应该反思一下道路设计、交通设计以及评价体系。

现在就提出了这六个方面，供你们参考。

第一，要提出一个中国当代的交通安全评价指标体系。因为现在的评价指标体系不符合，或者说不完全符合我国目前的状况。

第二，要有一个交通事故风险预测和发布系统。要把这个风险告诉老百姓，告诉司机，告诉领导。交通安全事故一定要有一个风险预测和发布系统。我们现在大致想做这样的工作，譬如在一条路上，只要我们得到完整的交通事故的状况，这个数据的时间跨度越长越好，最好有十年，没有十年，三年也不错。这样我们就能够利用公式对一条路做一个安全风险预测。只要把这个城市整个路网的实时交通风险预测公布出来，这个效果就可想而知了。司机看到这个风险评估，譬如有一个红段，一个危险段，走到这个路段的时候，就降低车速，提高注意力，谨慎驾驶，这就能使交通事故急剧下降，非常有效。所以这项预测工作非常重要，我建议你们可以跟公安局商量，试着去做这个系统。武汉有一个团队就在做这个事。

第三，设立交通事故的防范与指导系统。每一个路段都应有一个事故科学预测，一定要有科学的防范措施系统。这个系统主要从道路设计、交通设施、行人和自行车的干扰、车辆的混入以及救护系统来设计。

第四，要有交通安全责任认定处置系统。

第五，要有交通事故的救护系统。要从法律角度、体制角度、机构角度、经济角度出发，所有的交通事故受伤人员送到了救护单位后，应赶快抢救。

第六，要有交通安全的教育系统。

最后我再讲一个理念，叫交通情景控制。交通控制规划是2002年左右我在广州首次提出和应用的。交通情景规划应该是2011年在十堰市首次提出并应用的。就应该按照交通的拥堵状况和交通污染状况提出一个模型，用这个交通模型来控制土地利用和开发程度。我给它起了个名字，就叫交通控制规划，即交通情景规划。

我们现阶段所用的四阶段法进行的交通预测，全国都在这样做。它其实在建设、规划、管理、技术层面上都存在问题。所以我们国家的城市交通预测是不准确的。当年我作为最早的交通预测教授，应该提出这些问题，因为交通工程专业的核心技术就是交通预测。而恰恰在这一点上，我们做得不好。我们交通工程专业的技术人员包括教授和专家，不好意思讲我们在这个方面存在问题。但是大家应该意识到，交通预测是有问题的。我在美国总结出了几个需要提高的地方，譬如引入一城一模、模型公开、常年维护、非集计模型、实时交通模型这些理念。

举一个例子，广州萝岗区的交通规划。当年就是因为交通控制规划我们跟广州市规划设计院一起中了这个标。大家知道，现在的交通规划以土地利用规划为前提，土地利用规划是由规划人员提供的。我们在土地利用规划的基础之上，进行了若干个交通分区，交通分区里面有交通生成量，交通生成量里面有各种交通方式，于是就产生了交通量。这些交通量可以预测交通分布。紧接着就预测交通量分配图，这是最重要的。于是我们就根据交通量分配图来确定道路横断面、道路交叉口形状、城市用地大小。从理论上来讲是这样的，但是现在很多城市都没做到，很多道路横断面都是随意确定的。执行的过程又很宽松，后退红线多少，没有定量依据。这个城市道路设计理论是从 20 世纪 80 年代末引进我们国家的。而我们执行得不太好，结果就产生了交通拥堵。所有的用地已经布置好了，已经开发了，道路已经形成了，没有办法。我们在广东萝岗区提出的理念就是交通控制规划理念。在已规划的路网上要找出一个服务水平，在此水平上倒推各个道路的交通量、交通生成量，从而推出各个地块开发的性质、强度和布局。

第二个例子是应用在十堰市的交通情景规划。我来讲十堰市有 380 km^2，有山地，所以中国城市规划设计研究院（中规院）给它规划的总人口是 80 万，但是领导感觉 80 万太少了，没有达到特大城市标准。所以市领导非常想规划到 100 万，按照 100 万人口来布置用地。中规院敢于坚持。他们说不行，你得有人口来源。十堰市的人口自然增长率非常小，不能靠自然增长。靠机械增长也很难，中规院预测的机械增长是个负数。于是我们就拟定了一个评价指标体系，然后又进行了详细的交通调查，依据不同的交通模型情景，当年还不叫交通仿真，叫作交通预测，交通预测中又给了两个情景：一个是按照我们的要求把整个路网加上连续交通系统的网络；另一个是不加网络，按照中规院的道路交通网络。在这两个情景中又有五个情景，分别是250万、200万、150万、125万、100万人口的情景。所有的情景规划都用图表现出来。有的可接受，有的不可接受，有的是严重不可接受。最终，他们认定了150万人的标准。中心城区125万人，外围协调区25万人，道路交通要按照连续交通系统来进行规划设计，不能按照原来的道路系统设计。

我说过，交通安全的近期目标，或者是中期目标，要达到年万车死亡率是2.0，远期目标是0。做到0，是很难的，但是这个目标是可以提出来的。

提问：赵教授，您好！在自动驾驶即将来临的时代，现在的部分交通安全问题可能不存在。自动驾驶靠的是车联网，不再需要人驾驶，不再需要人去看交通标志等等。在您的交通安全那一篇文章里，是不是可以再增加一部分关于车联网机制下自动驾驶技术推广或应用这方面的内容？

赵教授：你说的这部分内容，我不敢加。我跟清华大学一个教授交流过，武汉理工大学有一个很好的自动驾驶实验室，做得非常好，我也去看过。我有一个体会，自动驾驶对道路和道路设施是一个巨大的挑战。我们需要做很多改进，包括道路设计、路旁标志标线、道路信号，这对我们来说是一个挑战。说实在的，这个挑战我完全应付不了。我觉得各位能够应对自动驾驶的挑战，也许这一天很快就能到来，也许二三十年还来不了。这我还预测不到，但一定是个挑战。

提问：赵教授，您好！我想问一下，连续交通方式有一个环岛的形式，请问这个环岛的规范是什么？目前传统的交通管控如何实现？

赵教授：你这个问题问得非常好。说实在的，我非常希望能够推荐连续交通系统。你们将来在力所能及的范围内努力去实现。它可以一条路一条路实现，也可以局部网络，当然最好能够在整个城市里，特别是在开发区和新城实现。

从传统上来说，能够掌握的一个技术是环岛。关于环岛的一个理念就是让行设计理念。这个理念在欧洲和北美普遍推广。让行设计理念在我们国家最早实践的是交叉口，是在深圳南山区一个路口，半径是 7.5 m。这个交叉口运行了 30 年了，运转得非常好。但是它也有一定的条件，就是对交通量有一定的要求。除此以外，还有一个非常重要的理念，就是中央分隔带。再一个非常重要的是，环岛可以在不同的时间段采取不同的管理方法。欧洲和北美的让行控制基本上能够做到连续通行。更重要的是，在有的时间段可以采取灯控。同济大学的杨晓光教授做的那个创新性灯控，实际上在欧洲早就有了。我在布鲁塞尔的时候，好多路口就是环形灯控路口。再一个，环岛不一定是圆的。现在武汉做了很多环岛，有的主干道和次干道相交的位置可以设计一个椭圆形环岛。所以即使在传统的道路控制和交通管理中也要突破原来环形交叉口的概念。

除了环岛，第二个技术是目前我们国家的大数据技术，利用它完全能够在很多地方实现绿波交通。更不用说将来车辆诱导系统和车辆导航系统都是可以做到的。所以我觉得连续交通系统完全可以实现，可以大胆用。

提问：赵教授，您好！我想问一个关于交叉口渠化设计的问题，现在我们采取的新的十字路口交通渠化，比如斑马路提前、缩小路口等措施和过去的同济大学杨晓光教授设计的大路口的传统渠化方式，您怎么评价？

赵教授：关于你说的这两种渠化方式，我说说我的想法。城区里应提高平面交叉口的通行能力，一个非常简单的做法就是增加进口车道数，要增加到进口车道的两倍或三倍。我们当时做的最大的一个路口是海南省的龙昆路口，进口车道有八个车道。但是这种方法用在城区有问题，城区的用地有限，人的干扰也比较大，于是缩小交叉口。这实际上是引进了北美的街道设计理念。在很多地方，缩小交叉口有利于行人通行，有利于交通安全，但是它的使用条件也是有限的，就是交通量在一定的条件下是可以用的。在市区车流量不是很大而行人比较多的时候，缩小路口是符合人性化的原则的。但是要具体情况具体对待，也不能否定大路口这个理念，原来的这个增加进口车道数的理念也非常重要。但更为重要的是，交叉口的管理一定要提倡实时性、自适应的系统，进而实现联动系统的交通规划，进而实现单向绿波、双向绿波。

扫码听本次讲座音频

道桥、交通和规划专业大学生学术和素质教育

（本文字稿是根据赵宪尧教授在华中科技大学为交通工程和城市规划专业和在武汉轻工大学为道路桥梁专业大学生所作的两次讲座，综合整理出来的。）

同学们：

下午好！

罗蓉老师给咱们安排的这个交流方式非常好。我看今天这个形式特别利于咱们交流，就像一个学术论坛。大家看看国际上很多的论坛，实际上都是这样排列的座位，这样学术交流很自由、方便。大多数讲座安排在大礼堂、阶梯教室，那种情况好像只是我在讲，同学们在听，有距离感。实际上呢，我们学术上，不但在学术上，在大学里，很多领域的讲座和讲课上都应该采取同学和老师近距离交流的方式，今天这个交流形式就比较好。

我要给你们说说知心话，这两个小时的时间，我中间不休息，我不会累，虽然我 77 岁了，但我见到同学们，非常兴奋。我相信我不累，你们也不会累的。我希望我是你们的良师益友，把我的科学技术知识，把我所有的这些学术理念都教给你们，毫无保留地讲给你们听，能够让你们记着，让你们去讨论，让你们去思考，让你们去发挥，让你们超过我。益友是一个平等的学术关系，我们能够平等、自由地讨论。因为只有朋友才会畅所欲言地说知心话，说真心话。

我 65 岁退休，又担任各种项目负责人。72 岁以后我坚决不再当项目负责人了。所以从 72 岁到现在，我最愿意做的一件事情就是在全国的各个大学里，如上海同济大学、上海海事大学、桂林电子科技大学、河南城建学院、山东交通学院、山东建筑大学，讲教学育人，讲科学技术，讲如何学做事，讲价值观，讲如何学做人。我觉得我自己有这个责任，甚至可以说，这是我的爱好。我就是想把我这一生所积累下来的科学技术知识，还有我在人生道路上的一些感悟和思考告诉你们。我羡慕你们年轻，但我不嫉妒你们年轻,因为我也年轻过。而且现在和年轻的你们在一起,我感到自己还是很年轻。

一般专业教师给大家做学术讲座,肯定是讨学术问题,讲尖端学术问题。但是我的讲座,从2016年春天以后,再也不那样讲了。2016年4月我在上海海事大学开讲座的时候,他们的领导给我提出了一个要求,要求我讲同学的思想教育方面的话题,讲一讲在大学里应该怎么学习,讲一讲大学生应该怎样要求自己,讲一讲大学生应该成为什么样的人。那次我是第一次将讲座内容分成两部分:第一部分讲科学技术,讲大学生怎样学做事;第二部分讲思想道德,讲大学生怎样学做人。当时,两个小时的讲座,中间没有休息,会场坐满了朝气蓬勃的大学生,鸦雀无声,几乎没有人进进出出,讲座结束后会场爆发出热烈的掌声。接着,在提问交流环节,同学们不仅提学术问题,提思想问题,还诚挚地讲自己的感想,效果很好。那一次讲座,我深深地感到,同学们十分希望,也需要从专业老师那里听到思想教育方面的心里话,而不仅只是从政治教师那里听到这些内容。这次讲座使我受到了鼓励,也受到了教育。所以从那以后,我在讲的时候都是分成两个部分。

针对道路桥梁,我想讲两个问题:连续道路交通规划设计管理技术和立交桥的设计技术。

我们希望桥梁上所行驶的车辆安全、有序、畅通。在此基础上,大家非常希望追求的一个目标——车辆的连续通行,现在在高速公路基本实现了。高速公路可以是平地上的路段,桥梁上的路段和隧道上的路段。在这样的立体空间间穿行,一定是不停行驶的。这就是连续交通。

在城市里，现在最重要的问题是交通拥堵。谁要能解决城市交通拥堵问题，那就为这个城市的人民做了一个大好事。那解决城市交通拥堵靠谁呢？从技术上就得靠道桥、交通和规划等专业的人才。

在城市里面要实现连续交通，就要设城市快速路。

武汉市最理想的规划设计叫作三环十八射环射式结构，按照快速路来设计。三环十八射环射式结构后来定性为城市快速路。这个快速路系统在城市里面是由高架路组成的。

城市道路里光有快速路还不行，还需要有另外一个服务等级的道路，那就是连续交通道路。这个名称是我起的。连续交通道路跟高速公路和城市快速路有什么异同？相同之处就是车辆基本上不间断行驶。不同之处在于设计车速可以在某些部位适当降低。要实现这个理念，需要动用一些技术。第一，需要动用道路工程设计，包括线形、横断面、车道宽度和交通工程技术。因为交通工程学涉及系统工程学和交通管理。另外还要利用一个技术，我称为和谐交通技术。和谐交通技术，就是在这一条道路和桥梁上行驶的车辆，一定要让人民各取所需。利用这些综合技术，才能够在城市里把主干道上升成为连续交通道路。

下面我提到一个技术叫小环交路口。小环交路口的设计理论是连续让行设计。这个交叉口在我们国家有应用，而在国外的运用非常普遍。令我最印象深刻的是英国伦敦东北部的一个城市——凯恩斯。这个城市遍布交叉口，无论是立交、平交，大的、小的，三层的、两层的，全部是环形交叉。因此在凯恩斯这个城市里，车辆在这里可连续行驶，驾驶体验非常好。如果要我跟大家总结环形交叉口，其中一个经验就是，根据需要和地形，环岛的半径可大可小，第二就是形状可长可扁。再一个环形交叉口可以自行控制、让行控制和信号灯控制。环形交叉口可以在不同的时间段采取不同的控制方式。

在道路上行驶的车辆是不均衡的，专业领域有个词叫不均衡系数。因此环形交叉口可以在不同的时间段采取不同的管理方法。而环形交叉口用在立交上面，它的占地面积最小，因此我到处推荐环形交叉口这种形式。我在讲连续交通系统的时候，一是讲环形交叉口，包括规划设计理论、规划设计方法、管理方法，二是讲绿波交通。

绿波技术，就是利用现代交通管理的方法，使随机到达的车流组成连续的车流，能够不间断地通过所有的交叉口。一条行驶路线可能有十几个交叉口，一个城市有很多路线组成路网，可能有几百上千个路口。要想做到车辆到达每一个路口灯控入口都是绿灯，过去是不可想象的，但现在可以做到。因为有定位技术、灯控技术和自动控制技术。这些技术能够帮助我们实现目标。一个城市的一条道路实现两个方向的绿波交通比较困难，但是实现单向绿波是可以的。比如说早高峰的时候是从东到西车辆多，晚高峰从西到东车辆多。那么早上从东到西实现单向绿波，晚上由西到东实现单向绿波。当然其中也有一个交通量大小的问题。但是从全天来看，即使是再拥堵的城市道路，一天之内的大多数时间都可以采取这个办法。所以说绿波交通即使不能双向实现，也能单向实现，即使不能全天实现，也可能局部时段实现。

实现连续交通，一是需要环形交叉口设计技术，二是需要中央分隔带设计技术。我们国家的高速公路都有中央分隔带。但是其他类道路很不重视中央分隔带。中央分隔带的作用非常大，它对交通安全、交通畅通、交通有序、组织连续交通、增加车道数、掉头车道的作用都非常大。但是现在的规划设计单位不太重视，因此技术人员应该做好领导的参谋。第三个技术是绿波交通控制技术。第四个技术是和谐交通管理技术。最后一个技术叫作立体交叉设计技术。立体交叉设计技术就是让相互冲突的车流在空间上划分开，解决车流之间的冲突。根据我的考察，我们国家最早的立交在武汉市汉水桥的汉阳桥头。汉阳桥头利用沿江大道设置了两个叶式左转匝道，形成了地方连续交通。

我要说的另一个环形立交的例子是广州的区庄立交。这种立交方式在城市里占地最少，交通最方便，看起来最美观，造价最低廉。当规划设计立交或者规划设计立交桥的时候，要注意三点：第一是等级的规划设计，第二是类别的规划设计，第三是形式的规划设计。

所有立体交叉的设计，无外乎要解决相交道路的左转交通问题。解决左转匝道的方法决定了匝道的形式，一共有四种。第一种左转的形式叫作叶式左转，穿过相交道路向右拐弯，又汇合到相交道路。第二种方式是蝶式立交，就是往旁边撑出个像蝴蝶翅膀一样的道路。蝶式立交像蝴蝶的翅膀一样，先右转，然后再跨向远的道路，或者穿向远的道路，再回到对向的车道上。第三种是菱形立交，出去是锐角，进入也是锐角。第四种是环形立交，绕着交叉口转一圈。具体选哪种，那就看功能需求、交通量需求和当地道路的用地情况。

掌握了这四种立交的设计形式，就能够产生混合式立交，如叶蝶混合式立交、叶环混合式立交、叶菱立交等。比如北京建国立交，它应该是叶式立交，但它是变形叶式，把四个叶子压扁了，而供非机动车和行人使用部分的是一个变形的环形立交。这个立交设计得非常巧妙。

讲完了专业内容，下面针对大学的学习，我总结出六个字：立志真爱学习。

第一是“立”。要立志，就是你要有雄心壮志。立，我要你们记住这第一个字。当你进入大学那一天起，你要立德，要立志，要立功，但首先是立人。

你们要立志成为一个高尚的人，一个纯粹的人，一个有道德的人，一个脱离了低级趣味的人，一个有益于人民的人。你要把这几句话当成自己立志的目标。

第二个就讲“真”。你们要做一个真正的人，做一个说真话的人，真学习的人，做真事的人，一个真诚的人。认真，并不是一件很容易的事情。

去年吉炳轩先生到湖北来调研的时候，我发言说：我们在交通安全上对全国人民撒谎的现象再也不能继续下去了。据我研究，我们国家当前每年死于车祸的不止 5 万人。吉炳轩先生说：赵教授说每年死于车祸的不止 5 万人，也有一定道理。他说完以后，我觉得安全事故率降到每年死 5 万人是完全应该的。我国每年万车死亡事故大概是 2.2，我们应该降到 0.5。这个事之后，在上海的一次交流大会上，我斗胆提出了交通安全事故死亡率向零迈进的目标。

再说这个“爱”字。核心价值观第一是爱国，但爱国只是爱的一部分，你们还要爱自己，爱父母。如果一个人连自己的父母都不爱，不孝，你说他能够爱人民，不可能！所以说要孝敬父母。

“学”还是要简单讲讲。学习方法我不用跟你们讲，你们比我懂得更多,但我想讲的一个方面是用心学。我有个学生叫余星,在班上学习成绩并不太好,但是最后本科毕业时,美国竟然有两个学校给他提供全额奖学金,他到美国去留学了。他非常有创造力,他研究车头之间的距离时,他认为老师的公式有问题。因为那是美国的公式,参数跟我们国家不一样,他就带领了四个同学在长江大桥上观察了一天一夜,后来推导出了新公式。所以说,学习要有心,真学习。这次在学校参加研究生答辩,有一个女同学,她硕士论文的研究课题是我多少年来想研究而研究不出来的。课题是交通安全中间车道宽度和交通事故之间的关系。她研究的数据是通过关系从香港要来的。我们国家的交通安全数据是要不来的,她一个学生能要来香港的数据。她推导出来的公式是我梦寐以求的。所以说你们自己只要想学习,方法有的是。

我想说的另一个方面就是学海无涯,以我的儿子赵奎为例。赵奎当年上的本科,大学毕业了以后,他连考研究生的资格都没有,但是想上学,工作两年考上了硕士。后来又想读博,但又考不上,于是他工作了两年才考,那时华中科技大学可以招建筑学博士。李保峰招建筑博士的时候,他考上李保峰的第一个博士。上了博士以后,他当老师,还想继续学习。他想读袁逸山的博士后。他是袁先生最后一个博士后,读了博士后,他还评不上教授。因为学校要求教授要出国,最后外国来了一个专家,他当学者访问,于是就去了佛罗里达大学。在学问上,我对他是满意的。

至于"习"啊,我就简单地讲几句话。"习"其实非常重要。学到本领就得用在建设国家上、为人民服务上,一定要用。你要好好用,也是一件很快乐的事。你们要像我一样,要健康并且快乐地为祖国工作 50 年。

祝大家快乐学习，快乐工作，快乐生活，成为一个高尚纯粹的人、有道德的人、脱离低级趣味的人、有益于人民的人。谢谢大家。

提问：您觉得怎样才算立一个好的志向？

赵教授：你们的志向就是“五爱”，做一个“五爱”的人：爱祖国，爱人民，爱科学，爱老师，爱护公共财产。你只要做到这“五爱”，你就是一个高尚的人，你就是一个有意义的人。比如，说到爱科学，你要真爱科学，好好学习科学，好好地应用科学，你学习科学、应用科学的目的是为人民服务。

提问：您如何保持充沛的精力和健康的身体？

赵教授：我觉得我之所以精神比较饱满，我得感谢同学们，因为我整天跟你们在一起，你们朝气蓬勃，我不能够暮气沉沉。你们年轻人朝气蓬勃，希望寄托在你们身上。我整天跟你们这些朝气蓬勃的人在一起，我就觉得自己就特别有朝气。再一个心要放宽。你譬如说我坐公交车，没人给让座，我认为这就说明我看起来年轻啊。后来，别人给我让座了，我觉得这是尊重我。无论让座不让座，我都对年轻人表示感谢：一是他们觉得我年轻，二是他们尊重我。

扫码听本次讲座音频

公路姓公

湖北省有关部门宣传，为了扶贫，修建了一条高速公路——武英高速，当地人民反映收费太贵，走不起这条扶贫路，湖北人民广播电台就此事采访了我。2011 年 1 月初，湖北人民广播电台播出了这次采访的录音，不巧，我没有收听到，所以找电台要来了广播后整理的文字稿看看。可能是播出时间限制，我记得剪裁了一些，其中关于“公路姓公”的看法，我想在本文中加以补充。

公路，具有典型的全民公益性，具有公共事业的属性，直接服务于社会和广大人民群众，是国家基本建设项目。“公路姓公”，理应由国家直接按计划拨款建设与管理，无须再向国民额外收取过路费。在国家资金困难而又急需建设时，紧急采取“贷款修路，收费还贷”的举措是可以的，但不能形成常态。我国目前的经济实力与十年前、二十年前早已不可同日而语，我国有钱去买外国的债券，当然不愁筹措修公路的资金。由国家投资修建公路，取消公路收费，还路于民，杜绝收费公路领域的浪费正待其时。

附：湖北人民广播电台录音文字整理稿

扶贫路，到底该怎么修？

提要：高速公路收费为何会超出民众承受能力？扶贫路为什么让人走不起？本期“时事大家谈”节目邀请专家进行解读，扶贫路，到底该怎么修？

主持人：刚才的“焦点时刻”节目中，本台记者对湖北省黄冈市的麻武、武英、大广北等新建高速公路收费过高的情况进行了调查。记者发现，这几条高速公路开通后，人少车稀，沿途百姓出行仍然选择绕道走老路，扶贫路没有起到扶贫的作用。

主持人：扶贫路让人走不起，这确实是件很讽刺的事。事实上，黄冈市这几条高速公路的建设，对于进一步优化湖北省公路网布局，推进武汉城市圈建设，促进黄冈地区经济社会发展，改善沿线老区人民生产和生活条件，具有十分重要的意义。

主持人：那么，顺畅、便捷、廉价的公路对于欠发达地区的经济发展意味着什么？高速公路在修建之前，是否应该进行全面细致的评估？不同地域的经济发展水平不同，相应公路的定价是否也应该区别对待？今天的“时事大家谈”，华中科技大学交通科学与工程学院教授赵宪尧将做客节目，为您做详细解读。

主持人：赵教授，您好！之前我们谈到更多的是交通对于推动像北京、上海、武汉这样的大城市发展的作用，那么这一次咱们谈到的是一些中小型城市，以湖北省为例，像英山、麻城这样的地方，方便、快捷、廉价的交通出行对于它们意味着什么？对于构建武汉城市圈、发展县域经济又意味着什么？

赵教授：其实我们国家的中小城市的数量当然是远远大于大城市的。由于幅员辽阔、人口众多，这样的城市确实需要发展，为了城市化进程的健康发展，需要中小城镇的健康发展，我国的既定政策实际上就是大力促进中小城镇的发展，这样中小城镇的发展就构成了城镇和谐发展的体系。当然反过来说，任何一个中小城市想要和谐、可持续地发展，就离不开整个国家城镇体系的互相融合，而互相融合显然就需要交通把它们紧密地连接在一起。过去我们衡量它们连接的紧密程度是用距离这个指标，一个城市到周边的城市，一个小城镇到中等城市，中等城市到大城市的距离有多远，用千米来衡量。现在随着公路的发展以及交通事业的发展，“距离”就由“时距”替代了，虽然距离是不变的，但时间却是可以缩短的。如何缩短时间呢？无外乎把它们之间的绕行距离减小一些，也就是专业上讲的“非直线系数”减小，缩短联系时间。我们国家所谓高等级的公路网，正好就适应了这个特点。也就是说，高等级的公路网以及整个公路网系统，把我们国家大、中、小城市紧密连接成了一个有机的和谐系统，这个和谐系统中的任何一个城镇应该都是受益的。

说到具体的武汉城市圈，它是一个经济上的概念，在体制上也有这个概念，但实际上最重要、最直接的还是地理上的一个概念。在这个地理概念中,我们希望在武汉城市圈范围之内的大中小城市以及农村,整个能够形成一个整体,能够由一个聚集的效应紧密连接起来,谋求它们共同的发展。这同样需要加强联系,这样一个共同体空间形态的形成靠的是什么呢?靠的是道路,道路实际上就是城市圈的骨架,它决定了武汉城市圈将来发展的空间形态以及未来发展的趋势。这个共同体,只有交通畅通,才能健康发展,所以交通的重要性确实是不言而喻的。

主持人:事实上,高速公路收费高的情况在全国范围内并不少见,有些高等级公路的价格甚至达到每千米1块多钱。但是,这些高收费的高速公路多是修建在经济较为发达的省市,民众的承受能力相应也要高一些。

主持人:然而我省黄冈市,老区山区比较多,因此,麻武、武英、大广北高速在修建的时候,都被打上了扶贫路的烙印,其设计初衷是拉动当地经济的发展。但是,为什么几个月使用下来,这些路却没有起到扶贫的作用呢?对此,华中科技大学交通科学与工程学院教授赵宪尧认为,建设者对扶贫路概念的理解出现了偏差。

主持人:当地群众反映武英高速收费过高的这件事中,有一个词吸引了我们的注意力,那就是扶贫路。换句话说,这条路是为了拉动当地经济而修建的,而开通了几个月之后,大家都抱怨收费太高,有的甚至回去绕道走老路,扶贫路起不到扶贫的作用,对于这个现象您怎么看?

赵教授:这个问题其实不是现在产生的,过去就存在。但要提起扶贫路,我有这样一个看法:扶贫应该是雪中送炭而不是锦上添花。一个人冷了,你是给他一件貂皮大衣还是一件棉大袄,是的,你可以给他一件貂皮大衣,不要钱,或者你给他一件貂皮大衣,收他一件棉袄的钱,这才是"扶贫"的概念,否则就不叫扶贫了。"扶贫路"的等级可以低一些,为什么一定要修成高速公路呢,一级路、二级路甚至三级路都是可以的,特别是扶贫路应该大力地改善当地已经有的一些道路,打通一些道路,拉直一些道路,改造一些道路,这样就可以真正起到惠民的作用。扶贫路的资金从哪儿来呢?应该从国家来,或者从地方政府来,甚至当地农民工可以去做劳工,使造价降低，这样即使贷款也可以少贷一点，能够使收费大大降低，这才是真正的惠民、支民和扶民。

主持人：我们说“贷款修路、收费还贷”，这是无可厚非的。按理说，路既然是修来帮扶当地经济的，必须站在现实角度考虑当地群众的承受能力，把价格定得低一些、亲民一些，但从另外一个方面来讲，如果只考虑把费用降低，忽略了修路方的利益，反过来又会打击他们的积极性，到底应该如何平衡老百姓的利益和修路方的利益呢？您是怎么看待这个问题的？

赵教授：是这样，在我们国家基本建设投资投入不可能很多，又需要道路来连通各个地方的交通，发展经济，方便人民出行的情况下，“贷款修路、收费还贷”，显然起了很大的作用。但在收费的过程中，弊端确实已经逐渐体现出来了。比如，收费的成本降不下来，因为收费人员、设备、机构等此类收费成本所占的比例过大，或者收来的费款被挪用了；收费技术操作层面和管理层面上的漏洞多，监督少；等等。收费还贷的体制是一定要改革的，必须要改，并且是越早改越好。

主持人：迫不及待。

赵教授：迫不及待，改革的阻力到底在什么地方呢？阻力在于有话语权、有决定权、策划权的利益有关方。

主持人：说到底还是“利益”两个字。

赵教授：利益，就是利益。我们说高速公路是惠民建设，修路的贷款还了之后就不应该再收了，但为什么很多高速公路的成本早收回来了，却还在继续收费？而且之前到底收了多少钱，人民并不知道，甚至知道了也没办法。国家审计署审计出来很多高速公路、道路收费远远超过了成本，按规定早应该停止收费了，为什么还在收呢？可见这中间有很多我们并不清楚的问题，而这些问题按说是很容易弄清楚的，一旦弄清楚之后就应该进行解决。所以我觉得收费问题确实应该解决。世界上很多国家的公路是不收费的，收费特别多的恰巧是中国。而我国也不是非收不可，当年改革的时候，海南省就实行了一种“费改税”制度，就是把需要增加的费用适当加入燃油税里面。现在海南省拆除了所有的收费站，省了很多钱，收来的税很规范化地进入了国家的税收，很规范化地又回馈到公路建设上去了，海南省能执行这种制度，别的省为什么不能执行？所以我觉得这个改革是势在必行的。

主持人：换句话说，税务系统的监督可能是比直接公路收费系统监督来得要透明一些。

赵教授：对，既透明、又规范。

主持人：想知道高速公路的收费能否为当地民众所接受，其实很简单，当地政府大可以在修建之初做个调查，了解一下老百姓对于高速公路使用价格的预期，从而制定出更合理的定价。

主持人：确实如此，赵宪尧教授指出，我国其实很早就已经开始实施公路修建评估机制，在修建一条高速公路之前，会召集相关专家进行可行性论证，但是，这样的评估机制缺乏相应的监督机制，因此，落实情况不太理想。同时，他还指出，公路的特点，体现在一个“公”字上，因此，政府应该加大对公路这样具备公共属性的基础设施的建设力度，尽早结束“贷款修路，收费还贷”这样有缺陷的机制。

主持人：按照相关方面的说法，收费高是因为公路造价高，要考虑收回投资成本，事实上这些问题在修路之前都是可以预先估算的，一条公路走得起、走不起也并不需要等到路修成了才知道，公路造价过高，明明知道会出现现在的尴尬情形，修路计划可以适当地做出调整。我们现在有没有这样的评估机制呢？

赵教授：你说的有两个问题：一个是收费高的问题，另一个是评估机制的问题。从收费公路的原理上来说，用贷款来修路，修了之后成本需要多长时间能收回来，成本收回来之后再投入到其他公路的建设上面去，原理应该是这样的。但在投入的时候，我觉得跟刚才的问题类似，就是我们到底应该修怎样的路。

主持人：今天在看记者采访的时候还说到一点，武英高速公路收费价格比较高，达到了每千米 0.8 元，这个费用是经过省里审批的。从这个角度来说，政府能够审批通过这个价格，政府就默认这个价格是可行的吗？

赵教授：我并没有参加价格的听证会，按照正常情况来说，收费公路的建筑造价是多少，这个造价国家给它一个期限多少年收回来。

如果制定 50 年的回收期限，那么想 20 年收回来，费用肯定就要高一些，50 年收回来，费用肯定就要低一些。另外一点是，收回的费用有多少摊到成本里面去了。造价有很多部分组成，可能有国家投资的，可能有地方政府、地方财政投入的，扶贫路是不是也有一部分用的社会善款呢？比如说有些企业、个人的捐款。是否用了当地廉价的民工呢？收费的这一部分是收的哪一部分？是光收贷款的这一部分，还是企业投入这一部分的利息呢？收回这一部分的量是多少、对象是多少，整个是政府定的。但是定了这个标准以后，计算收费标准又有一个问题，这就是日通行量是多少？这样摊在每一辆车上、每一千米上，就可以得出一个数字。但是这几个数字的得到和制定都不是一件容易的事，通车了以后一年有多少车通过，10 年以后有多少车通过，20 年以后有多少车通过，这些数据的预测要达到一定的科学性，也是非常困难的。

赵教授：因为数字在不停地变。

嘉宾：按说是可以预测的，但是预测准确是很困难的，很困难并不是不可预测的，而是需要经过科学的评估。评估、计算出来的数据是不是科学，要经过专业机构的鉴定，这个鉴定既专业又透明，还得有监督。这条路的收费是不是做到了，很难说。每千米收费 8 毛，甚至 1 块的高速公路也有，为什么会这样高呢？相关部门在制定这个标准时肯定有其道理，这个道理是否合理需要进一步研究，而且应该透明，应该受到监督。

《大城之困》讲座答记者问

1. 问:我们国家和美国不一样,他们能做到一车一位,我们做不到。武汉市高楼太多、建筑太密,车位缺这么多,我认为做不到"一车一位"。您的意见如何?

答:你说的对,武汉中心城区车位缺口太大,实现"一车一位"难度很大,不易做到。但是,实现"一车一位",是解决武汉停车困难最基本、最有效的措施,不管难度有多大,都必须做到,而且,也是一定能做到的,只是时间的早晚问题。我想说的是,对于这种早做晚做都必须要做的事,早做比晚做好,越晚做困难越大、损失越大。"一车一位"应该是世界上所有城市都要做到的,在武汉市还没有出现停车问题时,其他城市就在着手解决这个问题了。武汉市现在执行"一车一位",为时不晚。做到这一点也不难,一是减少停车需求,二是增加停车供应。减少停车需求的措施很多,比如公交优先。再比如把配建停车场做好、做足,把专用、转换、公共停车场建足。规定市民每买一辆车,首先找到一个车位,车位同时登记在册。大家一起动脑筋,想办法挖潜,交管部门严格管理,政府大力支持,就能做到。

关于按"一车一位"原则登记车辆的尝试,北京多年前就实行过,但是没有坚持下来,这非常可惜。我同北京公安局交通管理局老领导段里仁先生谈到这事时,他也很惋惜。20 世纪 60 年代初,段先生从武汉大学物理系毕业,他是我国交通科学最早的专家型官员之一。他认为,北京当时的失败完全在于管理不严、作风不正。如今,只要坚持习近平主席提倡的雷厉风行的工作作风,"打铁还要自身硬",没有做不到的。我一直认为,别的国家能做到的事,我们国家也能做到,所谓"彼能是,而我乃不能是",别人能做到的事,我们为什么做不到?非不能也,乃不为也!

2. 问:武汉的车太多了,我们建议要限购,政府说还不能限。您怎么看?

答:限制购车并非一项好举措,在心理上,大家会觉得不公平。我希望市民能自由选择适合自己的交通方式。我一贯认为,限号、摇号都不是好办法,有的地方、有的时期不得不采用,那是无奈之举。对于已经有车的人们,他们可能支持这种做法。但是对于打算买车的人们,他们大概是不会支持的,至于根本就不打算买车的人们,他们的意见也是有分歧的。正打算买车的人们会问:"你们先富起来的人买车,为什么可以自由、自主选择,为什么我后富起来,要买车了,就增加我的购车成本?这公平吗?"交通科学管理的任务就是要保障人们自由、自主地选择适合自己的交通方式,并将它们和谐地组织在一个统一的交通系统之中。可以说,目前我们城市出现停车难、行车堵的问题,主要是由于政府在建设和管理上的失误造成的,我们的失误,不能让老百姓独自承担代价。政府承认这是无奈之举、无理之举,那在不得不执行时就会满怀歉意、感到愧疚,而不是自以为是、理直气壮。这有利于加强管理者的责任感,增强探求科学措施的动力,也有助于获得老百姓的谅解。同时,我们还要勇于承认这是无能之举。大家想想,"限"有什么科技含量啊?一堵就"限",看似取得了立竿见影的效果,实则是饮鸩止渴、恶性循环。政府真正应该采取的措施是科学诱导,例如大力发展公共交通,引导人们采用公交出行方式,提倡有车但少用车。

3. 问:专家的建议能起多大作用?在政府决策中能有多大的分量?

答:作用很有限。我这类性质的专家只是参谋而已。我参加过许多专家咨询会、评审会，你老提不同意见，人家何必非要请你去参加呢？与领导意见一致的专家有的是。我认为我的知识和科学建议是无价之宝。如果它们被采纳，价值千万亿万；如果它们不能被采纳，那就一钱不值。

4. 问：您对武汉解决这些大城市的困局有没有信心？

答：我当然有信心。社会进步是不可阻挡的、是必然的。市民、专家、政府越早认识，并且越早行动，困局就会越早解决，也就解决得越好。

5. 问：武汉交通拥堵很严重，您对武汉“治堵”有什么建议？

答：解决交通拥堵问题的思路有很多，但根本办法是科学的规划。和许多城市一样，武汉交通拥堵的原因主要在于城市聚集建设过快，例如建设的容积率过高，人口密度过大，车均道路面积过小，城市道路施工，都会引起交通拥堵。这些问题都可以通过合理的城市规划解决：减少出行需求量，大力发展公共交通，鼓励大家多选择公共交通方式；合理规划工作地点与居住地点，将居民的出行距离缩短、出行次数减少；提倡、引导出远门坐公交，上学、上班骑自行车，买菜步行，交通拥堵情况就会缓解很多。但是，目前城市里有许多流动人口，他们的工作单位不固定，工作单位和家的距离非常远，上班靠自行车是不行的。所以减少出行量的前提是要把大家的活动半径缩小，这就需要城市合理地进行规划和布局，当然，也需要全社会一起努力。

我提倡三个“50％以上”，特别强调“以上”两个字，希望这个比例越大越好。人的出行是为了生活和工作，每人每天平均出行2.5次左右，希望人们50％以上的出行选择自行车和步行；希望选择机动化出行时，50％以上的人能够选择公交出行；希望选择公共交通出行时，50%以上能够选择轨道交通出行。很显然，这就要求城市公共交通发达，大力建设地铁，更要布局合理。这里涉及的依旧是科学规划问题。

减少拥堵的最佳办法是减少出行率、缩短出行距离。目前我国的许多城市采取了不可持续的发展模式，我称其为“非典型城市化进程”，这种模式很不利于减少拥堵这个目标的实现。典型城市化发展是“渐进、有序、可持续”的发展。从非典型到典型的回归，虽然需要时间和周期，但我们现在必须回归。

6. 问：您对武汉实现可持续发展城市模式有什么建议？

答：我建议学习、采取新加坡城市化发展模式，改变盲目、片面追求大、追求 GDP 以及固守城乡户籍旧秩序的思维模式。新加坡走的是环境友好型、资源节约型、城乡一体型的可持续发展城市化道路。我建议，从现在起，考核城市发展的标准就应该加入环境保护的指标、人居环境的指标、人民生活幸福指数的指标。

“江山大讲堂”畅谈城市和交通

2000年，几大高校合并为华中科技大学后不久，在原华中理工大学老校长杨叔子院士的极力倡导下，学校要求理工科的本科生必须选修几门文科课程，而文科的本科生必须选修几门理工科课程，相应地动员教师开设公共选修课。我想，对于文科的同学，显然不能讲技术性强的交通规划、道路设计之类的课程，那对他们来说太难以理解了。但我想，讲讲城市与交通的话题，他们也许爱听。他们生活和工作在城市，每天离不开交通，何况他们中的某一位说不定将来能当上了县长、市长这样的政府官员，那了解一些系统的关于城市和交通方面的知识也是很有用的。于是，我报上去一门新课程——“现代大城市与现代化交通”。学校教务处当年批准它作为第一批公共选修课，公布给文科学生选修。这门课一共32学时，2学分，定额100名，很受学生欢迎，期期爆满。后来又有理工科的学生选修，于是这门全校公共选修课一直开到2006年我退休，这期间还应建筑与城市规划学院要求，为城市规划专业的学生讲过一届。我大学时学的专业是城市规划与建设，一生在设计院、大学都是从事城市与道路交通工作，还当过两年城市规划设计研究分院院长，讲起城市与交通，得心应手，理论与实际相结合，就像科普教育一样。但在这五六年的教学中，我也有过很多思考，并和同学们讨论了研究城市问题和交通问题的重要性以及它们相互依存的关系，所以近年来，凡有地方邀请我去做关于交通命题的讲座时，我都忘不了谈谈城市。

2011年3月，我来到浙江省江山市。原本此次江山市之行的目的是很单纯的，只是有几个交通症结想请我参谋参谋，但我仍建议将话题放开，从城市自身和城市化进程说起。他们接受了我的建议，于是就促成了3月16日下午在江山市国际大酒店国际会议中心举行的"江山大讲堂",我做了一场有关"城市发展与和谐交通——创建江山市现代交通实施策略"的专题讲座。听众为有关部门的干部,有三四百人,效果还是不错的。记者根据录音整理节选的报道《科学规划是创建和谐交通的必需选择》,内容系统而完整,我将它附在我的这篇文章后面,请读者浏览。

附:《今日江山》专题报道

科学规划是创建和谐交通的必需选择

——赵宪尧教授演讲精彩实录

版面导语:城市是一个生命体,生命要维持必须依靠血管输送新鲜血液。城市的道路系统是一个城市的骨架,它在很大程度上决定着这个城市的发展是否健康、和谐、可持续。因此,我们在建设城市的时候,对于道路系统和交通系统的建设一定要做到科学合理规划,道路系统一旦建成,想改变是非常困难的。

今天的演讲,我将围绕城市和城市问题、交通问题及其应对策略、他山之石,可以攻玉三个方面,结合江山市的实情,在创建现代交通实施策略上提出一些应对措施。

一、城市和城市问题

说起城市,就不得不提及城市的定义,那么城市的定义是什么呢?三千年以前,《周礼·考工记》就有对城市概念的记载:"匠人营国,方九里,旁三门。国中九经九纬,经涂九轨。"翻译过来就是说,匠人营建都城,九里见方,都城的四边都有三个门。城中有九条南北大道、九条东西大道,每条大道可容九辆车并行。

不管是社会学还是文化学,都对城市下过定义。但比较受人们推崇的还是经济学上的解释:城市是第一产业人员赋予的。因为第一产业发展了,人口就需要向第二、第三产业的领域流动和发展。也就是说,当很多的农业人口要向手工业、工业和服务业人口转移时,就产生了城市。就目前而言,对城市的定义公认的一种比较规范的解释是:城市是以一定的生产方式和生活方式，在一定的地域内组织起来的居民点，而这个居民点往往是该地区的政治、经济、文化中心。

今天我们剖析城市的定义，反思一下就会发现，其实这样的结论并不十分完备。因为很多时候我们都有这样一种情结——我们希望一个国家的首都能够代表这个国家，一个省的省会城市能代表这个省，一个城市的市中心能够代表这个城市的广大领域。我们希望一个城市就是这个地方的政治、经济、文化中心，所以我们把什么东西都往里面塞，把工业塞进去，把文化塞进去，把政府的各个部门塞进去，结果这个城市不堪重负。最后它的环境、交通、用地，都很难满足可持续发展的要求。

我一直说武汉市想要解决交通问题，一个很简单的办法就是把湖北省省委省政府移到宜昌去，把武汉市市委市政府移到孝感去。如果是这样，武汉的交通拥堵可能会得到一定的缓解。大家可能觉得这是一个笑话，但是我们可以参考一下美国，美国的政治中心是华盛顿，经济中心是纽约，历史文化中心是费城。因此，对城市的理解，我倒更趋向于这样一种解释：城市是一个生长着的细胞，是一个生命体，而细胞中间的细胞核，就如同城市的城区，细胞里面的细胞质、细胞液就是城市的集镇和农村的广阔土地、山野、园林以及农田。因此，在建设城市的时候，就要把它当成一个生命体。如果用这样一个理念来对待我们的城市，我们就会尊敬它、敬畏它、热爱它，而不是折腾它、破坏它。

正是因为我们没有尊敬、敬畏、热爱城市，所以现在很多城市都“病”了，都或多或少地产生了一些城市问题。

第一是就业问题。随着农业生产力的提高，农村剩余劳动力逐渐向第二、第三产业转移。而城市为了接纳这些剩余劳动力，就必须储备足够的第二和第三产业，于是就建立了开发区和工业区。这当然是城市化进程的必然选择，但付出的代价是给予更多的土地和产业来提供这些工作岗位，而城市的接纳能力总是有限的。我们可以看看南部和东部的一些大城市的发展经历，就会发现这样一个共同的特点：都是鼓足了多年没有发展的劲，然后借着国家发展的优惠政策这样一个东风腾飞起来。在此过程中，它们吸引了农村人口，也吸引了城市的剩余劳动力。可是最终，这些人工作、生活在这些城市的最基层，我们的城市并没有为他们准备足够有尊严的生活和工作条件，他们工作无保障，生活艰难，居无定所，少有依靠。

第二是居住问题。中国人的传统思想认为，有了家，才有了根，而房子就是家的载体，所以房子成了很多中国人一辈子的奋斗目标。对于当前国家提出的保障性住房政策，我是绝对拥护。但是这个决策提出来是不是太晚了一些呢？目前房价如此之高涨，那些在城市打工的农民工们，他们买得起房吗？即使有买得起的，也是屈指可数.因为他们没有在这些城市中获得有尊严的工作和生活环境，所以他们当中的很多人成了"蚁族"。甚至有些人买得起，他们也不愿意，因为在他们心里，农村才是他们的家，他们更乐意回到自己的家乡，盖个三层的小楼房，一家几代人住在一起，其乐融融。

第三是交通问题。交通问题的产生，一方面是由于我们国家每年以亿为单位的外出务工者，不断地奔波于乡村与城市之间产生的交通国情；另一方面是由于我们原来的道路交通系统规划不尽合理。如果说城市是一个生命体，那么生命要维持必须依靠血管输送新鲜血液。大家都知道，城市的道路系统是城市的骨架，它决定着这个城市的发展是否健康、和谐、可持续。在建设城市的时候，对道路系统的建设一定要进行科学合理的规划，因为道路系统一旦建成了，想改变是非常困难的。

第四是环境问题。城市是人类的高度聚居地。人们在城市里面生产、生活、发展、建设的同时，也给城市带来了空气、水、固体物、噪声、视觉等污染。人们在城市中的无序排放与占有，破坏了城市的生态平衡，让城市环境失去了自净能力。于是，积聚在城市中的污染物，直接或间接地影响着人体的健康，生活在城市里的人们就开始怨声载道。

第五是自然资源枯竭问题。矿藏与土地资源都是不可再生资源，而当前我们很多城市以消耗自然资源为代价的粗放型发展方式给我们带来的损害是触目惊心的。曾经的大冶市是一个美丽的铜的故乡，就是因为无节制地开发铜矿、铁矿、石灰矿，这片土地满目疮痍，现在成了资源枯竭型城市。我想大冶市就是城市发展过程中的一个应该引以为戒的标本。

第六是安全问题。随着城市化进程的推进和经济的快速发展，城市居民对生活质量和生活环境的要求不断提高，加上城市是个“大熔炉”，为此安全问题就显得尤其突出，营造安全的城市环境已成为各个城市追求的目标。比如，北京“两会”之前，在天安门广场的安检过程比上飞机更严格，因为城市在发展的过程中如果忽略了社会安全，后果是不堪设想的。除了面对社会治安等人为因素的影响之外，城市还面临着地震、洪涝、干旱等自然灾害带来的威胁。

二、交通问题及其应对策略

城市在发展的过程中，似乎遇到了通病——交通问题。在我看来，交通问题又可以细分为五个方面。

第一是安全问题。前几年，湖北省发生了一起特殊的交通事故，引起了胡锦涛总书记的重要批示，这让我深刻地认识到，安全是所有交通问题中最应该重视的问题。据了解，江山市目前机动车的拥有量是5万辆，根据我们国家目前10人的万车死亡率，可以推断出江山去年死于车祸的人数不少于50人。根据不完全统计，20世纪全世界死于交通事故的人数是2000万，2000年以后每年大概以100万的人数增长。1990年我国死于车祸的人数是2万多人，2000年的时候就达到了10万人，令人非常震惊。每年有这么多人死于车轮之下的原因，从车辆拥有量的增长速度上就可以略窥一二。1990年全国车辆的拥有量不到1000万辆，从1990年开始，车辆就以每五年翻一倍的速度增长，2000年是4000万辆，2005年达到8000万辆，2010年剧增至1.9亿辆，而如今机动车的拥有量更是达到了数目惊人的2亿辆。

尽管我们也采取了很多措施，可万车死亡率还是居高不下。那么在交通安全这样的“马路杀手”面前，我们就束手无策了吗？我想也不尽然。结合江山市的实际，我认为可以从人、车、路、环境这四个方面，进行科学的设计规划与管理，让江山市的交通死亡人数每年以5%的速度下降，做到每年少死2～3人。只要交警加强现代交通意识的教育，车主加强对车辆的检查、使用、保管、保养，用现代的科学理念提高道路平纵横断面、交叉口和红绿灯的设计，出现交通事故后及时应对处理，要达到使事故率每年下降5%的目标是完全有可能做到的。

第二是汽车尾气排放造成的环境污染问题。汽车尾气污染已不是什么新鲜话题，早在20世纪40年代，光化学烟雾事件就在美国洛杉矶、日本东京等城市多次上演，造成不少人员伤亡和经济损失。为此，汽车被形象地称为"流动的污染源"，因为它在开动过程中会排放一氧化碳等对环境有害的气体。

其实城市的很多空气污染，在我看来都和汽车有着密切的关联，特别是进入21世纪，汽车数量越来越多、使用范围越来越广，汽车污染也日益成为全球性问题。它对环境的负面效应，尤其是在危害城市环境，引发呼吸系统疾病，造成地表空气臭氧含量过高，加重城市"热岛效应"等方面，引起了人们的高度重视。据有关专家统计，到21世纪初，汽车排放的尾气占了大气污染的30%～60%，并随着机动车的增加有愈演愈烈之势，由局部性转变成连续性和累积性，而城市的居民则成为汽车尾气污染的直接受害者。

虽然城市里的汽车尾气污染日益严重，但也不用悲观。我觉得还是有应对措施的。比如我们可以让车子少出行，大力发展公交，把公共交通做得好一些；加强对环境保护的宣传，提高人们的环保意识，让大家少开车上街，认识到拥有车辆和使用车辆不是一回事，并自觉优先使用公共交通；可以对照"创建绿色交通示范城市"的六十六条标准，确定奋斗目标，发展适宜人居的城市交通系统。

第三是拥堵问题。交通拥堵问题是很多城市的通病，它的产生，我觉得有三方面的原因：首先是由于城市化进程的步步推进，人们不断往城市聚集，于是城市变大了、变堵了；其次是社会财富的增加，让汽车成了普及品；最后就是很多城市的交通网络设置不合理。

要解决交通拥堵问题，我觉得“限行”是无奈之举、无理之举，也是无能之举，没有多少技术含量。在我看来，真正的办法在于管理和疏导，靠合理的规划和大力建设，提高道路和交通设施的使用率。学习其他国家的道路设计理论，我们中国也能出现像印度的昌迪加尔和澳大利亚的凯恩斯那样大小环形交叉口遍布、连续交通的城市。当然我希望江山市也能采取这样的连续道路交通模式。

第四是停车问题。停车问题在大城市很突出，至于江山市停车的问题，我看了一下，觉得问题也很大。但也不用悲观，从现在开始解决，算是“亡羊补牢，为时未晚”。要解决停车问题，我的建议是：首先要做到心中有数，要对停车需求做一个合理的预测，用科学合理的指标和实现规划目标的时间表把它体现出来；其次要“盘盘家底”，看看城市的公共停车场、专用停车场、配建停车场到底做得怎么样，我们应该给配建停车场制定怎样的指标，不够的话应该采取什么措施。比如，可不可以利用现在的绿地和广场做地下停车场；在适当的地方发展停车产业，做立体停车场；挖掘潜力让各家各户为自己的车找一个车位；或者让机动车仅仅在支路上停靠，而不要在干道上停靠。

第五是居民出行方便问题。必须完成并实施城乡公交一体化规划，不但要保证主城区居民公共交通出行，而且乡镇居民、农村居民也应享受到安全、便捷、舒适、廉价的公共交通服务，让改革开放的成果惠及全民。

三、他山之石，可以攻玉

他山之石，可以攻玉。多学习别人的先进做法、先进经验，可以让我们少走弯路。对于城市发展，我想也是如此。联系江山市的实际，我觉得有以下四个城市的做法值得我们学习。

第一个是海南省的海口市。现在的很多城市，或许也包括江山市，都像曾经的海口市那样迷茫过，既想定位为政治、经济、文化中心，也要发展现代制造业、电子业、金融业。但是最终的定位是什么呢?没有重点,也没有中心,发展到最后只不过是人云亦云罢了。之所以说海口市值得学习和借鉴,不仅是因为海口市保护得比较好、发展得比较好,更因为海口市对自己的定位单一。一个"国际旅游岛"的中心城市定位,让海口这座城市的功能变得精准、纯粹、不那么功利,最后发展成这样一个美丽的城市。

第二个是法国的巴黎市。如今人们看到的巴黎,其实就是几百年以前的巴黎。我们在惊叹巴黎是如何把过去与现在融为一体,其外貌、布局、道路为何跟几百年前一模一样的时候,却发现我国很多城市都是钢筋水泥建造的高楼大厦,千城一面。为什么说巴黎值得我们学习?我给出的答案是"尊重",尊重城市曾经的历史,把城市当作生命一样对待,用保护与开发并举的方式来发展城市、保护城市。

第三个是德国的科隆市。科隆市的人口数和江山市的人口数差不多,科隆市市民对自己的城市是非常爱惜的,他们也很珍视城市的历史。在第二次世界大战的时候,科隆的建筑和桥梁几乎毁坏殆尽,但是重建之后,我们惊奇地发现,科隆的很多老建筑和重创前的一模一样。

第四个是深圳的华侨城。在华侨城这七八平方千米的土地上,居住着近 10 万人。这里既有高楼大厦,也有两层小楼房;这里既有康佳集团这样的大型工厂,也有欢乐谷这样的娱乐场所,应该说开发的程度还是很高的。但是人们进去之后,却发现仿佛进入了一个大自然的天地:这里有山有水,让人感到人与自然如此和谐;这里的道路不仅窄,而且弯,每条道路只有两条车道,每条道路上都有自行车道和绿树成荫的人行道。这里的路上行驶的不仅有私家车,也有公交车,而且路上没有红绿灯,令人惊奇的是这里竟然绝少发生交通事故。为什么华侨城能够在寸土寸金的深圳创造出这么好的一个环境?这样的经验是非常值得我们学习的。我们的江山市能不能做到呢?我想即使现在很难做到,这也应该是我们发展的一个方向。

(江山市新闻信息中心《今日江山》编辑部　周琳　祝海青)

“江山大讲堂”有关《评讲城市和交通》记录稿的补充

2011 年 3 月 16 日下午，受浙江省江山市政府邀请，我在江山市国际大酒店国际会议中心举行的“江山大讲堂”第十八期上做了《城市发展与和谐交通——创建江山市现代交通实施策略》的专题报告，历时近三小时，畅谈城市与交通。而后几天，又在义乌市自然资源和规划局和宁波市规划设计研究院就相同话题做了两次讲座，听众不同，又是对着 PPT 演讲，现场发挥，强调重点不一，但总的内容大致相同。《今日江山》做的专题报道是根据录音归纳整理的，虽短，但我看是完整的，到底是党报的记者，取舍得当。

我在三场讲座中都强调了下面四点：一是要立即编制科学的交通安全规划；二是要扩展各项交通专项规划范围到各市（县）域；三是各市（县）要重视，应立即开展“交通建模”工作并持之以恒；四是将交通影响分析评价工作延伸到规划阶段和施工阶段。

交通安全话题谈起来十分沉重。人的生命和健康，是人权更重要的理念，已日益为人们所认知，但我国的交通安全形势相当严峻，交通事故死亡人数居高不下，这种情况却并不为管理者所正视。近年来公安部公布的交通事故死亡人数都在 7 万人以下，实际上我认为这个数字可能是 20 万左右，我预测我国目前年万车交通事故死亡数大约为 10 人。2000 年前后，我国道路交通事故死亡人数上升到 10 万时，我在学校开讲的公共选修课“现代大城市和现代化交通”中对同学们说：“我国道路交通事故死亡人数，相当于每天从天上掉下一架波音 737 客机。”同学们很是震惊。14 年过去了，我国道路交通事故死亡人数，真的下降了吗？这是不可能的。14 年前，我国的机动车保有量不过 4000 万辆，到如今，增加到了 2 亿辆，要想交通死亡人数下降，这不是说梦话吗？这虚假的和谐，忽悠的是全国人民，对于解决问题却于事无补。交通问题中，还有比实事求是地调查分析交通事故状况，编制科学的交通安全规划，采取切实可行的交通安全措施更为紧迫和重要的吗？我以为没有。

目前，我正在主持编制海口市和黄石市的公共交通规划，我们的要求是跳出"城市交通规划"的旧框框，将规划范围扩展到全市域。其实，不止公交规划范围应扩展到全市域，所有的规划，包括综合交通规划、交通管理规划、交通安全规划，甚至总体规划的范围都应扩展到全市域。譬如交通事故，大部分是发生在城乡接合部和乡间，如果规划范围只包括城区，显然是不够的。我一直认为，城市是一个有生命的细胞体，主城区只是细胞核，城市还包括大大小小的如同细胞质的村、镇以及如同细胞液的田野、森林、河湖，因此，规划必应全面覆盖。

2011 年 2 月底，易汉文教授从美国回武汉探亲，我和他得以长谈，很受启发。我当教研室主任时，易汉文是我们交通工程教研室最有才华的年轻教师。20 世纪末他去美国进行学术交流，后来一直在美国加利福尼亚州交通部从事交通分析和交通建模工作，对于交通分析、交通预测和交通规划很有经验和造诣。谈到我国目前交通预测和规划现状，他很是忧心：我国绝大多数城市没有自己的科学的交通数理模型，有了的也不重视更新和维护，更谈不上交通与土地利用资料的积累，再加上掌握交通模型和资料的单位和部门互相封锁技术，科技资料得不到共享，交通预测和规划成果得不到公开的监督、检查和修补，致使其漏洞百出，信誉丧失。我们深感，各地必须尽快开展科学交通建模工作。易汉文教授表示，他愿意向我国任何城市提供交通建模技术咨询，这很令人感动。这次在宁波市规划设计研究院开讲座，我们多次讨论到这个问题，也得知他们即将开展这项工作，我认为全国各大中小城市都应立即开展交通建模工作。

可喜的是，这些年各地普遍重视并开展了交通影响分析与评价工作；可忧的是，它们大多流于形式，长此下去，必将葬送了此项事业。所以我想是到了反思和总结经验的时候了。是不是在分析和评价范围方面应从建设项目扩展到建设用地，甚至建设地区？是不是委托方应由开发商转移到政府？是不是开展阶段应由设计阶段向前延伸到规划阶段，向后延伸到施工阶段？我以为这是必须的。

后　记

这本书选取了我的讲座和报告的录音文字整理而成。倘若我国典型的年轻资源发展型现代化大城市东营市提前半年公布该市首批两栋历史建筑——中国石油大学(华东)大礼堂和老图书馆,那么我在东营市所作的《历史建筑的特征　创建与保护》学术报告,一定会入选本书。东营市这两栋历史建筑是我与钮薇娜女士在四十多年前设计并参与建造的。2021 年 3 月 2 日,作为历史建筑设计师代表,我参加了“东营市首批历史建筑揭牌仪式”后,便在中国石油大学胜利学院音乐厅以一位建筑设计师的身份做了一场学术报告。报告论述了中国石油大学(华东)大会堂和老图书馆这两栋历史建筑的历史文化价值、建筑艺术价值和科学技术价值,同时对东营市历史建筑挖掘与保护提出了意见和建议。报告也介绍了建筑师的创作经历、创作感悟与传奇经历。这场学术报告的录音文字稿反映了作者的学术思想与经历,不能收入本书,是十分遗憾的。但我想将钮薇娜女士在这次报告会上的书面发言全文放在这里,作为本书后记的内容。我以为是一个不错的选择。

钮薇娜女士在中国石油大学的讲话

中国石油大学(华东)这两栋建筑被选定为“东营市首批历史建筑”,这一消息我是从在东营长大的孩子那里得知的。40多年前,赵宪尧和我经手设计建设的这两栋建筑物,由于我们相继于1980年前后离开那里,人们已经不大记得谁是它们的设计者了。

20世纪70年代,我们夜以继日地在华东石油学院做建筑工程设计。校区里原来只有“干打垒”平房,就像是个农村,没有教学建筑,没有会堂,看个电影也在露天里。华东石油学院(现更名为中国石油学院)没有建筑设计的工程技术人员,工人只能盖平房。我作为1969年从北京迁去的教师的家属,1973年抽调去接受建筑设计任务不久,就患了严重的肝炎,数年不愈。学校从济南市调来校医室张大夫的先生,就是现在的赵宪尧教授。我养病回来,赵宪尧已经做了好几个工程的设计。接下去就是我们俩数年的合作设计了。

赵宪尧非常能干,建筑、结构、施工等都能做。我是清华大学建筑系毕业的,但是近20年没有从事专业工作了,又在病未痊愈的情况下上着半天班。校方出于对我们的信任,让我们充分发挥了才能。居然在短短几年内设计了教学楼、宿舍等多栋建筑并建成使用,其中就有大礼堂和图书馆。

大礼堂当时是个多功能建筑,既要作为学生食堂,还要用作开大会、看电影的场所。大概还有些其他功能,我就不知道了。我配合赵宪尧作了建筑图。听说后来的领导看到里面没有一根柱子,大跨度双曲拱的屋顶薄薄的,不大放心,找了专业部门来检测。结果是设计先进合理，他们才放下心来。现在经过一些加改，专门用作大礼堂了。人们都喜欢选择在它前面留影。

图书馆是由老馆长王斐庆（甲方，提供要求）和我们俩共同合作的产物。在这里，我努力做好建筑师该做的一切：平面尽量做到合理，减少不必要的排场（请注意我对楼梯、入口及图书馆二层、三层和厕所所做的安排）；阅览室尽量明亮（我对清华大学图书馆的阅览室印象深刻）；借阅处和书库应便于联系；等等。那时候既缺钢材又缺木材，赵宪尧琢磨出一个方法：利用书库从底到顶的钢筋混凝土承重柱子加上木板作为书架。

该建筑由北镇建筑公司承包施工，施工质量还是不错的。

我离开东营时工程接近完工。基建处的武亚柏送了一套我亲自绘的图书馆施工图作为纪念。后来我从中国建筑设计研究院退休后出国了，图纸锁在办公桌抽屉里。我离开得较久，他们更新设施，办公桌连同里面的东西一块儿当废品卖了。

后来听说，老馆长干得很好，中国石油学院的图书馆（应该同时是她的建筑和管理）成了山东省高校的楷模，许多人纷纷前来参观学习。只是赵宪尧和我大概已经不为人所知了。

这里也要深深地怀念已离我们远去的老馆长王斐庆、武亚柏、张存型、刘勋等同事和许多老师傅们。这些在那个特殊年代里，真诚、善良的人们给予我们，尤其是对我的亲切的关爱，使那些年成为我生命中最难忘怀的岁月。

九十三岁钮薇娜
于北京昌平泰康之家燕园
2021 年 2 月 27 日